John Demjanjuk mit seiner Familie bei der Hochzeit seiner Tochter Irene. Von links: Sohn John, Ehefrau Vera, der Bräutigam, Tochter Irene, John Demjanjuk sr., Tochter Lydia.

Hans Peter Rullmann · Der Fall Demjanjuk

Hans Peter Rullmann

Der Fall Demjanjuk

Zur Beweislage und zu den politischen Hintergründen des Prozesses in Jerusalem

Mit Beiträgen von
Helmut Wild

Verlag für ganzheitliche Forschung und Kultur

Deutsche Originalausgabe

Eine englische und eine französische Ausgabe
sind in Vorbereitung

2. Auflage

Lizenzausgabe:
Verlag für ganzheitliche Forschung und Kultur
2257 Struckum/Nordfriesland

Satz: Knipp Textverarbeitungen, Wetter 2
Druck: Eigendruck

ISBN 3-922314-75-9

INHALTSVERZEICHNIS

Die mit * gekennzeichneten Kapitel wurden ganz oder überwiegend von Helmut Wild verfaßt.

Vorwort

Der in der Nähe von Düsseldorf lebende Schriftsteller Lew Kopelew feierte im April 1987 seinen 75. Geburtstag. Das blieb in Presse und Medien nicht unbeachtet. Im Gegenteil: Wie auf ein geheimes Kommando hin überboten sich die Pressekommentatoren in Lobpreisungen des Jubilars.

Er wurde gepriesen als einer, „der sich seinen idealistischen Jugendglauben an eine bessere Welt bewahrt hat". Er wurde im ARD-Fernsehen in einem langen Interview vorgestellt, in dem sich reichlich Gelegenheit bot, für die neue „Glasnost"-Strategie unterschwellig Propaganda zu machen, und in dem jede peinliche Fragestellung nach der bolschewistischen Vergangenheit Kopelews vermieden wurde.

Doch angesichts der Mittel, mit denen Lew Kopelew seinen „Jugendglauben an eine bessere Welt" als zwanzigjähriger Jungbolschewik in die politische Praxis umzusetzen versuchte, werfen diese Lobpreisungen ein mehr als merkwürdiges Licht auf die Selektions- und Propagandaprinzipien unserer Medien. Der Eindruck drängt sich auf, diese Prinzipien wären rassistisch — denn es geht in diesem Zusammenhang um nichts weniger als um den größten Völkermord unseres Jahrhunderts, um Stalins Völkermord an über sieben Millionen Ukrainern im Winter 1932/33 und um Kopelews Beteiligung an diesem Völkermord.

Die Tatsache dieses Völkermordes dringt nur sehr langsam ins öffentliche Bewußtsein. An ideologischem Sperrfeuer fehlt es nicht, zumal in unserer Republik. Bei uns wird es vielfach als unziemlich oder gar verwerflich angesehen, wenn die Aufmerksamkeit auf die Verbrechen der Bolschewisten gelenkt wird. Angesichts der nationalsozialistischen Verbrechen fehle uns das Recht dazu. Erst recht sei ein Vergleich von bolschewistischen und nationalsozialistischen Verbrechen verwerflich. Das bedeute „Relativierung". Dadurch würde die „Einmaligkeit" und „Unvergleichbarkeit" der Nazi-Verbrechen in Frage gestellt. In Wahrheit aber haben die Nachkriegsideologen den Vergleich zu fürchten. Denn tatsächlich stellen die Verbrechen der Bolschewisten selbst das in den Schatten, was die schlimmsten Holocaustschilderungen an Bildern und Zahlen des Schrekkens hervorgebracht haben.

Die Verbrechen der Bolschewisten sind im übrigen an Ausmaß und Zahl von Fachhistorikern nachprüfbar, d.h. ihre fachhistorische Überprüfung wird nicht mittels Strafgesetz eingeschränkt. Sie können ungehindert in Zweifel gezogen werden, teilweise oder ganz abgestritten werden, ihre „moralische Höherwertigkeit" kann behauptet werden, während dies hinsichtlich des nationalsozialistischen Holocaust strafrechtliche Konsequenzen nach sich zieht.

In diesem Zusammenhang sei angemerkt: Natürlich können Verbrechen der einen Seite nicht gegen Verbrechen der anderen Seite „aufgerechnet" werden. Verbrechen bleiben Verbrechen. Und Schuld bleibt Schuld, unabhängig vom Ausmaß der Schuld anderer. Doch im politischen Geschehen können Verbrechen der einen Seite Verbrechen der anderen Seite fördern oder dazu aufstacheln. Auch können die Verbrechen der Bolschewisten und die Verbrechen der Nationalsozialisten gleiche oder ähnliche Voraussetzungen haben, z.B. solche ideologischer Natur. Hier ist der Historiker zum Vergleich geradezu verpflichtet. Wenn aber, so wie das heute geschieht, die Verbrechen der einen Seite ständig herausgestellt werden und zur Grundlage rechtlicher, politischer und sonstiger Konsequenzen gemacht werden, während die Verbrechen der anderen Seite überwiegend verdeckt werden und völlig folgenlos bleiben, dann führt das zu unhaltbaren Verzerrungen. Das ist neues Unrecht. Dieses politische Verhalten dient weder der Beseitigung von Ursachen vergangenen Unrechts, noch der Wiederherstellung rechtlicher Verhältnisse, noch dem Frieden und der Verständigung unter den Völkern.

Im folgenden soll ein Vergleich gezogen werden zwischen den Aussagen des amerikanischen Historikers Prof. Robert Conquest über den Völkermord Stalins an den Ukrainern und den Aussagen, die Lew Kopelew selbst in seinem Buch *Und schuf mir einen Götzen* (Untertitel: Lehrjahre eines Kommunisten) über seine Beteiligung und aktive Mitwirkung an diesem Völkermord auf der Seite der Täter macht. (003)

In seinem Buch *The Harvest of Sorrow* beschreibt Robert Conquest den Höhepunkt dieses Völkermordes so: *„Ein Viertel der Landbevölkerung, Männer, Frauen und Kinder, lagen tot* *oder sterbend umher, der Rest, in unterschiedlichen Phasen der Schwächung, ohne Kraft, ihre Familien oder Nachbarn zu begraben. Gleichzeitig, (wie in Belsen) überwachten wohlgenährte Polizeieinheiten und Parteifunktionäre die Opfer. Das war der Höhepunkt der „Revolution von oben", wie Stalin das nannte, mit welcher er und seine Gefolgsleute zwei Elemente vernichteten, die er als unüberzeugbar feindselig gegenüber dem Regime ansah: die Bauernschaft der UdSSR als Ganzes und die Ukrainische Nation".* (012)

Robert Conquest beschreibt, wie die wohlgenährten bolschewistischen Mörder in die Bauernhäuser eindrangen und den weinenden Frauen und schreienden Kindern ihre letzten Nahrungsmittel wegnahmen, um sie dem sicheren Hungertod preiszugeben. Sie mußten dabei über die bereits Verhungerten steigen. Das in großen Mengen konfiszierte Getreide wurde entweder in den Export gebracht, oder man ließ es in den Sammelstellen verrotten. Am geplanten und absichtsvoll durchgeführten Völkermord läßt Robert Conquest keinen Zweifel aufkommen. Er vergleicht die ganze Ukraine des Winters 1932/33 mit einem riesigen Konzentrationslager.

In seinem erwähnten Buch bestätigt Kopelew grundsätzlich diese Ereignisse und seine Mittäterschaft. In den beiden Kapiteln, in denen er seine aktive Beteiligung an diesem Völkermord zugibt (— das eine trägt den Titel „Die letzte Getreidebeschaffung", das andere „Der Weg in die Hungerkatastrophe" —) kommt aber das Wort „Völkermord" nicht vor. Er bezeichnet auch sich selbst und seine bolschewistischen Mordkumpane keineswegs als Mörder. Das Ereignis selbst, die künstlich erzeugte Hungerhölle, der 7 Millionen Ukrainer zum Opfer fielen, nennt er eine *„Getreideablieferungskampagne"*. Er schreibt wörtlich: *„Meine Beteiligung an jener verhängnisvollen Getreideablieferungskampagne ist unentschuldbar und unverzeihlich. Von einer solchen Sünde betet man sich durch nichts frei. Nie kann man sie abbüßen. Man kann nur versuchen, ehrlich mit ihr zu leben".* (013)

Lew Kopelew tat diese Aussage ohne Zwang. Das sei nicht verkleinert. Erst recht sollte diese Aussage nicht zum Anlaß für Häme genommen werden. Andererseits können wir nicht umhin, das Ergebnis von Kopelews „Versuch zur Ehrlichkeit" kritisch zu betrachten. Dabei geht es nicht primär um die Person Lew Kopelew, sondern um die Art des Umgangs mit diesem Komplex durch unsere Massenmedien. Kopelews Buch liest sich stellenweise wie ein weinerlicher Traktat des Selbstmitleids. Nicht den Ermordeten gehört das Mitleid dieses Autors, vielmehr bemitleidet er sich selbst, weil er zu solchen ideologischen Verirrungen fähig war. Was er anführt, klingt wie eine Litanei von Selbstrechtfertigungen. Seine ideologische Verblendung führt er auf seinen Glauben an eine bessere Welt zurück. Dieser Glaube hätte ihm und seinen bolschewistischen Mordkumpanen die Kraft gegeben, sich „jedes Mitleid mit den Opfern zu verbieten". Ja, er schreibt, er habe sich dieses Mitleid mit den weinenden Frauen und den schreienden Kindern verboten, wenn er mit seinen Mordgesellen in die Bauernhäuser eindrang und wenn sie dort die letzten Habseligkeiten konfiszierten und die letzten Nahrungsmittel zerstörten — und die Menschen dem sicheren Hungertod preisgaben. Er bringt es fertig, nicht von Mord zu reden, wenn er diese Ereignisse beschreibt. Ist das Ehrlichkeit?

— *„Wir glaubten, wir mußten, wir wollten glauben, daß die schädliche Lüge des Stalin'schen Trostes notwendige Taktik eines weisen Propagandisten sei."* (014)

— *„Ich gehörte zu denen, die diesen „Beweisen" glaubten, trotz allem, was ich schon selbst gesehen, erkannt und erfahren hatte."*

— *„Und wir glaubten unseren Führern und unseren Zeitungen weiterhin . . . ‚Getreide ist vorhanden, man muß nur den Widerstand der Kulaken brechen' . . . schrieb im Januar (1933) die Zeitschrift ‚Der Dorf-Agitator'."*

— *„Wir glaubten auch deswegen, weil die durch den chaotischen Kampf um Brot hervorgerufenen Mißstände sich ebenso chaotisch ausbreiteten und auswuchsen"* (015).

So rechtfertigt sich Kopelew.

Kopelews Schwierigkeit, in dieser Angelegenheit ausreichend wahrheitsgemäß darzustellen, wird vor allem dann deutlich, wenn man seine eigenen biographischen Berichte anderen historischen Beschreibungen gegenüberstellt.

Aus der Beschreibung von Robert Conquest wird deutlich, daß die Beweggründe für diesen Völkermord u.a. ein zutiefst rassistisch motivierter Völkerhaß war, der sich sowohl an dem Bauernvolk der Ukrainer als auch an den Bauern der Sowjetunion insgesamt austobte.

Die Bauern waren ein Teil des Volkes, der sich, wenn es darauf ankam, selbst ernähren konnte, d.h., der Bauernstand war nicht darauf angewiesen, den Priestern der neuen Erlösungsreligion aus der Hand zu fressen. Solange die Bauern sich selbst ernähren konnten, hatten sie die Möglichkeit, der Partei ein gewisses Maß an Unabhängigkeit entgegenzusetzen. Das war wohl der eine Grund für ihre Liquidierung. Dazu kommen rassistische Gründe, wie wir anschließend sehen werden.

Die Liquidierung wurde von entsprechender hetzerischer Haßpropaganda begleitet, die uns Kopelew verschweigt. Hierüber berichtet Robert Conquest, indem er den jüdischen Schriftsteller Vasily Grossmann zitiert: „„. . . *die Aktivisten, die der GPU bei den Verhaftungen und Deportationen halfen, waren alles Leute, die einander gut kannten, und sie kannten auch ihre Opfer, aber bei der Ausführung dieser Aufgaben wurden sie abgestumpft, verblödet . . . Sie haben die Leute mit Gewehren bedroht, so als wären sie verhext, sie haben kleine Kinder „Kulakenbastarde“ genannt, schrieen sie als „Blutsauger“ an . . . Sie hatten sich der Idee verkauft, die Kulaken wären Ausgestoßene, Unberührbare, Ungeziefer. Sie setzten sich nicht an den Tisch von Parasiten; das Kulakenkind war ekelerregend, das junge Kulakenmädchen war weniger als eine Laus. Sie betrachteten die sogenannten Kulaken wie Rindvieh, wie Schweine, ekelerregende Kreaturen: Die Kulaken hatten keine Seele; sie stanken; sie hatten alle Geschlechtskrankheiten; sie waren Feinde des Volkes und beuteten die Arbeit anderer aus . . . Und es durfte kein Mitleid für sie geben. Sie waren keine Menschen; es war schwer zu sagen, was sie wirklich waren — Ungeziefer natürlich!*“ Nach diesem Zitat schreibt Conquest weiter: „*Dieser letzte Abschnitt ist von Vasily Grossmann; selbst Jude und der führende sowjetische Schriftsteller über Hitlers Holocaust, stellt er eine Analogie her zu den Nazis und Juden. Eine Aktivistin erläutert: ›Was ich mir zu jener Zeit selbst sagte, war dies: sie sind keine Menschen, sie sind Kulaken. . . . Um sie zu ermorden, war es notwendig zu verkünden, daß Kulaken keine menschlichen Wesen sind.‹*“ (011).

Auch bei Kopelew kommt einmal der Ausdruck „*Kulakenhure*“ vor, als er sich erinnert, selbst mit Hand angelegt zu haben, als eine Bäuerin den in das Haus eindringenden Aktivisten ein Stück Papier verbergen wollte, indem sie versuchte, es zu verschlucken. Aber die rassistische Hetze gegen die Bauern, die diese millionenfachen Massenmorde begleiteten, verschweigt er uns.

Er stellt sich selbst als das Opfer einer Ideologie dar, die für ihn seinen legitimen Glauben an eine bessere Welt verkörperte.

Die Möglichkeit bleibt offen, Kopelew so zu verstehen: Um die Menschheit auf dem Weg zur Erlösung hin zum kommunistischen Paradies weiterzubringen, ist es irgendwo auch nötig, Schuld auf sich zu laden, selbst grausame Handlungen auszuführen, durch schreckliche Perioden zu gehen. Bedauernswert sind dabei vor allem die, die an die Erlösung glauben und dafür so viel Unbill verbreiten müssen, weniger die Opfer.

Diese Haltung scheint mir der seelische Grund für Kopelews Selbstmitleid zu sein.

Kehren wir bei unserer Betrachtung zurück zu den Auswahlprinzipien unserer Medien; diese Prinzipien habe ich eingangs rassistisch genannt.

Wenn unsere Medien einen Mann wie Kopelew auswählen, um ihn zu propagieren und seinen „Glauben an eine bessere Welt" zu rühmen, dann, so meine ich, müßten sie eigentlich wissen, was sie tun. Wissen sie es wirklich? Wollen sie tatsächlich das Volk dazu erziehen, einen Menschen zu verehren, der eine Erlösungsreligion wie den Kommunismus in die politische Praxis umzusetzen versuchte? Auf jeden Fall verschweigen sie, wie diese politische Praxis aussah. Warum? Ist es so, daß sieben Millionen ermordeter ukrainischer Bauern nichts sind, gemessen an den „hohen Idealen" dieses „Glaubens an eine bessere Welt"? Lautet so die Rechtfertigung der Verantwortlichen für diese Propaganda in unseren Medien?

Wer die Berechtigung meines Vorwurfs bezweifelt, die Medien träfen ihre Auswahl nach rassistischen Prinzipien, der stelle sich vor, mit welcher Intensität die gesamte Medienlandschaft des Westens die Öffentlichkeit bombardieren würde, wäre Kopelew anderer Herkunft — also z. B. ein Österreicher oder ein Ukrainer — und wären seine Opfer Juden gewesen. Kopelews Opfer aber waren „nur" ukrainische Bauern ...

Auch wenn man also dem heutigen Kopelew ein hohes Maß an Ehrlichkeit und ein Ringen um Wahrhaftigkeit zugestehen will, so bleibt doch die Frage an die öffentliche Moral in unserer Republik, warum man einen Mann, der sich in seiner Jugend aktiv und, wie er selbst schreibt, jedes Mitleid mit den Opfern verbietend, an der Ermordung von sieben Millionen ukrainischer Bauern beteiligt hat, zu einem Medienstar hochstilisiert.

Was ist, aus moralischer Sicht, der Unterschied zwischen einem bolschewistischen Mörder und einem Nazimörder? Diese Frage richte ich an Presse, Medien und jene Journalisten unserer Republik, die sich in ihren Lobeshymnen auf Kopelew gegenseitig zu übertreffen suchen. (020 u. 021)

Als Kopelew mit seinen wohlgenährten bolschewistischen Kadern in jenem Hungerwinter 1932/1933 in die Bauernhäuser der ukrainischen Dörfer eindrang und den weinenden Frauen und den schreienden Kindern ihre letzten Nahrungsmittel und ihre letzte Habe konfiszierte, um sie dann dem sicheren Hungertod preiszugeben, damals war Iwan Demjanjuk ein zwölfjähriger Bauernjunge. Damals standen sich Täter und Opfer zum erstenmal auf zwei verfeindeten Seiten gegenüber. Demjanjuk hat die von Stalins Bolschewisten mit der vollen Absicht des Völkermordes geschaffene Hölle des Hungers überlebt.

1981, also fast zur gleichen Zeit, als für Demjanjuk die Verfolgung als „Naziverbrecher" begann, wurde Lew Kopelew mit dem *Friedenspreis des Deutschen Buchhandels* geehrt.

Heute werden beide im Schaufenster unserer Medien wieder einander gegenübergestellt: der eine als gefeierter Schriftsteller, der andere als Opfer eines Schauprozesses, dessen Funktion es ist, die Ukrainer als Handlanger der Nazis zu diffamieren und hinter diesem Schaufensterimage, das den Ukrainern aufgedrückt werden soll, die Opfer dieses leidgeprüften Volkes zu verbergen.

Bei aller Großzügigkeit im Verstehen, die wir im Rückblick auf die erste Hälfte unseres Jahrhunderts für notwendig erachten, um uns nicht in ewiger Rachsucht, in ewigem Nicht-Vergessen und Nicht-Verzeihen jeden lichtvollen Ausblick auf eine Welt zu verbauen, in der alle Völker gleich geachtet werden und das gleiche Recht auf Selbstbestimmung genießen, so scheint es uns doch wie Hohn auf die sieben Millionen ermordeten ukrainischen Bauern, wenn heute einer ihrer bolschewistischen Mörder von damals mit öffentlichen Ehrungen überhäuft wird und ein anderer, dessen Familienangehörige Opfer der bolschewistischen Hölle wurden, der selbst zu den Davongekommenen gehört, der offensichtlich — wie noch dargelegt wird — unschuldig ist und daher einen Lebensabend in Frieden verdient hätte, als Angeklagter schon vor seiner Verurteilung öffentlich verfemt und verteufelt wird.

Der Journalist Hans Peter Rullmann ist bei seinen Recherchen über den Fall Demjanjuk zu Ergebnissen gekommen, die der Presse und den Medien unseres Landes nicht opportun erschienen. Alle Presse- und Medienorgane dieses Landes hätten Gelegenheit gehabt, die Ergebnisse seiner Arbeit zu veröffentlichen. Wie auf ein geheimes Kommando hin haben sie alle abgelehnt. Ich meine, das wirft ein bezeichnendes Licht auf die Selektionsprinzipien unserer Medienmacher.

Wenn Hans Peter Rullmann mit seiner Darstellung des Falles Demjanjuk nur dies erreichen sollte, daß einige Menschen in ihrem Vertrauen in die Schaufensterwelt unserer Medien- und Presselandschaft verunsichert werden, so wäre das schon viel. Insgesamt aber steht bei dem Fall Demjanjuk noch weit mehr auf dem Spiel. Der Rechtsgrundsatz „In dubio pro reo" — „Im Zweifel zugunsten des Angeklagten" — wurde und wird von der amerikanischen und von der israelischen Justiz eklatant verletzt — und die Presse schweigt zu dieser Verletzung. Das geht uns alle an. Vor allem aber stehen Leben und Existenz eines seiner elementarsten Rechte beraubten Menschen auf dem Spiel.

Ausgehend von einem Briefwechsel zwischen der Präsidentin von *Americans for Human Rights in Ukraine*, Bozhena Olshaniwsky, und dem Sprecher der Knesset, Dov Ben-Meir, habe ich es übernommen, nach den Ausführungen von Hans Peter Rullmann einen Überblick zu geben über die geschichtlichen Belastungen, die im Verhältnis zwischen Ukrainern und Juden eine Rolle spielen. Dadurch wird auch der geschichtliche Hintergrund deutlich, in den der Jerusalemer Schauprozeß gegen John Demjanjuk gestellt ist.

Sonnenbühl, im April 1987 Helmut Wild

Satan vor Gericht

Ursprünglich sollte in einem weiten Sportstadion in Jerusalem über ihn gerichtet werden: in dessen Mitte der Panzerglaskäfig, in dem schon Adolf Eichmann zum Tode durch Erhängen verurteilt worden war. Doch dann entschied man sich für einen kleinen Kinosaal, nicht einmal im Zentrum der heiligen Stadt. Zwanzig Stuhlreihen, Klappstühle mit Polstern in Orangefarbe, ein Balkon mit sechs Reihen für die Presse, links das einen Meter hohe Podium für den Angeklagten sollten dem Strafprozeß gegen Iwan Demjanjuk den letzten Anschein nehmen, es könne sich um einen politischen Schauprozeß handeln, wie es die Verteidigung unterstellte.

Doch dann übertrug man den Verlauf des Prozesses in alle israelischen Schulen, denn das Strafverfahren gegen Iwan Demjanjuk erwies sich als *„unschätzbare Lektion für eine neue Generation junger Israelis“* (032). Die *Jüdischen Nachrichten* in Cleveland in Ohio, wo der als Massenmörder Angeklagte jahrzehntelang unbehelligt als braver und frommer Familienvater gelebt hatte, bis er endlich entdeckt und an Israel ausgeliefert wurde, bezeichneten den Prozeß als *„Schule für das jüdische Volk“* (032), aber wohl nicht nur für das jüdische. Denn die Höhepunkte des Verfahrens wurden mit Satelliten weltweit vom Fernsehen übertragen, so daß kein Zweifel an Demjanjuks Schuld aufkommen konnte: Erschüttert wurden deutsche Zuschauer Zeugen der Zeugenauftritte in Jerusalem.

Die auflagenstärkste deutsche Boulevardzeitung faßte das Grauen in einer Bildmontage zusammen: Im Hintergrund ein lachender Iwan Demjanjuk, zwei Finger zum Siegeszeichen gespreizt, davor, weinend und zusammengebrochen, eines seiner Opfer, ein Zeuge, fassungslos über die Arroganz des größten Massenmörders der Weltgeschichte. Und eine bunte deutsche Illustrierte schilderte, was inzwischen ohnehin jeder Zeitgenosse wußte: Einen Angeklagten, der *„keine Miene verzieht, welche Scheußlichkeiten auch immer durch seinen Kopfhörer an sein Ohr dringen, als wolle er mit seiner Haltung dokumentieren, daß ihn der ganze Prozeß nichts angeht“*, eine „Bestie“, so ein Zeuge, der auch heute noch, über vierzig Jahre später, jede Gefühlsregung fremd ist. Selbstverständlich glaubt die deutsche Journalistin angesichts dieses *„Monsters, das auf Erden nicht seinesgleichen hat“* — so ein anderer Zeuge —, *„daß er schuldig ist“*. Es bleibt nur eine Sorge: Ob man ihm die Schuld auch beweisen kann.

Eine Nichtbeweisbarkeit der Schuld wäre fatal, denn schon in einem Befund des amerikanischen Justizministeriums, das Demjanjuks Auslieferung an die Justiz Israels veranlaßte, ist von seiner *„Mitverantwortung für den Tod von 500 000 Männern, Frauen und Kindern“* die Rede (056), gemäß anderer Quellen eine Untertreibung. Denn während deutsche Gerichte, die die Verbrechen im Konzentrationslager Treblinka schon in zwei langen Prozessen durchleuchtet haben, von sogar 820 000 Opfern allein in diesem KZ ausgehen, versichert Franszek Zabecki, Bahnhofsvorsteher von Treblinka, der alle ankommenden Transporte von Juden auf einer Tafel ankreidete: *„Ich war dort, ich habe es jeden Tag niedergeschrieben. 1 200 000 haben sie ermordet, nicht mehr und nicht weniger.“* (033)

An Zahlen gemessen wird Iwan Demjanjuk nur noch von Adolf Eichmann übertroffen, dem 6 Millionen getötete Juden zur Last gelegt wurden. Doch Eichmann war, so die Anklage, nur ein Schreibtischtäter, ein „Bürokrat des Todes“, dem persönlich kein einziger Mord nachgewiesen werden konnte, während Demjanjuk der „Maschinist des Todes“ war: Denn er trieb, wie der Prozeß ergab, die Juden selbst in die Gaskammer und betätigte dann den Motor, der sie tötete, und noch schlimmer: Demjanjuk ging durch völlig unnötige Grausamkeiten weit über das hinaus, was ihm aufgetragen war. Er soll, *„während er an der Gaskammer arbeitete, Juden sogar die Ohren abgeschnitten“* und ihnen dann, vor dem Tod durch Vergasen, als Erinnerung in die Hände gedrückt haben. Er *„erschoß, erschlug, erstach, erwürgte“* seine Opfer, *„peitschte sie zu Tode oder ließ sie verhungern“*, wie man schon in den Vereinigten Staaten festgestellt hatte.

„Hier muß“, so eine überregionale deutsche Tageszeitung aus Bonn in einem Bericht direkt aus Jerusalem, *„die Anklage nicht die Verbrechen beweisen, die durch eine Fülle von Dokumenten wie auch durch noch lebende Zeugen überwältigend belegt sind“*, wodurch sich der Demjanjuk-Prozeß von *„allen*

bisherigen Kriegsverbrecherprozessen" unterscheide. Und allein die Zeugen, die der Reihe nach auftraten, bewiesen der ganzen Welt, was sich hinter dem *„ungeschlachten, breitflächigen Gesicht mit schmalem Mund und fleischiger Nase"* und der *„fliehenden Stirn"* des Angeklagten, einem Gesicht, das *„auf Anhieb kein Vertrauen erweckt"*, verbirgt: der Teufel in Person.

Pinhas Epstein, der mit 17 Jahren nach Treblinka kam, erinnert sich im Zeugenstand: *„Iwan hat den Kopf eines Mannes zwischen die Stacheldrähte gedrückt und ihn langsam zu Tode stranguliert"*, obgleich sich das Opfer bereits auf der „Himmelstraße" befand, die direkt in der Gaskammer endete, also ohnehin schon zum Tode verurteilt war. Epstein rang jetzt, als er dem Massenmörder gegenüberstand, vergeblich nach Worten über den Mann, der „lachte, wenn er die Toten sah": *„Ich finde keine Worte, keine Bezeichnung für ihn. Es gibt nichts auf der Welt, womit man ihn vergleichen könnte."* Iwan Demjanjuk, das ist der Satan, der einem Mädchen, das nach seiner ermordeten Mutter schrie, befahl, sich auf den Rücken zu legen: *„Dann hat er einen jungen Gefangenen gezwungen, das Kind zu mißbrauchen. Der Gefangene hat sich auf das Mädchen gelegt, aber er konnte es nicht tun. Da hat Iwan das Mädchen erschossen."* Demjanjuk hört sich diese Anklagen mit *„der Starrheit einer Statue"* an, als sei er insgeheim mit jenen, die ihn jetzt verfolgen, einig. Denn natürlich, so sagt der aus Deutschland stammende Jude Bron, *„geht es hier gar nicht um Demjanjuk. Es geht nur darum, diese Geschichten zu hören. Dies ist der einzige Grund für diesen Prozeß."*

Nicht alle sehen dies so. Moishe Locker, ein Makler aus Tel Aviv, mußte vom Gerichtsvorsitzenden, Dov Levin, des Saals verwiesen werden, denn er störte sich an der Gleichgültigkeit, mit der der Angeklagte das Verfahren über sich ergehen ließ, und brach deshalb in Schreie aus. Zwar war Locker niemals selbst in Treblinka gewesen, aber er kann *„instinktiv sagen, wer ein Mörder ist oder nicht."* Locker empört: *„Wie bequem er da sitzt."* Der Richter untersagte es dem empörten Mann, in den Gerichtssaal zurückzukehren, aber als der Zeuge Epstein aus dem Publikum mit lautem Beifall Dank für seine Aussage erhält, duldet das Gericht diese Manifestation. Der Staatsanwalt erhält richterliche Anweisung, mit den Zeugen schonend umzugehen. So kann der Zeuge Gustav Borax, heute 87 Jahre alt, unter Weinkrämpfen beschreiben, wie Iwan gefangenen Frauen mit seinem Bajonett *„ganze Stücke Fleisch aus dem Körper schnitt"*.

Die Anklage gegen Iwan Demjanjuk lautet, er sei während des Krieges auf der Krim in deutsche Hände gefallen, habe sich aus einem Kriegsgefangenenlager heraus den Deutschen als Hilfswilliger angeboten, sei daraufhin in einem SS-Lager bei Trawniki für den Dienst in einem Massenvernichtungslager ausgebildet und anschließend nach Treblinka versetzt worden, wo er bis zur Auflösung des Lagers in der beschriebenen Weise tätig war. Nach 1945 habe er sich versteckt gehalten, um 1952 in die Vereinigten Staaten auszuwandern, wobei er den amerikanischen Einwanderungsbehörden natürlich seine Rolle als „Schlächter" des jüdischen Volkes verschwieg.

„Iwan der Schreckliche" verteidigt sich mit der Behauptung, er sei niemals in Trawniki oder Treblinka oder in einem anderen deutschen Vernichtungslager gewesen, und die Anklage beruhe auf einer Personenverwechselung. Die Verteidigung, ein amerikanischer und ein israelischer Anwalt, bestreiten nicht die Vorgänge in Treblinka; einziges Ziel der Verteidigung ist es, die Unschuld Iwan Demjanjuks zu beweisen. Dagegen sprechen die Zeugen und als einziges materielles Beweismittel ein Dokument, aus dem entnommen werden kann, daß Demjanjuk tatsächlich in Trawniki gewesen sei: Es trägt die Unterschrift des ehemaligen Kommandanten von Trawniki, Streibel, der noch kurz vor seinem Tode in einem Altersheim bei Hamburg die Echtheit seiner Unterschrift bestätigte. Diese Unterschrift wurde auch von der Hamburger Staatsanwältin Grabert eindeutig identifiziert. Denn sie hatte in einem Strafprozeß, der gegen Streibel in der Hansestadt geführt worden war, solche Unterschriften sehr oft gesehen: Streibel war damals freigesprochen worden, denn das deutsche Gericht war nicht zur Überzeugung gekommen, daß Streibel vom späteren Einsatz der von ihm ausgebildeten „Trawniki-Männer" in deutschen Konzentrationslagern auf polnischem Gebiet etwas wußte.

Freispruch wäre Schande

Angefangen von den Zeugen bis hin zum „Dienstausweis", ausgestellt von der Lagerverwaltung in Trawniki, stand Demjanjuk einer lückenlosen Beweiskette gegenüber. An seiner Verurteilung bestand von Anfang an kein Zweifel, nur diskutierte man noch die Frage, ob er, wie Eichmann, aufgehängt oder zu lebenslänglicher Haft verurteilt werden sollte. Denn schon während der Vorbereitung des Strafprozesses gegen Iwan Demjanjuk erklärte Israels Justizminister Mosche Nissim, der das Auslieferungsbegehren an die USA selbst unterzeichnet hatte, es wäre *„eine Schande für den Staat, wenn ein solcher Angeklagter freigesprochen würde und wir ihn dann zurückschicken müßten."* (034)

Auch in einem demokratischen Staat mit fairer Justiz sind solche Regierungserklärungen nicht dazu angetan, unabhängige Richter zu einem Freispruch zu ermutigen. Auch die demonstrative Teilnahme des israelischen Regierungschefs während der Hauptverhandlung und vor allem die Einführung des Strafverfahrens in das Unterrichtsprogramm der israelischen Schulen sind sicher keine Beiträge zur Wahrheitsfindung, (035) denn sollte man etwa der israelischen Jugend und, schlimmer noch, der ganzen Welt erklären, man habe sich einfach in der Person des Angeklagten geirrt? Mark O' Connor, der amerikanische Anwalt aus Buffalo, der die Verteidigung Demjanjuks übernommen hatte, gab sich zwar von Anfang an Mühe, dem Gericht auch für den Fall, daß Demjanjuk freigesprochen werden müßte, goldene Brücken zu bauen: der Amerikaner redete das Gericht sogar in Hebräisch an und ließ nie einen Zweifel daran aufkommen, daß es ihm allein um Iwan Demjanjuk ging. Der am jüdischen Volk begangene Holocaust stand für ihn nie zur Diskussion.

Aber noch bevor das Gericht die Identität des Angeklagten überprüft hatte, waren die vielen Zeugen aufgerufen worden, die ein breites Panorama des Holocaust entwarfen, und deren erschütternde Aussagen in Wiedererkennungszenen gipfelten: Ja, dies ist Iwan der Schreckliche! *Wieviel Glauben würde man den Zeugen noch schenken, wenn sie sich in der Person geirrt haben sollten?* Würde man dann noch an den Rest ihrer Aussagen, an ihre Darstellungen über den stattgefundenen Holocaust glauben?

Iwan Demjanjuk mußte nicht nur für schuldig befunden werden. Mehr noch. An seiner Schuld durfte kein einziger Zweifel aufkommen. Aber war die Beweiskette gegen Demjanjuk wirklich so lückenlos? Selbst Justizminister Mosche Nissim äußerte Bedenken: Plötzlich erklärte er, er sei gegen die Auslieferung von Kriegsverbrechern an Israel, es sei denn, daß die Beweise völlig unwiderlegbar seien. Nur: Iwan Demjanjuk *„leugnet konsequent.“* (036)

Nissim deutete plötzlich an, er habe gar nicht aus eigenem Willen, sondern unter Druck den Auslieferungsantrag gestellt, denn auch Richter Jaakov Maltz vom obersten Gerichtshof war vom Beweismaterial, das die Anklage vorlegte, kaum beeindruckt (037). Während er zum Entlastungsmaterial der Verteidigung meinte, es habe *„noch nicht solche Beweiskraft, daß es zu einer Einstellung des Verfahrens ausreicht“*, erklärte er zum Belastungsmaterial der Anklage, es sei so wenig konkret, daß es kaum geeignet sei, das Gericht von der Notwendigkeit einer Verlängerung der Untersuchungshaft zu überzeugen, und das nach neun Jahren Ermittlungstätigkeit (038). Der für April 1986 geplante Prozeßbeginn mußte immer wieder verschoben werden, denn die Staatsanwaltschaft brachte zunächst nicht einmal eine Anklageschrift zustande. (039)

Generalstaatsanwalt Yosef Harish begründete dies mit *„geheimem Material“*, das ihm vorliege und das erst noch studiert werden müsse. Außerdem seien im Ausland noch immer *„intensive Nachforschungen“* der israelischen Polizei im Gange, so daß es unmöglich sei, gesetzte Termine einzuhalten (040). Wie sich erweisen wird, lohnt es sich, zur Bewertung des Demjanjuk-Prozesses den Spuren dieser israelischen Polizeifahnder zu folgen. Denn die Methoden, mit denen sie, auch in der Bundesrepublik Deutschland, in Torschlußpanik Beweise gegen Demjanjuk suchten, verdienen eine eigene Untersuchung.

Plötzlich registrierte Ephraim Lahav, der Israel-Korrespondent der Bonner Tageszeitung *„Die Welt“*, daß *„Demjanjuk kein Gesprächsstoff mehr ist“*; an seinem Fall herrsche überraschenderweise in Israel *„viel weniger Interesse“*, als man angenommen habe (041). Und nach Feststellungen der israelischen Zeitung *Haaretz „braucht man kein hochentwickeltes Gehör, um* *das vorläufig noch unterschwellige Geflüster zu vernehmen, das den Prozeß gegen Demjanjuk als überflüssig erachtet.*" (042) Haim Cohn, ehemaliger Generalstaatsanwalt und oberster Richter in Israel, äußerte, er würde mit dem vorliegenden Beweismaterial keine Anklage gegen Demjanjuk erhoben haben (043). Auch Israels Erziehungsminister, Yitzhak Navon, gab bei einem Besuch bei Friedensnobelpreisträger Elie Wiesel zu bedenken, daß es „*in Bezug auf Demjanjuk Zweifel daran gibt, ob er es wirklich ist*". Er hoffe auf einen Schuldspruch, denn „*es wäre eine Tragödie, wenn er es gar nicht ist.*" (044) Am besten wäre es, wenn der Prozeß recht bald zu Ende gehe.

Tuviah Friedman, Direktor des israelischen Dokumentationszentrums für die Untersuchung von Nazi-Kriegsverbrechen mit Sitz in Haifa, glaubte von vornherein nicht, daß ein Prozeß möglich wäre. Er war sogar gegen die Auslieferung Demjanjuks an seinen Staat: „*Erstens wird es zwei Jahre dauern, bevor man überhaupt mit dem Prozeß beginnen kann. Und während dieser ganzen Zeit werden wir in den Zeitungen, im Rundfunk und Fernsehen über die Endlösung hören. Nach vierzig Jahren werden alle Wunden wieder aufgrissen. Aber wer hat dies nötig? Israel muß ganz andere Probleme lösen.*" (045) Was Friedman am meisten fürchtete: Selbst dann, wenn Demjanjuk verurteilt wird, „*würde er für den Rest seines Lebens in den Schlagzeilen bleiben.*"

Denn selbst dann, wenn Demjanjuk letztlich doch seine Schuld zugeben würde, blieben Zweifel übrig, nicht nur am Verfahren gegen Iwan Demjanjuk. Solche Zweifel wurden schon während des Prozesses in Jerusalem öffentlich geäußert, selbst im *Plain Dealer,* der ältesten Zeitung des US-Staates Ohio, die zunächst alle Zeugen, die Demjanjuk entlasten wollten, als „Nazis" bezeichnet hatte. Im März 1987 hieß es in dieser in Demjanjuks amerikanischer Heimat am weitesten verbreiteten Zeitung plötzlich:

„Israel hatte im ‚Fall Demjanjuk' eine Gelegenheit, der ganzen Welt zu zeigen, daß man sich den Prinzipien eines fairen Gerichtsverfahrens verpflichtet fühlt, selbst dann, wenn sich erweisen sollte, daß er nicht der Mann ist, der für Torturen und den Tod die Verantwortung trägt. Leider hat Israel diese Gelegenheit an sich vorübergehen lassen." (046)

Ein neuer „Fall Dreyfus“

Im Strafverfahren gegen Eichmann hatte man es noch hingenommen, daß der Staatsanwalt, damals Gideon Hausner, an die Richter appellierte, ihren subjektiven Gefühlen zu folgen: *„Niemand kann von ihnen, den Richtern, angesichts des Völkermordes Objektivität verlangen, und wenn es in der Welt jemanden gibt, der sich zu einem solchen Verbrechen neutral einstellt, hat er sich als Richter selbst disqualifiziert.“* (046)

Demgegenüber wurden im „Fall Demjanjuk“ erhebliche Zweifel laut: An der Objektivität jener US-Behörden, die an der Auslieferung Demjanjuks aktiv mitwirkten, an der Voruntersuchung israelischer Behörden und den dabei angewendeten Methoden, an sämtlichen Beweismitteln, vor allem aber an den Zeugen. Doch wenn aus dem Holocaust nur sehr Wenige lebend hervorgegangen sind und von diesen ohnehin wenigen Augenzeugen heute nur noch sehr wenige leben, genügt schon falsche Erinnerung, alles in Zweifel zu ziehen, worauf die Erinnerung an den Holocaust beruht. Mit anderen Worten:

Bliebe an der Schuld Iwan Demjanjuks und an den Aussagen der Zeugen nur der geringste Zweifel haften, könnte der Prozeß gegen „Iwan den Schrecklichen“ genau das Gegenteil von dem bewirken, was man mit ihm beabsichtigte: Jede falsche, jede irrtümliche oder sogar bewußt erlogene Aussage würde jenen, die bereits von dem *„Mythos Holocaust“* als der *„größten Geschichtslüge des XX. Jahrhunderts“* reden, Wasser auf die Mühlräder schütten, ganz nach der einfachen Regel: „Wer einmal lügt, dem glaubt man nicht.“ Dies war der Grund, weshalb angesehene Vertreter des Judentums plötzlich den Sinn und die Nützlichkeit des Strafverfahrens gegen Iwan Demjanjuk bezweifelten: *„Nur kein Schauprozeß“*, warnte *Haaretz*, denn Israels Öffentlichkeit *„verfolgt den Fall Demjanjuk mit gemischten Gefühlen.“* (048)

Natürlich gab es unter den Zweiflern auch solche, die an unmittelbarere Folgen eines Scheiterns des Strafverfahrens gegen Iwan Demjanjuk dachten: Mit der Auslieferung Demjanjuks aus den Vereinigten Staaten an Israel war ein Präzedenzfall geschaffen worden. Die amerikanische Regierung hatte den

Staat Israel als legitimen Vertreter aller Juden in der Welt anerkannt, indem man Demjanjuk gerade an diesen Staat auslieferte, dessen Bürger Demjanjuk nie gewesen war, auf dessen Gebiet er nie ein Verbrechen begangen hatte. Die USA hatten sich mit der Auslieferung über bisher geltendes internationales Recht hinweggesetzt, demzufolge Demjanjuk allenfalls an Polen als Tatort der ihm zur Last gelegten Verbrechen oder an die Sowjetunion als dem Staat, dessen Staatsangehörigkeit er damals besaß, ausgeliefert werden konnte: nur hatten weder die Sowjets noch die Polen seine Auslieferung gefordert.

Die Auslieferung an den Staat Israel und seine Verurteilung sollte nicht etwa der juristische Schlußpunkt, sondern erst der Startschuß für immer neue Auslieferungen und Kriegsverbrecherprozesse sein. Allein die in einem alten Frauengefängnis in Ludwigsburg beheimatete deutsche Zentralstelle zur Verfolgung nationalsozialistischer Gewaltverbrechen erhielt noch während des Demjanjuk-Prozesses neue Listen mit rund 30 000 Namen, denen sie nur nachgehen kann, wenn sie ihren Personalstand über vierzig Jahre nach Kriegsende weiter aufstockt: wobei diese fast endlosen Namenslisten unmittelbar nach Kriegsende angelegt wurden, in aller Hast und schon damals auf Grund so unsicherer Zeugenangaben, daß sich daraus heute kaum noch ein Strafverfahren konstruieren läßt. Die meisten sind längst verstorben. Ob so die Erinnerung an den Holocaust bis ins nächste Jahrtausend wachgehalten werden kann ist fraglich. Denn greisen NS-Tätern, die — wie kürzlich in Westberlin — auf Krankenbahren in die Gerichtssäle getragen werden müssen, schlägt eher Mitgefühl als Haß entgegen. Als z.B. 1986 der ehemalige kroatische Innen- und Justizminister Dr. Andrija Artukovic auf einer solchen Bahre an die kommunistischen Behörden Jugoslawiens ausgeliefert wurde, erhielt er von der Bevölkerung flugs den Kosenamen „Archy"; vor allem Jugendliche, die keine Erinnerung mehr an den unabhängigen Staat Kroatien haben, lassen den zum Tode verurteilten Greis heute in selbstgedichteten Liedern als Helden hochleben; und so erscheint selbst dann, wenn Artukovic und sein unabhängiger Staat so verbrecherisch waren, wie man es im Strafverfahren gegen ihn darstellte, am Ende *er* als das Opfer — zumal die Belgrader Presse in diesem Fall gezwungen war, den

Kronzeugen gegen den Angeklagten als „Lügner" zu bezeichnen.

Demjanjuk aber war schon für viele zum Heiligen geworden, ehe das Gericht über seine Schuld oder Unschuld befunden hatte: Freunde, die er in den USA zurückgelassen hatte, verglichen ihn mit sogar Jesus Christus. Wie eine Bombe schlug aber ein, was in den USA Pat Buchanan erklärte: Iwan Demjanjuk sei nur mit Dreyfus zu vergleichen. Denn Patrick Buchanan, der das Verfahren gegen Demjanjuk als „Hexenjagd" bezeichnete, war, als er dies schrieb, Assistent des Präsidenten der Vereinigten Staaten, Ronald Reagan.

Buchanan in der „Washington Post": *„Demjanjuks Leben ist in den letzten neun Jahren völlig zerstört worden. Man hat ihn erniedrigt, von aller Gnade ausgeschlossen, ihn wie keinen anderen Amerikaner dieser Zeit gebrandmarkt. In den finanziellen Untergang getrieben und ausgeliefert, um sich am selben Ort vor Gericht wieder zu finden, wo schon Adolf Eichmann stand. Für immer ist sein Name und der seiner ganzen Familie stigmatisiert worden. Er wird als größtes sadistisches Monstrum in einem der größten Massenmassaker der Geschichte eingehen. Wenn Iwan Demjanjuk „Iwan der Schreckliche" ist, hat er das alles verdient. Aber wenn er es nicht ist, ist Demjanjuk nach meiner Ansicht das Opfer einer Dreyfus-Affäre in Amerika."* (049)

Erinnern wir uns: Alfred Dreyfus, französischer Hauptmann jüdischer Herkunft, wurde 1894 wegen Landesverrats verurteilt und deportiert, 1899 begnadigt und 1906 freigesprochen und rehabilitiert, nachdem die ihn belastenden Dokumente als Fälschungen erkannt worden waren.

Doch abgesehen von der ständigen Weigerung Demjanjuks, seine Identität mit jenem „Iwan dem Schrecklichen" von Treblinka zuzugeben, was ihm eher als Zeichen seiner Verstocktheit und mangelnder Reue angerechnet wurde, ist von den Argumenten seiner Verteidigung, die für seine Unschuld sprechen, fast nichts bis in die Öffentlichkeit vorgedrungen, vor allem nicht in die deutschen Medien, an der Spitze das deutsche Fernsehen, das nur äußerst suggestive Prozeßhöhepunkte zeigte: Erregte jüdische Zeugen, die Demjanjuk nach einem Blick in die Augen an diesen wieder erkannten. Für einige Zeitungen ist Demjanjuk schon nicht mehr Iwan Demjanjuk, sondern einfach Iwan der Schreckliche — ohne Anführungszeichen.

Doch in diesem Buch soll von den „vielen eigenartigen Dingen“ die Rede sein, die Buchanan in dem Verfahren gegen Demjanjuk entdeckt hat.

Wer ist Iwan Demjanjuk?

Aber zunächst sollte ein Blick auf jenen Teil der Vergangenheit Iwan Demjanjuks geworfen werden, der unumstritten ist, an dem weder die Anklage noch die Verteidigung zweifeln.

Iwan Demjanjuk wurde 1920 in einem ukrainischen Dorf geboren, am 3. April. Seine Geburt stand unter einem ungünstigen Stern, denn unmittelbar nach der bolschewistischen Revolution war dort eine unvorstellbare Hungersnot ausgebrochen, die damals die Aufmerksamkeit der ganzen Welt auf sich lenkte.

Die Hungersnot von 1921

Ein großer Unterschied zu dem gewollt herbeigeführten Terrorhunger im Jahre 1932/33, der vor der Weltöffentlichkeit geheim gehalten wurde, liegt in der Tatsache, daß diese erste Hungerperiode offiziell zugegeben wurde und sogar Hilfe aus dem Ausland angefordert wurde. Ursache für die Hungersnot der Jahre 1921/22 waren die stufenweise verschärften Anordnungen Lenins zur Getreideablieferung, die schließlich darin gipfelten, daß der Eigenbedarf der Bauern bei der Festlegung der Ablieferungsquoten nicht mehr berücksichtigt werden sollte. Eingehend berichtet hierüber Prof. Robert Conquest in seinem Buch *The Harvest of Sorrow,* S. 53ff.

Diese Hungersnot von 1921/22 traf alle Regionen der Sowjetunion, die Ukraine aber besonders hart. Das lag daran, daß die Moskauer Regierung die westlichen Hilfsorganisationen mit voller Absicht lange Zeit von der Ukraine fernhielt. Als die amerikanische Hilfsorganisation *American Relief Administration* (ARA) und die ihr angeschlossenen Hilfsorganisationen ins Land gerufen wurden, hielt man diese noch fast ein Jahr lang von der Ukraine fern. Die amerikanische Hilfe setzte im August 1921 ein. Aus dieser Zeit gibt es Berichte, daß sowohl im August 1921 als auch im August 1922 jeweils 10,6 Millionen Zentner („hundredweights") Getreide aus der Ukraine heraustransportiert wurden, um damit andere Gebiete, vorzugsweise russische Regionen, zu versorgen. Dies, obwohl die Hungersnot in der Ukraine am stärksten tobte. Erst vom April bis Juni 1922, als die Hungersnot ihren Höhepunkt erreichte, durfte die ARA auch in der Ukraine mit Hilfeleistungen beginnen. (001)

Insgesamt fielen dieser Hungersnot in dem neugeschaffenen Arbeiter- und Bauernparadies rund fünf Millionen Menschen zum Opfer. Davon waren, nach vorsichtigen Schätzungen, fast drei Millionen Ukrainer. Näheres darüber enthält die Veröffentlichung *Ukraine and Ukrainians*, Ukapress 1985, S. 73. In diesen Ereignissen und Zahlen kommt der besondere Haß der bolschewistischen Führung in Moskau gegenüber den Ukrainern bereits in den ersten Jahren des Sowjetreiches zum Ausdruck.

Das Ausmaß dieser Hungerkatastrophe war so gewaltig, daß amerikanische Hilfsorganisationen ein Jahr nach der Geburt Iwan Demjanjuks einen Plan zur Versorgung der verhungernden Ukrainer ausarbeiteten und dabei erste Erfahrungen mit dem Kommunismus an der Macht machten. Denn die Mitarbeiter der *American Relief Administration* (ARA), die zur Bekämpfung der Hungersnot in der Sowjet-Ukraine zunächst einreisen durften, wurden von den bolschewistischen Machthabern nicht etwa als Freunde und Retter, sondern als verdächtige Feinde, wie Agenten, behandelt. Die „Tscheka", damals noch keine Geheimpolizei, sondern eine völlig offen auftretende Vorläuferin der GPU, des NKWD und heutigen KGB, bezichtigte die amerikanischen Helfer, Spione zu sein, was dazu führte, daß diese Hilfe, ohne Rücksicht auf das Schicksal der notleidenden Ukrainer, wieder eingestellt werden mußte. Ukrainer, die zeitweise zusammen mit der ARA Lebensmittel verteilt hatten, wurden verhaftet und erschossen. Die ukrainische Bevölkerung reagierte auf diesen Terror und den Zynismus der sowjetischen Behörden mit Bauernaufständen.

Anhaltende Aufstände

Der Widerstand des gesamten ukrainischen Volkes gegen das bolschewistische Moskau führte von Anfang an zu Aufständen und Befreiungskriegen. Die erste sowjetische Regierung zu Beginn des Jahres 1918 konnte sich in der Ukraine nur einige Wochen halten. Von Anbeginn an zeigte die bolschewistische Unterdrückung der Ukraine einen anti-ukrainischen Charakter, den man eigentlich nur mit einer Art „anti-ukrainischem Rassismus" richtig beschreiben kann. So ließ der erste Tscheka-Chef in Kiew, der Nichtukrainer Latzis, jeden auf offener Straße standrechtlich erschießen, der es wagte, in der Öffentlichkeit Ukrainisch zu sprechen. Dieses mit brutalsten Mitteln durchgesetzte Verbot der ukrainischen Sprache kennzeichnet die Situation in der Ukraine während der ganzen Folgezeit — bis heute. Perioden extremer Unterdrückung wurden jeweils abgelöst von Zeiten, in denen Zugeständnisse gemacht wurden, um eine gewisse Befriedung zu erreichen. Selbst die Gründung einer eigenständigen ukrainischen kommunistischen Partei wurde nicht gestattet. Der Nichtukrainer Jakob Swerdlow (Yakov Sverdlov), Präsident des ersten zentralen Exekutivkomitees in der Sowjetunion, ein getreuer Gefolgsmann Lenins, sagte: *„Die Gründung einer eigenständigen, ukrainischen Partei, wie auch immer sie sich nennen würde und welches Programm sie auch übernehmen würde, betrachten wir nicht als wünschenswert"*. (Siehe R. Conquest, *The Harvest of Sorrow*; S. 45 ff.). Der bolschewistischen Führung ging es von Anfang an um die Auslöschung der ukrainischen Nation.

Entsprechend erbittert wurden die Kämpfe gegen dieses Regime geführt. Allein in der kurzen Zeit von April bis Juli 1919 gab es laut Conquest (S. 38 ff.) etwa 300 Revolten und bewaffnete Aufstände gegen das verhaßte Regime.

Die dritte und endgültige sowjetische Besetzung der Ukraine wurde im März 1920 vollzogen. Der letzte Widerstand regulärer ukrainischer Einheiten wurde im November 1920 gebrochen.

Im Kampf um die Sprache vertrat einer von Lenins führenden Leuten, der Nichtukrainer Zinoviev (— richtiger Name: Apfelbaum —) die Auffassung, die ukrainische Sprache müsse auf einige ländliche Gebiete beschränkt bleiben.

Aber diese Auffassung wurde schließlich auf dem fünften Parteikongreß vom 17.-20. November 1920 verworfen. Unter anderem setzte sich der Nichtukrainer Skrypnyk (Mitglied des zentralen Exekutivkomitees) für gewisse Zugeständnisse in der

Frage der Sprache ein, um eine Befriedung des Landes zu erreichen.

Solche Zugeständnisse waren meist rein taktischer Art. So konnte durch Zugeständnisse im Bereich Sprache und Kultur eine Beruhigung der städtischen Bevölkerung und Intelligenzschichten erreicht werden, um gleichzeitig die Unterdrückung der Bauern zu verstärken. In den Dörfern war es zunächst Ziel der bolschewistischen Politik, die verschiedenen Schichten gegeneinander aufzuhetzen und auszuspielen. So äußerte Sverdlov im Mai 1918 in einer Denkschrift an das Zentrale Exekutivkomitee:

„Wir müssen uns des Problems der Klassenaufspaltung der Dörfer mit allem Ernst annehmen, der Schaffung zweier gegensätzlicher, feindlicher Lager, indem wir die ärmsten Schichten der Bevölkerung gegen die Kulaken aufbringen. Nur wenn es uns gelingt, die Dörfer in zwei Lager zu spalten, den gleichen Klassenkrieg in den Dörfern wie in den Städten zu entfachen, nur dann werden wir in den Dörfern das erreichen, was wir in den Städten bereits erreicht haben." (001).

Lenin bekannte 1918 ganz offen: *„Kleinbürgerliche Eigentümer sind willens, uns, das Proletariat, zu unterstützen, um die Landeigentümer und Kapitalisten zu vertreiben".* Und er fuhr fort: *„Danach müssen wir in den entschiedensten, gnadenlosesten Kampf* (auch) *gegen sie eintreten."* (109).So sah also das Programm der Bolschewisten in ihrem Vorgehen gegen die Landbevölkerung aus. Jedoch konnte die Solidarität in den Dörfern durch diese Vorgehensweise nicht gebrochen werden. Aber gemäß dieser Theorie wurde der „Kulak" als eine mehr oder weniger mythische Figur geboren: der Kulak als Ausbeuter, gegen den alle anderen Schichten Krieg machen. Die Realität ging allerdings einen anderen Weg. Die Antikulaken-Kampagnen waren begleitet von Getreide-Requirierungen und dieser Raub des Getreides führte zu einem unbeugsamen Krieg der Bauern — aller Bauern, ob klein, ob groß — gegen das bolschewistische Terrorregime. Der Bauernkrieg weitete sich immer mehr aus. In Kronstadt eroberten die Bauernarmeen die Kanonen der Seestreitkräfte. Es waren schließlich diese Kanonen und die Maschinengewehre von Makhno und Antonov, die Lenin zu Zugeständnissen zwangen. Am 15. März 1921 sagte er: *„Wir können uns kaum noch behaupten."*

Es folgte die sogenannte NEP-Periode von 1921-1927. Diese „New Economic Policy" war von Lenin als rein taktische Maßnahme gedacht, um sein Regime zu retten. Während dieser Zeit war den Bauern und den Kleingewerbetreibenden eine kurze Erholungspause gegönnt, die danach durch noch größeren Terror des gefestigten Bolschewistenregimes abgelöst werden sollte.

Paradoxerweise war es Lenin, der Führer der bolschewistischen Partei, der Demjanjuk das Leben rettete. Denn unter dem Eindruck der verheerenden Hungersnot und der Bauernaufstände war Lenin gezwungen, seine Taktik zu ändern. Ein Jahr nach der Geburt Iwan Demjanjuks verzichteten die Sowjetbehörden plötzlich darauf, den Bauern Lebensmittel, die sie selbst benötigten, zwangsweise abzunehmen. Die Bauern durften jetzt einen Teil ihrer Produkte, die man zuvor rücksichtslos zwangsrequiriert hatte, für sich und ihre Familien behalten und etwaige Überschüsse zu eigenem Gewinn auf freien Bauernmärkten verkaufen.

Lenin war unter dem Druck der Verhältnisse zu den Marktgesetzen des Kapitalismus zurückgekehrt, und tatsächlich veränderte sich die Situation in den ukrainischen Dörfern schlagartig. Es gab wieder Lebensmittel, und so wuchs der kleine Iwan Demjanjuk doch noch zu einem kräftigen Landjungen heran.

Doch als Lenin starb und Stalin die Macht übernahm, wurde diese „Neue ökonomische Politik", an die heute Gorbatschow anzuknüpfen versucht, wieder rückgängig gemacht. Die Partei beschloß, den Privatbesitz der Bauern für immer in „Gemeinbesitz" umzuwandeln. So nahm die Partei den Bauern wieder ab, was man ihnen als „Errungenschaft der großen Oktoberrevolution" zunächst gegeben hatte: das Land. Man begann mit der Gründung der sogenannten Genossenschaften, der Kolchosen; und wer nicht bereit war, sich in dieser Form wieder enteignen zu lassen, wurde unter massiven Druck gesetzt. Meist reichte es völlig, den Privatbauern das Getreide wieder zwangsweise abzunehmen und sie dadurch dem Hunger preiszugeben, um sie unter den Willen der Partei zu zwingen.

In den Dörfern übte jetzt die Geheimpolizei die Herrschaft aus. Sie hieß nun nicht mehr Tscheka, sondern OGPU — die Vorgängerin der berüchtigten GPU. Damals wurden in der

Sowjetunion die ersten Konzentrationslager auf dem europäischen Kontinent gegründet, ein Lagersystem, das sich immer weiter verzweigte und in dem schließlich Millionen Sklaven unbezahlte Zwangsarbeit leisten mußten: Stalins GULAG.

Stalins Völkermord an den Ukrainern 1932/33

1927 wurde die NEP-Periode schlagartig beendet. Die bolschewistischen Führer fühlten sich stark genug, gegenüber dem Kleingewerbe und den Bauern zum Angriff überzugehen. Im Winter 1927/28 eröffnete Stalin den Angriff gegen die Bauern mit der Beschlagnahme von Getreide. Gleichzeitig wurde eine Hetzkampagne gegen die „Kulaken" eingeleitet. Der Begriff „Kulak" ist eine Erfindung des bolschewistischen Regimes.

In Hetzfilmen, unter anderem auch von dem im Westen so hochgepriesenen Sergej Eisenstein („Panzerkreuzer Potemkin"), wurde der „Kulak" als Monster dargestellt, „... *fett, faul, gefräßig, brutal, eine Kreatur, so gemein, wie sie niemals sonst auf der Erde herumgetrampelt ist.*" (Maurice Hindus, ein Freund des Sowjetregimes, über einen Hetzfilm von Sergej Eisenstein, zitiert nach *The Harvest of Sorrow* von R. Conquest, S. 134).

Ein unvorstellbarer, unbeschreiblicher, unmenschlicher Terror gegen die Bauern in der gesamten Sowjetunion setzte ein. Mit besonderer Härte traf dieser Terror die Bauern der Ukraine, denn dort sollten die *„fortschrittlichsten Beispiele für sozialisiertes Bauerntum"* verwirklicht werden. Je offensichtlicher die Theorie von der Klassenspaltung des Dorfes scheiterte und das Gegenteil geschah: arme und wohlhabende Bauern hielten immer enger zusammen im gemeinsamen Widerstand gegen das verhaßte Regime, desto schärfere Maßnahmen ergriffen die bewaffneten Bolschewisten gegen die unbewaffneten Bauern. Der schwammige Hetzbegriff „Kulak" wurde letztlich so definiert, daß er auf alle Bauern, ob groß, ob klein, anwendbar war. Propagandistisch wurde von jeder Plattform aus, vor allem über die Presse, eine Art Lynchmentalität gegenüber dem

„Klassenfeind“ in Gang gesetzt. Diese öffentlich propagierte Lynchmentalität, eine zügellose und brutale Hetze gegen alles, was „rechts“ oder mit dem Klassenfeind verbündet war, führte bei den Parteifunktionären zu einem Abbau der Tötungshemmung. Das war die Voraussetzung für die immer massenhafter durchgesetzten „Säuberungen“, die schließlich bis zum Völkermord systematisch ausgedehnt wurden, wobei das Bolschewistenregime die Kontrolle über das Geschehen behielt. Terror des Regimes, Widerstand der Bevölkerung und daraufhin vermehrter Regimeterror, das war die Spirale der Eskalation. Bauern mit fünf Hektar Land, einer Kuh, einem Pferd, ein paar Hühnern und ein paar Schafen, wurden zu „Kulaken“ erklärt und mitsamt ihrer ganzen Familie auf brutalste Weise ausgerottet. Dieser Terror des Regimes wurde von Jahr zu Jahr verschärft, bis schließlich im Hungerwinter 1932/33 die ganze Ukraine, von der Außenwelt abgeschottet, in ein riesiges Konzentrationslager verwandelt wurde. Bewaffnete bolschewistische Mörderbanden, selbst wohlgenährt, vernichteten alles, was sie in den Bauernhäusern an irgendwie Eßbarem finden konnten. Ein ganzes Volk wurde dem Hungertod preisgegeben. Diese Hungerhölle wurde mit den grausamsten Mitteln des Terrors gegen wehrlose, einfache Menschen, gegen Männer, Frauen und Kinder vollstreckt. Dieses wahrscheinlich größte Völkermordverbrechen der Weltgeschichte wird bis heute von der Weltöffentlichkeit nicht zur Kenntnis genommen. (001)

Mindestens sieben Millionen Menschen fielen diesem vom Regime an einem Volk vollstreckten Hungertod zum Opfer. Weitere zwei Millionen Ukrainer wurden in der Zeit von 1929 bis 1933 durch Massenerschießungen und Massendeportationen ermordet.

Ein Augenzeuge aus dem Westen, Malcolm Muggeridge, schreibt am 1. Mai 1933 in *The Fortnightly Review* in London: *„Während meines kürzlichen Besuches im nördlichen Kaukasus und in der Ukraine sah ich etwas von den Folgen der Schlacht, die zwischen der Regierung und den Bauern tobt ... Auf der einen Seite Millionen von hungernden Bauern, deren Körper aus Nahrungsmangel oft geschwollen sind, auf der anderen Seite die bewaffneten Mitglieder der GPU, die die Anordnung der Diktatur des Proletariats ausführen. Sie sind wie ein*

Stalins Völkermord an den Ukrainern 1932/33

oben:
gefrorene Leichenberge

links:
ein Kind, das am Ende der Hungersnot noch gerettet werden konnte

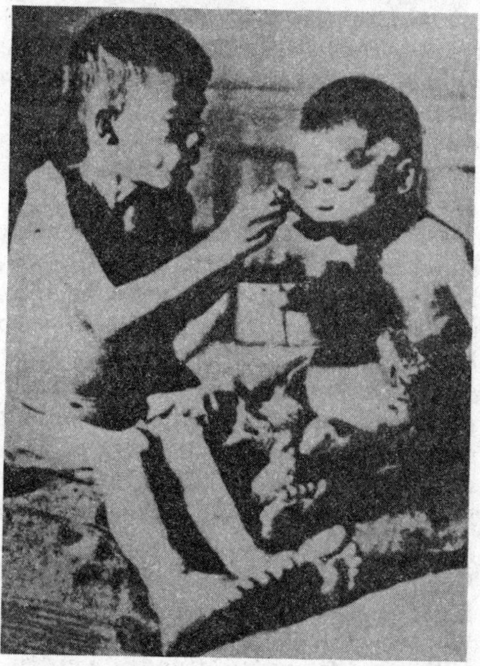

oben:
Kinder, deren Eltern nicht überlebt haben, mit durch Hungerödem aufgequollenen Bäuchen

rechts:
hungernde Kinder füttern sich gegenseitig

Schwarm Heuschrecken über das Land hergefallen und haben alles was eßbar war weggenommen; sie haben Tausende von Bauern erschossen oder verschleppt, manchmal ganze Dörfer; sie haben eines der fruchtbarsten Länder der Welt in eine melancholische Wüste verwandelt.“

Robert Conquest, der Historiker, schreibt in der Einleitung seines Buches, daß er bei der Durcharbeitung der Materialien und Dokumente, die die Grundlage seines Werkes *The Harvest of Sorrow* bildeten, seine Arbeit immer wieder für lange Zeit unterbrechen mußte, um das Grauenhafte des Geschehenen innerlich zu bewältigen. So geht es jedem, der sich ein Bild zu verschaffen versucht über die Ungeheuerlichkeit dieses Völkermordes.

Suzanne Bertillin schreibt am 31. Dezember 1933 in *Le Matin*, Paris: *„Der Hunger in der Ukraine wurde von Moskau aus politischen Überlegungen künstlich erzeugt. Um alle auf Unabhängigkeit gerichteten Bestrebungen vollständig zu vernichten, organisierte die sowjetische Regierung eine von Menschen herbeigeführte Hungersnot, die den Zweck hatte, ein ganzes Volk zu vernichten, dessen einzige Sünde seine Sehnsucht nach Freiheit war.“*

Demjanjuks Jugend

Die durch Stalins Zwangsmaßnahmen hervorgerufene neue Hungersnot prägte den halbwüchsigen Iwan Demjanjuk tief. Er war acht Jahre alt, als die neue Katastrophe des ukrainischen Volkes begann, und bis zum Ausbruch des Zweiten Weltkrieges, als er 21 Jahre alt war, änderte sich an dieser Situation nichts Wesentliches: Der Widerstand der Bauern, die ihren kleinen Land- und Viehbesitz zu verteidigen suchten, wurde mit brutaler Gewalt gebrochen. Die Sowjetarmee setzte sogar Panzer und ihre Luftwaffe gegen besonders hartnäckige Widerstandsnester ein. Wenn heute behauptet wird, der Luftkrieg gegen die zivile Bevölkerung habe in Europa mit Hermann Görings Bombardierungen spanischer Städte begonnen, entspricht dies ebensowenig den Tatsachen wie die allgemein geglaubte Behauptung, die Konzentrationslager seien erst von Hitler und Himmler erfunden worden. Denn während Görings Luftwaffe in Spanien Bomben auf Siedlungen warf, in denen man feindliche Truppeneinheiten vermutete, bombardierten sowjetische Flugzeuge schon damals rein zivile Dörfer, in denen nur hilflose Menschen wie Iwan Demjanjuk und seine Eltern lebten.

Die schreckliche Bezeichnung „Liquidierung" wurde gleichfalls nicht von den Nazis erfunden — und übrigens von ihnen auch niemals verwendet. Dieser Begriff entstammt der Börsensprache, wo es für die Umwandlung von Sachwerten in Geld, die Abwicklung von Börsengeschäften oder die Auflösung eines Betriebes verwendet wird. In der Sowjet-Terminologie bedeutet er jedoch Vernichtung. Es war die Sowjetunion, die auf Grund ihrer Staatsideologie beschloß, ganze Klassen zu „liquidieren", völlig unabhängig davon, ob sich das einzelne Mitglied dieser Klasse in irgendeinem Sinne schuldig gemacht hatte oder nicht. Damals sollen nach einigen Schätzungen sechs Millionen Mitglieder „feindlicher Klassen", nach anderen Schätzungen weitaus mehr, „liquidiert" worden sein, ganz einfach, weil sie beispielsweise „Kulaken" waren, ein Begriff, der, zunächst nur auf Großbauern angewandt, schnell auf alle Land- und Viehbesitzer erweitert wurde.

Ökonomische und moralische Folgen

Es gilt heute als unzeitgemäß und unschicklich, über den Holocaust am ukrainischen Volk — und an anderen Nationen in der Sowjetunion — zu sprechen. Vor allem seit Beginn des Zweiten Weltkrieges, als sich die Sowjets mit den westlichen Demokratien zur Anti-Hitler-Koalition verbündeten, wurde die Erinnerung an den ukrainischen Holocaust systematisch verdrängt, so daß er heute praktisch völlig vergessen ist, mit Ausnahme der Erinnerungen natürlich, die das ukrainische Volk daran hat.

Für die gesamte Bevölkerung der Sowjet-Ukraine waren die Ereignisse unter Stalin eine schwere ökonomische Krise. Die ökonomischen Folgen der „Liquidierung" der sogenannten Kulaken, worunter man zunächst einmal die völlige Enteignung der Landbevölkerung zu verstehen hat, waren furchtbar und dauern bis heute an: anders wären jüngste Vorschläge der Gorbatschow-Administration, den Agrarkurs der Partei wieder zu verändern, kaum zu verstehen.

Zwischen 1929 und 1934 fiel die Zahl der Rinder in der ganzen Sowjetunion von 30 auf weniger als 20 Millionen. Die Zahl der Pferde ging von etwa 45 auf nicht einmal mehr 16 Millionen zurück. An ihre Stelle trat in den neuen Kolchosen zwar der Traktor, aber trotz dieser Modernisierung ging der Ernteertrag allein im Hungerjahr 1931 um 17 % zurück, denn wie sich bald herausstellte, gab es zur Bearbeitung der jetzt weitaus größeren Äcker weder genug Traktoren noch Arbeiter. Die männliche Bevölkerung der Ukraine war entweder nach Sibirien verschleppt oder halb verhungert oder zeigte kein Interesse an dem neuen „Gemeineigentum“. Die Hauptlast dieser ökonomischen Krise in der Sowjetunion trug natürlich die Ukraine, die immer als Kornkammer gegolten hatte.

So lernte Iwan Demjanjuk schon als Kind, dann als Jüngling und junger Mann alle Schrecken dieser Erde kennen — und er hat später oft davon erzählt: vom Holocaust am ukrainischen Volk, dem kombinierten Terror von Geheimpolizei und bewaffneten Streitkräften, dem Hunger — und dem völligen moralischen Verfall.

Konzentrationslager, Exekutionen an der Sandgrube, brennende Scheunen und Bombardements der Bevölkerung waren den Ukrainern längst bekannt, ehe der zweite Weltkrieg auch für die Ukraine begann. Und lange bevor Hitler seine Nürnberger Rassegesetze erließ, die sich auch gegen Juden richteten, die sich als Deutsche fühlten, hatte Stalin in der Sowjetukraine eine ganze, sieben Millionen Menschen umfassende Gruppe „liquidiert“, ganz einfach, weil sie „anders“ war: weil man eine Kuh zuviel im Stall hatte. Hier handelte es sich nicht mehr um individuellen Mord, sondern um organisierten Massenmord an ganzen Bevölkerungsgruppen. Nur wurde dieses Verbrechen nicht als solches bezeichnet, sondern als „normales“ und „gerechtes“ Geschehen, das auch noch zur fortschrittlichen Tat erklärt wurde.

Demjanjuk, der dem Holocaust entging, wurde Mitglied der untersten Schicht einer „neuen Klasse“. Sie bestand aus einem riesigen Bürokratenapparat, der die Dörfer zu kontrollieren hatte. Stützpunkte dieser Herrenschicht waren auf dem Dorf die Maschinen- und Traktoren-Stationen, die das Monopol auf Maschinen hatten. Wichtigste Aufgabe dieser Einrichtungen war es, die Bauern daran zu hindern, weiter private Landwirtschaft zu treiben; sie sollten möglichst wenig Zeit auf den höchstens 0,5 ha großen Flächen verschwenden, die man ihnen gelassen hatte. Noch zwei Jahre vor Kriegsende ging von der Geheimpolizei und diesen MTS neuer Terror aus, als sich herausstellte, daß in diesen Gärten mehr produziert wurde als in den Kolchosen.

Demjanjuk war in dieser neuen Gesellschaft Traktorist. Doch als sich die erste Gelegenheit bot, diese neue Ordnung wieder abzuschütteln, stellte sich heraus, daß sie von der ukrainischen Gesellschaft nie akzeptiert worden war. Als 1941 deutsche Truppen die Ukraine besetzten, brach vor allem die Landbevölkerung in Jubel aus, denn sie sah in der Besetzung ihres Landes zunächst die Befreiung.

Iwan Demjanjuk gehörte nicht dazu. Er war schon vor dem Ausbruch des deutsch-sowjetischen Krieges zur Roten Armee eingezogen worden. Während der ersten Kampfhandlungen wurde er verwundet und in mehreren sowjetischen Militärhospitälern so weit wiederhergestellt, daß er erneut an die Front geschickt werden konnte. 1942 geriet er bei den Kämpfen auf der Krim in deutsche Kriegsgefangenschaft. Er wurde unweit von Rowno bei Reparaturarbeiten an einer zerstörten Eisenbahnlinie eingesetzt und dann ins Kriegsgefangenenlager von Cholm (Chelm) eingewiesen.

Da die Deutschen auf so hohe Zahlen sowjetischer Kriegsgefangener nicht vorbereitet waren, drohte sich die Kindheitskatastrophe Demjanjuks fortzusetzen. Das Lager von Cholm war für höchstens 30 000 Kriegsgefangene eingerichtet. Doch diese Maximalkapazität konnte nur eingehalten werden, wenn die Zahl der Neuzugänge die der „Abgänge" nicht überschritt. Häufig erfolgte dieser Abgang durch Hungertod oder auf Grund von Lager-Epidemien. Eine polnische Dokumentation über dieses Lager spricht von 90 000 Kriegsgefangenen, die hier angeblich erschossen worden sein sollen. Meist habe es sich um gefangene Angehörige der Roten Armee gehandelt.

Unter den vielen Lagern, die es in Chelm und Umgebung gab, war das Kriegsgefangenenlager das größte, bis 1944, als man hier nur noch 20 000 Gefangene zählte, unter ihnen auch Franzosen, Briten, Italiener und Belgier; aber meist waren es Russen, Ukrainer und Angehörige anderer Völker aus der Sowjetunion. Sie hatten nur einen Gedanken: Wie man dem Lager entkommen konnte. Ein Weg war, sich den Deutschen zur Verfügung zu stellen, ein „Hilfswilliger" zu werden. In manchen Lagern, so erinnern sich deutsche Offiziere, meldete sich die ganze Belegschaft (050). Niemand von ihnen wußte jedoch, welche Aufgaben, welches Schicksal ihn erwartete. Das weitere Schicksal Iwan Demjanjuks, bei der Gefangennahme zwanzig Jahre alt, wurde jetzt, da Iwan Demjanjuk 67 Jahre alt ist, zum Gegenstand des Verfahrens in Jerusalem.

Demjanjuks Weg

Anfang der achtziger Jahre erinnerte sich Iwan Demjanjuk, inzwischen amerikanischer Staatsbürger, wie folgt an seinen weiteren Weg: Er sei 1942 oder 1943 in das Kriegsgefangenenlager Rovno gekommen und habe die Jahre 1943/44 im Kriegsgefangenenlager Chelm verbracht. Demjanjuks Behauptung, er sei *„bis etwa 1943/44"* in Chelm gewesen, wurde ihm von seinen Verfolgern sehr übel genommen. Schon während der jahrelangen Gerichtsprozeduren, die Demjanjuks Auslieferung an Israel vorausgingen, hieß es dazu: *„Die Glaubwürdigkeit seiner Angaben wird ernsthaft durch die Regierungsbeweisstücke Nr. 5 und 6 sowie durch Zeugenaussagen von sechs Treblinka-Überlebenden erschüttert, aus denen hervorgeht, daß er 1942/43 in Treblinka war. Aus der Aussage eines Experten geht hervor, daß er Anfang 1944 kaum in Chelm, Polen, gewesen sein kann, denn aus dieser Aussage geht hervor, daß die Russen die Deutschen schon im Juli 1944 aus Chelm vertrieben hatten."* Weiter wird ein Zeuge namens Dr. Ziemke angeführt, demzufolge *„die letzte mögliche Periode, in der die Deutschen ein Kriegsgefangenenlager in Chelm, Polen, gehabt haben können, der Januar 1944 gewesen sein kann."*

Die Schlacht um Kertsch, bei der Demjanjuk zusammen mit

160 000 anderen Soldaten gefangen genommen wurde, fand im späten Frühling 1942 statt. Kertsch war schon 1941 von deutschen Truppen eingenommen worden. Im Dezember 1941 setzten sowjetische Gegenangriffe ein, die die deutschen Truppen zwangen, sich teilweise zurückzuziehen. 1942 fiel die Hafenstadt Feodosja wieder an die Deutschen zurück. Bis Mai 1942 war die Halbinsel Kertsch praktisch zwischen den sowjetischen und deutschen Truppen geteilt; wesentliche Frontveränderungen fanden nicht statt. Am 18. Mai 1942 beseitigten die deutschen Truppen die sowjetische Enklave, indem sie Kertsch zurückgewannen. Damit stimmt überein, daß Demjanjuk als einer dieser Kriegsgefangenen aus der Schlacht um Kertsch sehr wohl 1942 oder erst 1943 im Kriegsgefangenenlager Chelm ankam, denn zuvor war er bei Zwangsarbeiten eingesetzt und im Kriegsgefangenenlager Rowno gewesen. (051)

Es erscheint als absurd, daß Demjanjuk schon 1942 als Wächter in Treblinka eingesetzt worden sein soll und dort, wie die Zeugen behaupten, den Gasmotor bedient haben soll, denn die Vergasung von rund einer Million Menschen allein in Treblinka war, folgt man der einfachen Logik, aber auch allen Darstellungen, das bestgehütete Reichsgeheimnis — so daß nicht einmal die Sowjets und die westlichen Alliierten davon etwas erfuhren. Noch während der Nürnberger Kriegsverbrecherprozesse glaubte man, Menschen seien in Treblinka überhaupt nicht vergast, sondern mit Hilfe von heißem Wasserdampf getötet worden. Wie sollte ein blutjunger Sowjetsoldat, über dessen politische Gesinnung die Deutschen nichts wissen konnten, schon wenige Wochen oder Monate nach seiner Gefangennahme mit dieser äußerst geheimen Aufgabe betraut werden, mußte man doch fürchten, daß er bei erster sich bietender Gelegenheit zu den Partisanen überlaufen könnte, die damals die Deutschen in den besetzten Ostgebieten verunsicherten? Denn wie die Zeugen, die Treblinka überlebt haben, berichten, ging jener „Iwan“, der den Gasmotor bedient haben soll, im Lager von Treblinka ein und aus: Er genoß eine besondere Vertrauensstellung, trank in den umliegenden Dörfern, wo er den polnischen Mädchen nachstellte, und muß nicht nur etwas Deutsch gekannt haben, sondern auch andere Fähigkeiten gehabt haben, hat doch jener Iwan von Treblinka, um den alles geht, gleichzeitig den Generator bedient, der das ganze Vernichtungslager mit Strom versorgte. Dieses Bild paßt schlecht zu einem frisch gefangenen sowjetischen Soldaten, von dem man nicht einmal wissen konnte, ob er in der Sowjetunion der kommunistischen Partei angehört hatte.

Doch bleiben wir bei den Daten, auf denen seine Verfolger so bestehen: Die Behauptung Demjanjuks, er sei *„bis etwa 1943/44"* im Kriegsgefangenenlager von Chelm gewesen, wird durch den Umstand, daß Chelm im Juli 1944 von Sowjettruppen befreit wurde, natürlich überhaupt nicht widerlegt. Selbst die Angabe, das Kriegsgefangenenlager in Chelm sei spätestens im Januar 1944 aufgelöst worden, widerspricht Demjanjuks Behauptungen nicht: Er will ja *„bis etwa 1943/44"* dort gewesen sein. Wer daraus eine *„ernsthafte Erschütterung seiner Glaubwürdigkeit"* folgert, urteilt bösartig. Außerdem gehen selbst polnische Zeitgeschichtswissenschaftler wie etwa Edward Dziadosz und Jozef Marszalek in einem 1979 erschienenen Buch (052) davon aus, daß das Stammlager Nr. 319 mit sowjetischen Kriegsgefangenen in Chelm und 60 000 Gefangenen in der Okrzowska-Straße bis Juli 1944 bestand, also bis zur Befreiung durch sowjetische Truppen, und daß ein sogenannter „Baudienst", in dem Kriegsgefangene vor allem für Reparaturarbeiten an Eisenbahngleisen bereitgehalten wurden, mit hunderten Mitarbeitern erst 1943 gegründet wurde und vermutlich gleichfalls erst in der ersten Hälfte des Jahres 1944 aufgelöst wurde — oder sogar bis zum Schluß dort bestand (Seite 110 aus dieser polnischen Publikation, siehe Dokument 1).

Demjanjuk, der sich erinnert, als Kriegsgefangener bei Eisenbahnreparaturen eingesetzt worden zu sein, kann also durchaus bis Mitte 1944 in Chelm gewesen sein. Aber dies würde natürlich völlig ausschließen, daß er jemals im Lager Treblinka gewesen ist. Denn das wurde schon im Spätsommer 1943 aufgelöst und dem Erdboden gleichgemacht.

Als sich Demjanjuk Anfang der achtziger Jahre an seine Zeit als junger Kriegsgefangener zurückerinnern mußte, meinte er, er sei 1944 nach Graz in Österreich gekommen, wo er, ohne auch nur ein Gewehr zu erhalten, einer ukrainischen Nationalgarde unter dem Befehl des ukrainischen Generals Schandruk angeschlossen wurde. Diese Einheit sei von den Deutschen für den Einsatz gegen die Russen aufgestellt worden.

Lp.	Miejscowość	Powiat (obecny)	Typ obozu	Okres funkcjonowania obozu	Przeciętna liczba więźniów
17	Bortatycze	Zamość	żyd. obóz pracy, melioracyjny	1940	500
18	Brzozowa	Opole Lub.	obóz jeńców radz.	1942—1943	200
19	Budzyń	Kraśnik	obóz pracy Żydów filia Majdanka, Zakłady Heinkla	1942—1944	3 000
20	Budzyń	"	obóz przejściowy	1943—1944	
21	Bukowa	Biłgoraj	karny obóz pracy, melioracyjny	1940—1942	150
22	Buśno	Hrubieszów	żyd. obóz pracy, budowa dróg	1940	
23	Chełm, ul. Lwowska (Stalag 319)	Chełm	obóz jeńców radz.	VII 1941— III 1942	60 000
24	Chełm, ul. Okrzowska (Stalag 319)	"	obóz jeńców radz.	VI 1941— VII 1944	60 000
25	Chełm,	"	obóz pracy Służby Budowlanej, praca na kolei	1943—	800
26	Chodel	Bełżyce	obóz pracy Służby Budowlanej, praca na kolei	1943—	500
27	Cieszanów	Lubaczów, woj. Rzeszów	żyd. obóz pracy, budowa umocnień granicznych	1940	
28	Czerniejów	Chełm	żyd. obóz pracy, melioracyjny	1940	250
29	Czesławice k. Nałęczowa	Puławy	żyd. obóz pracy, rolny	1942—1943	15
30	Czosnówka	Biała Podl.	żyd. obóz pracy, melioracyjny	1942	300
31	Dąbrowica	Lublin	karny obóz pracy związany z więzieniem na Zamku w Lublinie, rolny	1942—1944	250
32	Dęblin	Ryki, woj. Warszawa	obóz pracy placówki budowlanej wojsk lotniczych	1941—	

Dok. 1: Diese polnische Veröffentlichung zeigt, daß das Lager Chelm entsprechend Demjanjuks Angaben existiert hat.

Auch diese Erinnerung wurde Demjanjuk von seinen Verfolgern böse angekreidet. Schon während der Justizverfahren um seine Auslieferung an Israel in den Vereinigten Staaten hieß es dazu: *„Experten, die als Zeugen zur Verfügung stehen, enthüllen, daß General Schandruk, der 1944 in Graz die „Ukrainische Nationalarmee" kommandiert haben soll, als General der ukrainischen Nationalarmee erst im März 1945 eingesetzt wurde."* (053) Das Problem besteht darin, daß es während des Zweiten Weltkrieges rund 250 000 Ukrainer gab, die unter deutschem Kommando und später auch in selbständigen ukrainischen Einheiten an der Seite des Deutschen Reiches gegen ihren Feind, das bolschewistische Rußland, kämpften, und daß die Geschichte dieser Allianz zwischen deutschen Nationalsozialisten und ukrainischen Nationalisten so verworren ist, daß sie offenbar auch von den amerikanischen Justiz- und Regierungsbehörden nicht mehr nachvollzogen werden konnte — wenn man dies im „Fall Demjanjuk" überhaupt wollte.

Ukrainer an der Seite von Deutschen

Seit dem ukrainischen Befreiungskrieg 1918-1920, der Teil dessen war, was man den „russischen Bürgerkrieg" nannte, lebten ukrainische Emigranten in Deutschland. Sie hatten sich zum Teil in einer *„Organisation Ukrainischer Nationalisten"* (OUN) organisiert und wurden von den Deutschen erst als „Freunde" entdeckt, als Hitler seinen Feldzug gegen Polen begann. Einige Emigranten wurden zu sogenannten Werkschutzgruppen und Einheiten des Reichsarbeitsdienstes zusammengestellt, doch in Wirklichkeit beabsichtigte man, diese Ukrainer im Osten Polens einzusetzen. Dort sollten sie die dort lebende ukrainische Bevölkerung gegen Polen mobilisieren.

Es war ein reines Zweckbündnis. Denn damals gab es in vielen Ländern Europas Nationalisten, die bereit waren, an der Seite der deutschen Truppen für eine „Neuordnung Europas" zu kämpfen. Die Sympathien für Hitlers „Neuordnungspläne" reichten weit über Europa hinaus. Vor allem die unter englischer Kolonialherrschaft lebenden Völker und deren Führer erhofften sich von einer Zerschlagung des britischen Weltreiches durch Hitler die eigene nationale Befreiung. Heute würde man sich wundern, wer alles für Hitlers Neuordnung der Welt war.

So gab es beispielweise in Palästina eine radikale zionistische Bewegung, die ihren Hauptgegner in der britischen Mandatsmacht sah. Dazu gehörten die sogenannte Stern-Gruppe *(Lechi)* und die *Irgun Zvai Leumi*, eine nationalistische, vorwiegend im Untergrund arbeitende Militärorganisation, die sogar bereit waren, mit Hitler gemeinsame Sache zu machen, soweit es um den Kampf gegen England ging. Die *Irgun Zvai Leumi*, auch *National Military Organization* (NMO) genannt, unterbreitete deshalb dem deutschen Militärattaché in der Türkei sogar ein förmliches Angebot (054). Man wollte ein Bündnis schließen, das die Emigration der europäischen Juden nach Palästina, die Gründung eines zionistischen Staates und eine aktive Kriegsteilnahme an der Seite Deutschlands vorsah. Die Urzelle der heutigen israelischen Kriegsmarine wurde im faschistischen Italien gegründet. Dort befand sich das Ausbildungszentrum unter den Augen des „Duce" in Civitavecchia bei Rom (055).

Zu jenen radikalen Zionisten, die mit Deutschlands Nationalsozialisten viele Übereinstimmungen entdeckten, gehörte damals auch der Extremist und antibritische Terrorist Wladimir Zwed Jabotinsky, der Mitbegründer und Führer der NMO, sowie dessen Nachfolger, der spätere Ministerpräsident Israels, Menachem Begin. Die Zionisten richteten sich wie die Nationalsozialisten gegen Großbritannien, sie hielten wie die Nationalsozialisten die Juden für eine besondere Rasse, die nicht zu assimilieren sei, und sie vertraten auch sonst eine Ideologie, die der nationalsozialistischen nicht unähnlich war. Sie betrachteten sich jeweils selbst als „Führervolk" („auserwähltes Volk" bzw. „Herrenrasse").

Doch unter den Ukrainern hatte es nie eine faschistische Bewegung gegeben. Sie waren reine Nationalisten. Sie erstrebten lediglich die Unabhängigkeit der eigenen Nation von Polen und von der Sowjetunion. Ihre Gemeinsamkeiten mit Hitler begrenzten sich auf den Plan, Polen und dann die Sowjetunion zu zerschlagen. Aus den Trümmern dieser beiden Staaten sollte dann die jahrhundertelang gewaltsam geteilte ukrainische Nation — immerhin ein Volk mit 45 Millionen Menschen — wiedervereint und unabhängig hervorgehen. Dieser Traum der Ukrainer stand von Anfang an in Widerspruch zu Hitlers Neuordnungsplänen im Osten Europas, in denen gerade die Ukraine als Siedlungsgebiet für Deutsche und Kornkammer für das Großdeutsche Reich eine besondere Rolle spielte: Die Ukrainer gehörten, entsprechend den Rassetheorien des Dritten Reiches, zu den „Untermenschen", die allenfalls eine Rolle als „Hilfsvolk" spielen sollten.

So wurde bei Ausbruch des deutsch-polnischen Krieges zwar eine etwa 600 Mann starke ukrainische Legion unter Führung des ukrainischen Nationalisten Roman Susko mit auf den Marsch genommen. Ihre politisch-militärische Aufgabe — die starke ukrainische Minderheit in Polen gegen den polnischen Staat zu mobilisieren — wurde unter dem Tarnnamen „Bergbauern-Hilfe" versteckt. Aber in Wirklichkeit hatten sich Stalin und Hitler längst darauf geeinigt, Polen unter sich aufzuteilen, wobei der westliche Teil der Ukraine, Galizien, an die Sowjetunion fallen sollte. Dies war offener Verrat an den nationalen Idealen der Ukrainer. Tatsächlich brach die deutsche Führung im Schatten des Nichtangriffspaktes mit Moskau wieder alle Beziehungen zu den Ukrainern ab: die ukrainische Frage wurde zur inneren Angelegenheit der mit Deutschland „befreundeten" Sowjetunion.

Erst als diese „Freundschaft" 1941 zerbrach, erinnerte man sich in Berlin wieder der Ukrainer. Damals wurden in Seibersdorf bei Wien und in Neuhammer in Schlesien zwei „Ukrainische Legionen" aufgestellt und ausgebildet. Die Angehörigen der *Legion Roland* und der *Legion Nachtigall* durften sogar Uniformen anziehen, die denen der ukrainischen Armee aus den Jahren 1918 bis 1920 sehr ähnlich waren. Beide Legionen wurden auch nicht auf Hitler vereidigt, denn den Deutschen war völlig klar, daß diese Ukrainer Hitler nur als Mittel zur Durchsetzung ihrer eigenen Pläne benutzen wollten. So ließ man sie schwören: *„Mit diesem Gewehr kämpfe ich für die Freiheit der Ukraine, oder ich werde für sie sterben."*

Die Führer dieser Legionen glaubten, nach einem Einmarsch der deutschen Truppen in die Sowjetunion würden sich Ukrainer aus den Reihen der Zivilbevölkerung und der Sowjetarmee massenweise ihren Legionen anschließen. Als eigenständige ukrainische Armee wollte man dann mit den Deutschen Verträge abschließen, die zu einer Koalition zwischen ukrainischen und deutschen Streitkräften führen sollten. Doch in Wirklichkeit sah Deutschland in diesen „Hilfswilligen“ der ersten Stunde nur Werkzeuge der deutschen Politik. Die Fäden zog die deutsche Abwehr, die in den Führern der ukrainischen Legionen reine Agenten sah, deren einzige Aufgabe darin bestehen sollte, die Kampfkraft der Sowjetunion zu schwächen. Auf ähnliche Weise wurden nach dem Einmarsch in die Sowjetunion andere Völker in der Sowjetunion gegen Moskau mobilisiert, wobei Hitler vor allem an die nichtchristlichen Turkvölker glaubte — während er den Slawen, also auch den Ukrainern, bis zuletzt zutiefst mißtraute.

Daß die erwähnten ukrainischen Legionen nicht zur Keimzelle einer selbständigen ukrainischen Armee werden durften, hatte bittere Folgen. Die enttäuschten Führer dieser Legionen, die Seite an Seite mit den Deutschen zum Kampf gegen den Bolschewismus aufgebrochen waren, gingen in der Ukraine in den Untergrund und gründeten dort das, was ihnen die Deutschen versagten: eine „Ukrainische Partisanen-Armee“, die sowohl gegen die Sowjetpartisanen als auch gegen die Deutschen kämpfte, vor allem, als völlig klar wurde, daß die Deutschen die Ukrainer nicht als gleichwertiges, befreundetes Volk betrachteten, sondern stattdessen dazu übergingen, Millionen Ukrainer als Arbeitssklaven ins Reich zu transportieren. So blieben diese ukrainischen Nationalisten ihrem Schwur treu: Sie *„kämpften für die Freiheit der Ukraine“*; die meisten starben für dieses Ziel.

Als die Deutschen 1942 begannen, erste Ukrainer zu rekrutieren, durften diese nur Hilfspolizisten werden. Die Anwerbung von ukrainischen Kriegsgefangenen, die sich in Millionenzahl in deutschen Kriegsgefangenenlagern befanden, wurde zunächst sogar ausdrücklich untersagt. Dies führte schon zu Beginn des Feldzuges gegen die Sowjetunion zu heftigen Meinungsverschiedenheiten zwischen den deutschen Generalen und Offizieren an der Front und der Berliner Führung. Ukrainische Kriegsgefangene, die zum großen Teil zu den Deutschen überliefen und freiwillig ihre Waffen streckten, wurden gerne als „Hilfswillige“ (Hiwis) akzeptiert. Sogar die Waffen-SS akzeptierte sie gerne. Sie wurden deutschen Einheiten zugeteilt.

Für viele junge Ukrainer war dies der einzige Weg, um der jahrelangen deutschen Kriegsgefangenschaft zu entgehen — und damit oft dem Tode. Für andere junge Ukrainer waren die Deutschen natürlich Verbündete im gemeinsamen Kampf gegen Moskau und für eine freie Ukraine. Entgegen den Berliner Anordnungen gab es bald immer mehr Wege, mit den Deutschen zusammenzuarbeiten. Man konnte in eine sogenannte Schuma-Einheit eintreten oder Gendarm werden: 1942/43 standen im Reichskommissariat, also in der östlichen Ukraine, 16 000 Ukrainer als Schutzpolizisten und weitere 55 000 als Gendarmen unter deutschem Befehl. Es gab sogar eine „Ukrainische Befreiungsarmee", aber auch sie war in Wirklichkeit nur eine von Deutschen kommandierte Einheit, deren Soldaten ständig verdächtigt wurden, mit der im Untergrund operierenden „Ukrainischen Partisanen-Armee" zu sympathisieren. Die Deutschen stellten unter ihrer Herrschaft die Ukraine nicht einmal als einheitliches Verwaltungsgebiet wieder her. Die Ukrainer in Galizien, also im Westen, wurden von Gauleiter Frank vom polnischen Krakau aus regiert; Reichskommissar in der besetzten Sowjet-Ukraine war der Gauleiter im deutschen Ostpreußen, Koch, der aus seiner Verachtung für die Ukrainer überhaupt keinen Hehl machte.

Der verheerende Einfluß von Martin Bormann

In dem Buch von Manfred Beer *Moskaus As im Kampf der Geheimdienste* wird vom Autor der eindrucksvolle Nachweis erbracht, daß die von Deutschen besetzten Gebiete von Bormanns jeweiligen Kreaturen mit *„sicherer Hand in den Widerstand gesteuert"* wurden (S. 159).

Am Beispiel der Ukraine belegt der Autor, wie verantwortungsvoll denkende Deutsche um eine vernünftige Politik gegenüber dem ukrainischen Volk gerungen haben. Als Beispiel für die vergeblichen Initiativen, die von Bormann geschickt abgeblockt wurden, seien die Denkschriften zitiert, die Professor Oberländer — er war später Minister im Kabinett Adenauer — als Hauptmann der Wehrmacht in den Jahren 1942 und 1943 verfaßt hat:

„Behandeln wir die Bevölkerung nicht als Mitarbeiter an der großen Aufgabe, sondern als Ausbeuteobjekt, wie es der Bolsche-

wismus tat, so wird der in der Bolschewistenzeit zähe aktive und auch passive Widerstand bei der Ausdehnung des Landes und den vorhandenen Verkehrsschwierigkeiten zu einer ernsten Gefahr. Die Bevölkerung ist illegalen Widerstand seit langem gewohnt ...“

„... Die These, daß die mit Polen und Russen verfeindeten Ukrainer auf Gedeih und Verderb auf Deutschland angewiesen seien, ist eine Selbsttäuschung. Bei hartem Druck finden sich auch alte Feinde wieder zusammen.“

„Es gab und gibt in Europa wenige Völker, die von Haus aus so deutschfreundlich eingestellt waren wie das ukrainische. Und doch haben wir es im Laufe eines einzigen Jahres erreicht, daß es sich innerlich von uns abzuwenden beginnt ... Die Ablieferungen sind total und werden zwangsweise eingetrieben ... Der Bauer verfolgt die Maßnahmen der deutschen Verwaltung mit Haß und bringt sie in Vergleich mit der bolschewistischen Zwangsherrschaft. Massenhaft werden auf dem Lande Getreide und sonstige haltbare Ernährungsgüter vergraben, um sich vor Knappheit oder Hunger im kommenden Jahr zu schützen. Aussprüche wie ‚Die Deutschen sollen sich an dem Geraubten totfressen‘ oder ‚Wir warten auf die Stunde, in der wir es den Deutschen vergelten können‘ geben einen tiefen Einblick in die verbitterte Stimmung der Landbevölkerung ...“

„Ein langer Krieg ist nie nur militärisch zu gewinnen. Je länger er dauert, um so wichtiger ist es, daß wir die Bevölkerung dieser Gebiete endgültig auf unsere Seite ziehen ...“ „Dasselbe gilt für die Kriegsgefangenenbehandlung. Mit uns kämpfende georgische Kameraden haben ausgesprochen, daß Deutschland heute im Osten keinen Krieg (mehr) zu führen brauchte, wenn es von Anfang an die russischen Kriegsgefangenen richtig behandelt hätte ...“

„Von einer Schicht zufriedener Bauern und zufriedener Handwerker an den Grenzen Osteuropas hat Deutschland den sichersten Schutz gegen das Eindringen bolschewistischer Ideen ...“ „Georgische Kameraden wiesen darauf hin, daß ihnen unsere Maßnahmen in der Ukraine nur dadurch verständlich werden könnten, daß sie annähmen, daß diese Maßnahmen durch feindliche Kräfte im eigenen deutschen Lager, vor allen Dingen von englischer Seite provoziert werden ...

Im Feld, 9. November 1942 *Oberländer (Hptm.)“*

Der lange Leidensweg des freiheitliebenden ukrainischen Volkes durch die Geschichte war aber noch nicht zu Ende. Dem nationalsozialistischen Zwischenspiel von 1941 bis 1944 folgte eine Periode der Rache Stalins an den „Kollaborateuren".

Eine ausführliche Darstellung der Hintertreibungen eines guten Verhältnisses zwischen den Deutschen, den Ukrainern und den übrigen „Ostvölkern" mit besonderer Berücksichtigung der Rolle Bormanns als Agent Stalins enthält das Buch *Moskaus As im Kampf der Geheimdienste* von Hugo Manfred Beer (008).

Als im heißen Sommer 1943 die Sowjettruppen zur entscheidenden Gegenoffensive übergingen, gab es weder eine einheitliche Ukraine mit eigenen Verwaltungsbehörden noch gar eine ukrainische Armee, die sich dem Ansturm hätte widersetzen können. Meldeten sich aus den Reihen der im Untergrund kämpfenden „Ukrainischen Partisanen-Armee" junge Leute, die den Deutschen unter dem Druck der sowjetischen Offensive ihre Hilfe anboten, wurden sie zurückgewiesen. Man erlaubte ihnen lediglich, eine „Ukrainische Selbstverteidigungs-Legion" zu gründen.

Ukrainische Freiwilligen-Division

Erst jetzt, als es eigentlich schon zu spät war, begann man in Berlin, eine andere Politik gegenüber den Ukrainern zu entwickeln. Man erkannte, eher stillschweigend, ein ukrainisches Nationalkomitee und sogar einen ukrainischen Wehrausschuß an, mit dem Ziel, die Ukrainer politisch und militärisch gegen die Sowjetunion zu mobilisieren. Zweck der Übung war die Gründung einer größeren ukrainischen Freiwilligeneinheit. Dabei wollte man sich aber ausschließlich auf sogenannte Galizier, also Ukrainer aus dem Westen ihrer Heimat, stützen. Auf Grund ihrer früheren Zugehörigkeit zu Österreich-Ungarn wurden sie als Hilfsvolk der Deutschen für wertvoller gehalten.

Die militärische Ausbildung der Galizier, mit der man 1943 begann, diente zum Teil nur der Aufstellung von Polizeiregimentern, die man aber nicht etwa gegen die Sowjetunion, sondern an der Westfront einsetzte, und die Ukrainer in diesen Einheiten sahen keinen Grund, weshalb sie gegen den Westen kämpfen sollten.

Für die Ukrainer war der Traum von einem vereinigten, unabhängigen ukrainischen Staat ja nicht unbedingt an das Schicksal des Deutschen Reiches gebunden, das sich gegenüber solchen Plänen eher abweisend verhielt. Einige Ukrainer kalkulierten eine Niederlage Deutschlands aufgrund der falschen Politik gegenüber den Ukrainern und anderen „Ostvölkern" sogar ein. Im Falle einer Niederlage der Achsenmächte wollten sie den Kampf fortsetzen, möglicherweise an der Seite der westlichen Demokratien. Ihr Einsatz im Kampf gegen den Westen widersprach also allen Absichten dieser Ukrainer. Im Süden Frankreichs kam es deshalb sogar zu Meutereien in der dort stationierten ukrainischen Einheit.

Weitab von der Front, in Deutschland, begann man gleichzeitig mit der Ausbildung von Galiziern, die man zu einer Freiwilligen-Division zusammenstellen wollte. Die Ukrainer, die man zu diesem Zweck zusammenzog, sollten auf den Namen ihres eigenen Volkes verzichten, sich nicht Ukrainer nennen, sondern Galizier — was lediglich eine regionale Herkunftsbestimmung ist und gleichfalls das äußerste Desinteresse der Deutschen an den politischen Zielen der Ukrainer verriet.

Zwar wurden die Russen, an der Spitze der Sowjetgeneral Wlassow, der in deutsche Kriegsgefangenschaft geraten war und sich dort anbot, den Deutschen im Kampf gegen Moskau zu helfen, kaum besser behandelt. Aber die deutsche Seite unterstützte lieber dessen Plan, eine „russische Befreiungsarmee" zu gründen. Das politische Ziel dieser russischen Armee an der Seite der Deutschen war zwar gleichfalls der Sturz der Sowjetherrschaft. Aber nach Wlassows Plänen sollte die Sowjetunion als territoriale Einheit weiter existieren, unter Einschluß jener Völker, die sich nichts anderes ersehnten als Unabhängigkeit vom Kreml. Der Unabhängigkeitskampf der Ukrainer wurde nicht in die Überlegungen einbezogen, die man jetzt in Berlin anstellte.

Schon der Beschluß, sich zunächst nur auf sogenannte Galizier, also West-Ukrainer, zu stützen, verriet, daß Deutschland das ukrainische Volk nicht als Einheit betrachtete. Die West-Galizier wurden vorgezogen, wohl auch, weil viele ukrainische Offiziere aus Galizien ihre Ausbildung noch zur Zeit der k.u.k. Herrschaft an der theresianischen Militärakademie erhalten hatten, also daran gewöhnt waren, auf deutsche Befehle zu hören. Dabei übersah man völlig den Umstand, daß es sich bei diesen Offizieren, die man schließlich unter deutschem Kommando an die Spitze dieser „Ersten Galizischen Division" stellte, um schon recht betagte Herren handelte. Offiziere hingegen, die in der polnischen oder sogar in der sowjetischen Armee gedient hatten und möglicherweise viel motivierter für den Kampf gegen den Kommunismus waren, wurden allenfalls als Unterführer verwendet.

Die Befehlssprache in dieser „Ersten Galizischen Division" war deutsch; die Kommandos wurden auf „galizisch" gegeben. Sogar in der „geheimen Kommandosache" vom 30. Juli 1943, mit der die Aufstellung dieser Einheit angeordnet wurde, kam das Wort „ukrainisch" nicht vor. Der Eid wurde auf Adolf Hitler abgelegt, darin war vom *„Kampf gegen den Bolschewismus"*, aber nicht von einer freien Ukraine die Rede. Schlimmer noch: die „Freiwilligen-Division GALIZIEN" wurde der SS unterstellt: *„Uniform ist die der Waffen-SS"*. Weil man die „Galizier" nicht als Germanen ansah, sollten sie zwar die Uniform der Waffen-SS und SS-Rangabzeichen am Kragenspiegel, aber dort keine SS-Runen tragen.

Doch die schwerste Tragödie stand diesen Ukrainern, die sich plötzlich unter dem Kommando Heinrich Himmlers wiederfanden, noch bevor. Noch ehe die Ausbildung abgeschlossen war, wurde diese Division in den Kampf geworfen — viel zu spät, aber für diese Einheit viel zu früh. Im Februar 1944 ging die erste galizische Division fast spurlos in der erbitterten Kesselschlacht von Brody unter. Von eingesetzten 11 000 Mann kamen 7 000 nie wieder. Die meisten fielen, andere gerieten in sowjetische Kriegsgefangenschaft und wurden als „Kollaborateure" erschossen. Einige wurden von der sowjetischen Front überrollt und schlossen sich hinter der Linie der dort im Untergrund operierenden ukrainischen Partisanen-Armee an — auf verlorenem Posten. Einige hielten bis lange nach Kriegsende durch.

Wer davonkam, wurde in deutsche Heeres- und andere Waffen-SS-Verbände eingegliedert, so daß es erneut keine ukrainische Einheit gab. Insgesamt waren zu dieser Zeit etwa 250 000 Ukrainer in deutschen Diensten, aber es hätten Millionen sein können, wenn man die ukrainischen „Ostarbeiter", die im Reich für den Sieg arbeiten mußten, und die Millionen ukrainischen Kriegsgefangenen in deutschen Lagern einbezogen hätte. Als man nach der Katastrophe von Brody damit begann, die „Erste Galizische" wieder aufzubauen, gehörten ihr schließlich nur 22 000 Mann an. Aus diesem Grund griff man auf das Ersatzregiment der alten „Galizischen", das in der Etappe geblieben war, auf Reste der inzwischen aufgelösten „galizischen" Polizeiregimenter und andere Ukrainer zurück. Hierbei handelte es sich um ukrainische Flüchtlinge, die sich vor dem sowjetischen Vormarsch in den Westen gerettet hatten. Immerhin hatte diese neue Zusammenstellung eine andere Qualität: Aus der zunächst rein galizischen Einheit wurde allmählich eine ukrainische Einheit, zu der jetzt auch Ukrainer aus dem Osten ihrer Heimat Zugang hatten.

Doch die deutsche Politik gegenüber den Ukrainern blieb inkonsequent. Junge Ukrainer, die sich freiwillig meldeten, wurden Flakhelfer in ganz anderen Einheiten, wehrerfahrene Kriegsgefangene, die sich gleichfalls freiwillig meldeten, wurden zum Teil russischen Freiwilligenverbänden angeschlossen oder völlig zurückgewiesen, „Ostarbeiter" im Reich hatten dort ihre Aufgabe zu erfüllen. Dies hat dazu geführt, daß die Ukrainer, verglichen mit anderen „Ostvölkern", keine besonders große Rolle als Verbündete der Deutschen spielten. Die Kroaten beispielsweise, die im 2. Weltkrieg immerhin ihren eigenen Staat haben durften, gerieten bei Kriegsende mit zwei kompletten Armeen in Gefangenschaft, und einige baltische und asiatische Völker aus der Sowjetunion waren, gemessen an der Bevölkerungszahl ihrer Nationen, in bewaffneten Einheiten an der Seite der Deutschen weitaus stärker vertreten als die Ukrainer.

Der nicht mehr ausschließlich „galizische" Charakter der wichtigsten militärischen Einheit der Ukrainer an der Seite der deutschen Wehrmacht kam nach der Niederlage von Brody zum Ausdruck, indem man es der Truppe jetzt erlaubte, die ukrainische blau-gelbe Fahne zu tragen. Der Eid durfte jetzt wieder auf die Ukraine abgelegt werden, und die Deutschen sahen pötzlich weg, wenn die Soldaten in ihrem Ausbildungslager wenigstens die Blumenbeete in der Form eines Dreizacks anlegten: dies war das Symbol für eine freie, wiedervereinigte Ukraine, das bisher verboten war — und offiziell weiter verboten blieb.

Schließlich verlor die Einheit sogar ihren „Galizischen" Namen, freilich in Zusammenhang mit einer allgemeinen Verwaltungsreform in der ganzen Waffen-SS. Ab Frühjahr 1944 wurden die Einheiten der Waffen-SS durchnummeriert, so daß aus der „Ersten Galizischen Division" nun die Regimenter 29 bis 31 wurden. Erst jetzt wurde auch das „Ukrainische Nationalkomitee" aufgewertet. An seiner Spitze stand jetzt General Pawlo Schandruk, ein bei vielen Ukrainern legendärer Mann.

General Schandruk

Schandruk hatte seine militärische Karriere bereits als Offizier in der russischen Armee des Zaren begonnen und nahm Anfang der zwanziger Jahre in der kurzlebigen ukrainischen Armee den Rang eines Generals ein. Nach dem Ende des gegen die Bolschewiken geführten Bürgerkrieges, der für die Ukrainer in erster Linie ein nationaler Befreiungskampf war, gehörte er als Offizier der polnischen Armee an.

Schandruk hatte sich von Anfang an für eine „Ukrainische Nationalarmee" als unabhängige Verbündete der deutschen Wehrmacht eingesetzt. Ukrainer, die von den Deutschen gefangengenommen worden waren oder die ihren Hilfsdienst in russischen Einheiten leisteten, sollten nach seinen Plänen zu rein ukrainischen Truppen zusammengefaßt werden und unter dem Zeichen des ukrainischen Dreizacks gegen Moskau zu Felde ziehen. Er hatte enorme Schwierigkeiten, nicht nur mit den Deutschen, sondern auch mit eigenen Landleuten, die von der Zusammenarbeit mit den Deutschen längst frustriert waren. Erst im November 1944 wurde die 14. Waffen-Grenadier-

Division, die aus der alten „Ersten Galizischen Division“ hervorgegangen war, General Schandruk unterstellt.

Im Januar 1945 wurde die Division aus der Slowakei, wo sie im Kampf gegen einen von Moskau inspirierten Partisanenaufstand eingesetzt war, in die Steiermark verlegt. Die Ukrainer marschierten über den Wiener Wald und Graz bis nach Marburg, Celje und Ljubljana, der heutigen slowenischen Hauptstadt in Jugoslawien. Dort wurden sie gegen Titos Partisanen eingesetzt, die die Vorhut der Dritten Ukrainischen Front der Sowjetarmee waren. Möglicherweise war es die Absicht der deutschen Heeresführung, die Ukrainer gerade hier einzusetzen, weil auf der anderen Seite der Front gleichfalls Ukrainer standen, freilich unter sowjetischem Befehl. Doch die damit verbundene Hoffnung, möglichst viele Ukrainer würden aus den Reihen der Sowjetarmee desertieren und sich den Kämpfern General Schandruks anschließen, konnte sich aus zwei Gründen nicht mehr erfüllen. Denn erstens stand die Niederlage Schandruks an der Seite der Deutschen längst fest. Kein Sowjetsoldat wäre in dieser Schlußphase des Krieges noch bereit gewesen, sich den Verlierern anzuschließen. Zweitens war der Krieg schon zu Ende, ehe es zwischen den Ukrainern auf beiden Seiten zu Feindberührungen kommen konnte.

Schandruk versuchte in dieser Endphase des Zweiten Weltkrieges alles, um möglichst viele Ukrainer unter seinem Kommando zu vereinigen. Er war jetzt Chef der Armee, so daß die 14. Waffen-Grenadier-Division nur ein Teil der Truppen war, die seinem Kommando unterstanden. Zu den Ukrainern, die sich in der Endphase des Zweiten Weltkrieges unter dem Kommando General Schandruks in der Steiermark sammelten, gehörten solche, die zuvor in ganz anderen Einheiten gedient hatten, auch Ukrainer aus Wolhynien, also der Umgebung von Schitomir im Nordwesten der Ukraine, die dann zu den Sowjets desertierten und bei den Deutschen den Eindruck verstärkten, die Ukrainer seien insgesamt unzuverlässig. Unter Schandruks Kommando standen aber auch ehemalige Partisanen aus den Reihen der „Ukrainischen Partisanen-Armee“, die zeitweilig auch gegen die Deutschen Widerstand geleistet hatten, nun aber keinen anderen Ausweg mehr sahen. Schandruk führte endlich auch ganz offiziell den Dreizack als ukrainisches Nationalsymbol seiner vereinten Streitkräfte ein und erregte durch seine Politik noch kurz vor Kriegsende das alte Mißtrauen der deutschen Führung, vielleicht nicht mehr ganz ohne Grund. Denn sein Plan war es, möglichst viele Ukrainer, die von den Sowjets überrollt werden könnten, in der Steiermark zu vereinigen, um mit ihnen notfalls nach Norditalien zu marschieren, wo man sich den Briten ergeben könnte: Schandruk wollte, wie es ein Deutscher damals notierte, ukrainische „Substanz retten".

Das deutsche Mißtrauen gegenüber der ukrainischen Streitmacht Schandruks explodierte im März 1945, als Himmler völlig überraschend anordnete, alle Einheiten unter dem Befehl Schandruks hätten sämtliche Waffen abzugeben. Für die Ukrainer hätte dies völlige Wehrlosigkeit gegenüber den vorwärtsdringenden sowjetischen Streitkräften bedeutet. Die sowjetischen Tuppen standen bereits vierzig Kilometer vor der österreichischen Grenze, so daß Schandruk verzweifelt anbot, seine Einheit der 2. Deutschen Panzerarmee zu unterstellen, um wenigstens die Waffen behalten zu können.

Damals kam es auch zu geheimen Kontakten mit den gleichfalls voranmarschierenden Briten. Und überraschend waren die Briten sogar zu einem Abkommen mit Schandruks Streitmacht bereit. Der britische Vorschlag war: Schandruk sollte mit seinen Truppen die Stadt Völkermarkt an der österreichisch-jugoslawischen Grenze solange gegen Titos vorrückende Partisanen halten, bis britische Truppen diesen strategisch wichtigen Punkt eingenommen hätten. Möglicherweise hat dieses Übereinkommen zwischen den Ukrainern und Briten vielen Männern Schandruks das Leben gerettet. Denn Schandruks ukrainische Truppen wurden zwar bis zum 10. Mai, also noch Tage nach dem Waffenstillstand, von sowjetischen Bombern und Tieffliegern verfolgt, aber sie wurden niemals, wie beispielsweise die Kosaken, an die Sowjets ausgeliefert.

Große Teile der Ukrainer unter dem Kommando General Schandruks wurden stattdessen nach Oberitalien oder in die Tauern evakuiert und so vor dem Zugriff der Sowjets gerettet, jedenfalls zunächst. Wenn es heute blühende ukrainische Einwandererkolonien in den Vereinigten Staaten und vor allem in Kanada gibt, ist dies auch General Schandruk zu verdanken, wenngleich bis Ende des Krieges nur eine Minderheit aller Ukrainer auf deutscher Seite unter seinem Kommando stand.

Als Demjanjuk Anfang der achtziger Jahre danach befragt wurde, wo er während des Krieges gewesen sei, erinnerte er sich an seine Kriegsgefangenschaft und an Außenarbeiten und daran, daß er 1944 nach Graz gekommen sei, wo er, ohne zunächst auch nur ein Gewehr zu erhalten, einer „Ukrainischen Nationalgarde" unter dem Befehl des ukrainischen Generals Schandruk zugeteilt worden war, um später gegen die vorrükkenden Sowjets zu kämpfen. Die Verfolger Demjanjuks hielten dem schon in den Vereinigten Staaten entgegen, Schandruk sei „als General der ukrainischen Nationalarmee erst im März 1945 eingesetzt worden." Tatsächlich erfolgte diese letzte Anerkennung von Seiten der Deutschen erst am 12. März 1945, aber faktisch war er schon seit 1944 Oberbefehlshaber und Kommandant der 14. Division, und es wäre sicher zu viel verlangt, von einem einfachen Ukrainer Kenntnisse über Vorgänge zu besitzen, die selbst von Fachkennern schwer nachvollzogen werden können. Für die Ukrainer war Schandruk schon immer General, und für die 14. Division war es ihr Kommandant schon, als die Einheit aus der Slowakei nach Österreich verlegt wurde.

Möglicherweise hat sich Demjanjuk um einen Monat geirrt, denn diese Truppenverlegung erfolgte im Januar 1945, während Demjanjuk davon spricht, er sei schon 1944 nach Graz und dort zu einer „Ukrainischen Nationalgarde" unter dem Kommando von Schandruk gekommen. Aber Schandruk, der sich erst in den letzten Kriegstagen ständig bei seiner Truppe aufhielt, kann durchaus auch schon Ende 1944 in der Steiermark gewesen sein oder dort Einheiten gehabt haben. Daß Demjanjuk dorthin transportiert wurde, paßt ebenso ins allgemeine Bild wie seine Behauptung, er habe dort zunächst keine eigene Waffe erhalten — wie geschildert! Schandruk war darum bemüht, möglichst viele Ukrainer vor dem sowjetischen Zugriff zu retten, und an Waffen fehlte es bereits, ehe von Himmler der Befehl ausging, die Ukrainer völlig zu entwaffnen; daher spielte die Erbeutung von Feindwaffen bei allen militärischen Operationen der Ukrainer eine große Rolle.

Demjanjuks Blutgruppenzeichen

Demjanjuk trug den Beweis dafür, daß er einer kämpfenden Einheit angehört haben muß, sogar am eigenen Leibe: denn Demjanjuk war am linken Oberarm mit dem Blutgruppenzeichen der SS tätowiert worden. Als Demjanjuk Anfang der fünfziger Jahre in die Vereinigten Staaten auswandern wollte, hatte er dies natürlich verschwiegen; denn als ehemaliger Angehöriger einer Einheit der Waffen-SS hätte er nicht die geringste Chance gehabt, in die USA auszuwandern. Das Blutgruppenzeichen spielte für Demjanjuk erst wieder eine Rolle, als es darum ging, ihn an Israel auszuliefern. Denn die amerikanische Regierungsbehörde, die sich von Anfang an für die Auslieferung Demjanjuks stark machte, erklärte, *„daß eine solche Tätowierung zusätzlich dafür spricht, daß er bei der deutschen SS in Trawniki und in Treblinka“* war, also im Vernichtungslager *„Dienst tat“*. Das Gericht in Cleveland/Ohio, das die Auslieferung Demjanjuks an Israel vorprüfte, war zwar *„nicht in der Lage, dieses Argument der Regierung mit Gewißheit auf seine Richtigkeit hin“* zu bewerten, aber letztlich beseitige dieses Blutgruppenzeichen *„letzte Zweifel“* daran, daß Demjanjuk Wachmann in einem deutschen Konzentrationslager gewesen sei und daß er die Unwahrheit sagte, als er behauptete, nach seiner Kriegsgefangenschaft Militärdienste in einer Einheit auf Seiten der Deutschen geleistet zu haben (056).

In den USA, wo Deutsche gerne als Nazis bezeichnet werden und die deutsche Wehrmacht die „Nazi-Wehrmacht“ ist, wo man zwischen der SS und der Waffen-SS keine Unterschiede macht, so daß es zu Affären wie um Bitburg kommen kann, ist ein Blutgruppenzeichen an der Innenseite des linken Oberarms ein besonders starker Beweis dafür, daß der Träger in einem Konzentrationslager Dienst getan hat. Dem steht freilich die Auskunft des *Bundesverbandes der Soldaten der ehemaligen Waffen-SS* gegenüber, derzufolge es *„Zweck der Tätowierung der Blutgruppe war, daß bei einem Verwundeten, falls eine Blutübertragung notwendig und das Soldbuch nicht mehr zu finden war, sofort ohne Blutgruppenbestimmung Bluttransfusionen vorgenommen werden konnten. Daher erhielten die Blutgruppe nur Soldaten, die einer Frontdivision angehörten. Man kann* *davon ausgehen, daß Hilfswillige die Blutgruppe nicht erhielten. Wenn nun Herr Demjanjuk 1944 zu einer russischen Waffengrenadierdivision der SS kam, so wird er von diesem Zeitpunkt ab die Blutgruppe erhalten haben.*" Diese sachliche Auskunft stimmt völlig mit der Angabe Demjanjuks überein, er habe die Blutgruppentätowierung erhalten, als er einer Einheit unter General Schandruk zugestellt wurde, die bis zuletzt eine Waffen-SS-Einheit war.

Dies wird auch durch den ehemaligen SS- und Polizeiführer im Distrikt Warschau bestätigt (siehe Dokument 2): Seine eidesstattliche Erklärung, in der bestätigt wird, daß sogenannte „Hiwis", die nicht der Waffen-SS angehörten, keine Tätowierung erhielten, bezieht sich zunächst nur auf das sogenannte Arbeitslager in Treblinka (Treblinka I). Das sogenannte Vernichtungslager (Treblinka II) lag einige Kilometer entfernt von diesem Arbeitslager. Aber für Treblinka II galt genau dasselbe, zumal die fremdländischen Hiwis, die hier als Wachmänner Dienst taten, aus ein und demselben Ausbildungslager kamen, eben aus Trawniki (057). In Trawniki aber wurde kein einziger fremdländischer Wachmann Angehöriger der Waffen-SS. Nicht einmal alle Deutschen in diesem Lager trugen die SS-Tätowierung. Diese fand man bei den deutschen Waffen-SS-Soldaten, die ihren Einsatz an der Front bereits hinter sich hatten und nun in der Etappe als Verwaltungspersonal in Trawniki eingesetzt wurden, hingegen nicht bei den fremdländischen Wachmännern, die hier auch für keinen Frontdienst ausgebildet wurden, und noch nicht einmal bei jenem Teil der deutschen Stammbesetzung des Lagers, der aus den Reihen der deutschen Polizei kam (058).

Im Konzentrationslager Treblinka gab es gleichfalls mehrere unterschiedliche Personenkategorien: Das SS-Stammpersonal, deutsche Staatsbürger, die zunächst als „Krankenpfleger" im Euthanasieprogramm mitgewirkt hatten und hierher versetzt wurden, indem man sie in die SS eingliederte, und fremdländische Wachmänner, deren Aufgabe es hauptsächlich war, das Lager von außen zu bewachen. Auch in Treblinka trug nur das SS-Stammpersonal die Tätowierung, während selbst jene Deutschen, die der SS angegliedert wurden, kein Blutgruppenzeichen trugen (059).

Dem amerikanischen Gericht in Cleveland hätte diese Fest-

Eidesstattliche Versicherung

Hiermit versichere ich,Arpad Wigand, Planetenweg 12, 6800 Mannheim 31, nachdem ich von Rechtsanwalt Jürgen Rieger über die strafrechtlichen Folgen einer falschen eidesstattlichen Versicherung belehrt worden bin, folgendes an Eides Statt:

Während des Krieges bekleidete ich u. a. das Amt des SS- und Polizeiführers im Distrikt Warschau, und zwar von August 1941 bis Mai 1942. Meiner Dienststelle unterstand das Arbeitslager Treblinka I. Die Dienstaufsicht des ukrainischen Wachpersonals oblag dem SS-Lagerkommandanten und seinem Stab. Die Ukrainer waren keine Angehörigen der SS; sie hatten lediglich den Status der sogenannten Hilfswilligen (Hiwis). So hatten sie auch keine Blutgruppentätowierungen noch trugen sie schwarze oder feldgraue Uniformen. Die von den Ukrainern getragene Dienstkleidung stammte meines Wissens aus Kammerbeständen der polnischen Polizei. Die Angehörigen der SS wurden sanitär durch den SS Standortarzt Warschau betreut; die ukrainische Wachmannschaft dagegen durch den Kreisarzt Sokolow, wie auch die Kosten der Verpflegung der Wachmannschaft durch die Zivilverwaltung übernommen wurde.

Daß irgendeiner der ukrainischen Wachleute "Iwan der Schreckliche" genannt worden wäre, ist mir nicht bekannt.

Mannheim, den 25. April 1983

Dok. 2: „Ukrainische Wachleute hatten keine Blutgruppentätowierung"

stellung eigentlich sehr leicht fallen müssen; denn als Zeuge trat dort ein früherer deutscher Waffen-SS-Mann aus dem Ausbildungslager Trawniki auf, der dies bezeugen konnte — wenn man ihn überhaupt danach gefragt hätte. Und selbst der Ankläger von Jerusalem stützt sich auf einen deutschen Zeugen, der zum Personal in Treblinka gehörte, aber selbst kein Blutgruppenzeichen trägt (060).

Die Blutgruppen-Tätowierung erweist, daß Demjanjuk einem SS-Freiwilligen-Regiment oder einem SS-Feldersatz-Bataillon oder den Nachschubtruppen einer SS-Einheit angehörte — aber gerade dies bestreitet die Anklage: Indem man sich, kurioserweise, gerade auf sein Blutgruppenzeichen beruft, das an seiner angeblichen Unglaubwürdigkeit *„die letzten Zweifel beseitigt.“* (061)

Das amerikanische Gericht, das die Vorentscheidung über die Auslieferung Demjanjuks an Israel fällte, legte dem Verfolgten stattdessen zur Last, daß er sich nach 1945 das Blutgruppenzeichen vom Arm entfernen ließ. Die Beweiskette schien geschlossen: daß Demjanjuk deutscher KZ-Wächter war, ergab sich für das Gericht unter anderem aus der Tätowierung, und daß er ein schlechtes Gewissen hatte, weil er als „Iwan der Schreckliche“ von Treblinka rund eine Million Menschen eigenhändig umgebracht hatte, ergab sich für das Gericht in Cleveland aus der Entfernung des Blutgruppenzeichens. Somit wurde Demjanjuks Glaubwürdigkeit mit Hilfe dieser Tätowierung gleich doppelt erschüttert — obgleich das Blutgruppenzeichen die beste Verteidigungswaffe war, über die Demjanjuk verfügte. Denn diese Tätowierung beweist eines unwiderlegbar: daß Demjanjuk nach seiner Entlassung aus dem Kriegsgefangenenlager in einer bewaffneten Einheit war, die an der Front eingesetzt wurde oder werden sollte. Offen bleibt allerdings, ob er zwischen seiner Entlassung und seiner Aufnahme in eine bewaffnete Einheit noch anderweitig eingesetzt wurde.

Zwangsweise Repatriierung

Das ukrainische Volk hatte während des Zweiten Weltkrieges eine furchtbare neue Tragödie erlebt. Möglicherweise waren die Ukrainer sogar die Hauptopfer des Krieges. Zweimal rollte die Feuerwalze des Krieges über die Ukraine hinweg. Dabei wurden fast alle Ukrainer — man schätzt ihre Zahl auf 40 Millionen — aus ihren Dörfern vertrieben und zwangsweise zu Flüchtlingen. Rund elf Millionen Ukrainer wurden getötet, während weitere Millionen aus der Ostukraine ins Deutsche Reich deportiert wurden, wo sie Zwangsarbeit als „Ostarbeiter" zu verrichten hatten. Ukrainische Schätzungen gehen von 2 bis 3 Millionen oder sogar 4,5 Millionen ukrainischer „Ostarbeiter" aus. Eine genaue Zahl ist kaum zu ermitteln, da weder die Deutschen noch später die Alliierten genaue Unterschiede zwischen Ukrainern, Weißrussen, Russen und anderen „Ostvölkern" machten. Für die westlichen Alliierten handelte es sich bei den Ukrainern, die man in den westlichen Besatzungszonen Österreichs und Deutschlands nach Kriegsende vorfand, um *„sowjetische, polnische, tschechoslowakische Bürger oder um Bürger anderer Staaten, deren Staatsangehörigkeit sie besaßen, oder um staatenlose Personen."*

Wie mit Ukrainern zu verfahren sei, die ursprünglich sowjetische Staatsbürger waren, wurde schon vor Kriegsende bestimmt. Gegen einige Bedenken Churchills hatte das britische Kabinett schon 1944 sowjetischem Drängen nachgegeben, demzufolge alle im Westen „befreiten" sowjetischen Bürger *„unabhängig von ihrem Willen"* zu *„repatriieren"*, also in die Sowjetunion zurückzuschicken seien. Am 16. Oktober 1944 erklärte Eden bei einer Konferenz in Moskau den Sowjets diesen britischen Kabinettsbeschluß. Molotow auf der anderen Seite traute seinen Ohren nicht: die Briten boten den Sowjets alle Gegner des Sowjetsystems an, derer sie im Westen habhaft werden würden. Am 10. Februar wurde auf der Konferenz von Jalta dieser Beschluß der britischen Regierung zu einem trilateralen Abkommen, an dem jetzt auch die Amerikaner beteiligt waren.

Wie eilig es vor allem die Briten hatten, diesen Beschluß zu verwirklichen, erwies sich bei Kriegsende im Mai 1945, als man in Italien und Frankreich tausende Sowjetbürger internierte, um sie in die Sowjetunion zu schicken. Viele Opfer begingen sofort Selbstmord, andere wurden schon beim Entladen der Schiffe in Murmansk und Odessa massakriert. Die Amerikaner folgten dem britischen Vorbild nur zögernd, denn man stellte sich natürlich die Frage, ob es mit dem Völkerrecht und der Genfer Konvention vereinbar war, Menschen, die jetzt Kriegsgefangene waren, in ein Land zu repatriieren, wo sie mißhandelt und wahrscheinlich getötet würden. Doch im Dezember 1944 wurde auch Alexander Kirk, der politische Berater der Vereinigten Staaten beim vereinigten Hauptquartier der Alliierten, davon unterrichtet, daß *„alle, die sich auf die sowjetische Staatsbürgerschaft berufen, der sowjetischen Regierung übergeben werden, ganz unabhängig davon, ob sie auf diese Weise übergeben werden möchten“*. Angeblich wußten die Briten längst, was mit jenen Menschen geschah, die man an die Sowjetunion auslieferte, aber London ließ Washington nichts davon wissen.

Alle Commonwealth-Truppen hielten sich an den Beschluß. So findet man im Kriegstagebuch des Hauptquartiers der 3. kanadischen Division vom April 1945 folgende Eintragung: *„Personen, die sich selbst als Ukrainer bezeichnen, aber sowjetische Staatsbürger sind und als solche nach dem 11. Februar 1945 von militärischen Kommandos und sowjetischen Vertretern als solche erkannt werden, werden ohne Rücksicht auf ihre persönlichen Wünsche in die Sowjetunion repatriiert.“*

Wie man leicht feststellen kann, ging dies weit über die amerikanische Formulierung hinaus, derzufolge nur jene, *„die sich auf die sowjetische Staatsbürgerschaft berufen“*, an die Sowjetunion ausgeliefert werden sollten.

Betroffen waren von diesem Beschluß besonders jene Ukrainer, die im Krieg an der Seite der Deutschen gekämpft hatten — wie Iwan Demjanjuk. Ihre zwangsweise Repatriierung bedeutete für sie den sicheren Tod in der Sowjetunion. Über jene, die in der Sowjetunion nicht sofort erschossen wurden, berichtete viel später Alexander Solschenizyn, als er Stalins „Archipel GULAG“ beschrieb: *„In beiden Jahren 1945 und 1946 verarbeitete der Archipel den großen Strom der echten Gegner der Macht (der Wlassow-Leute und Krasnow-Kosaken, der Mohammedaner aus den von Hitler aufgestellten Nationalverbän-*

den). Sie hatten gekämpft, manchmal aus Überzeugung, manchmal unter Zwang. Zugleich wurde mindestens eine Million Sowjetflüchtlinge ergriffen; Zivilpersonen aller Altersstufen und beiderlei Geschlechts, die sich glücklich aufs Territorium der Alliierten zu retten vermochten, von diesen jedoch 1946/47 auf heimtückische Weise an die sowjetischen Behörden ausgeliefert wurden. Seit Kriegsende floß unermüdlich und über viele Jahre der üppige Strom der ukrainischen Nationalisten."

Solschenizyn drückte in seinem Buch seine Verwunderung darüber aus, daß die gnadenlose Auslieferung aller Sowjetbürger an Stalin durch die westlichen Alliierten solange ein streng gehütetes Geheimnis des „demokratischen Westens" geblieben war:

„Unmöglich scheint es, im Westen ein politisches Geheimnis lange zu verbergen, unweigerlich dringt etwas in die Presse, an die Öffentlichkeit; um so erstaunlicher also, daß gerade das Geheimnis dieses Verrats von der britischen und amerikanischen Regierung so sorgfältig bewahrt werden konnte, fürwahr das letzte Geheimnis des Zweiten Weltkriegs oder doch von den letzten eines. Ich konnte, der ich vielen dieser Leute in den Lagern und Gefängnissen begegnete, ein Vierteljahrhundert lang nicht recht glauben, daß die westliche Öffentlichkeit über diese in ihren Maßstäben grandiose Auslieferung von einfachen russischen Menschen nichts wisse, von ihrer Übergabe an die Willkür, ihrer Freifahrt in den Untergang. Erst 1973 („Sunday Oklahoma", 21.1.) tauchte eine Publikation von Julius Epstein auf, dem ich hiermit die Dankbarkeit der zugrundegegangenen Tausenden und der wenigen Überlebenden zu übermitteln mir die Freiheit nehme. Ein kleines bruchstückhaftes Dokument fand ich da abgedruckt — aus dem bis heute geheimgehaltenen vielbändigen Material über die Zwangsrepatriierung in die Sowjetunion. Nachdem sie zwei Jahre unter britischer Hoheit verlebt hatten und sich in Sicherheit wähnten, waren die Russen völlig überrumpelt und hatten nicht mal Zeit zu begreifen, daß sie repatriiert würden... Es waren überwiegend einfache Bauern mit einem persönlichen bitteren Groll gegen die Bolschewiki im Herzen. Die britischen Behörden aber verfuhren mit ihnen „wie mit Kriegsverbrechern, lieferten sie gegen ihren Willen an jene aus, von denen ein gerechtes Urteil nicht zu erwarten war". Sie wurden dann allesamt auf den Archipel expediert, auf daß sie dort verkämen. (Anmerkung von 1973.)"

Solschenizyn spricht von *„einfachen russischen Menschen"*, aber unter ihnen waren besonders viele Ukrainer und sogar Angehörige von Völkern, die vom Abkommen von Jalta überhaupt nicht betroffen sein sollten, weil sie niemals Sowjetbürger gewesen waren.

Erst heute, über 40 Jahre nach Kriegsende, gibt es Bemühungen, dieses Kriegsverbrechen, das besonders schwer wiegt, weil es nicht nur gegen die Genfer Konvention verstieß, sondern nach Kriegsende geschah, völlig aufzuklären. Möglicherweise wird es sogar zu einem ersten „Kriegsverbrecherprozeß in England" kommen — wenngleich zunächst einmal nur einer auf der Anklagebank sitzt, der versucht, über den Holocaust zu reden, der damals, unmittelbar nach dem Waffenstillstand, von den westlichen Alliierten in Zusammenarbeit mit der Sowjetunion begangen wurde.

Erster Kriegsverbrecherprozeß in England?

Einst vernahm Gerald Draper als Assistent des Anklägers den Stellvertreter des Führers Rudolf Heß und andere deutsche „Hauptkriegsverbrecher" in Nürnberg und im Hamburger Curio-Haus. Draper, später Professor für internationales Recht an der englischen Universität Sussex, erinnert sich noch lebhaft an die schneidige Antwort deutscher Militärs auf die Frage, ob sie von ihrer Führung jemals über die Regeln der Genfer Konvention unterrichtet worden wären: „Niemals!" Gerald Draper: *„Sie hatten also Krieg geführt, ohne die elementaren Grundregeln der Kriegsführung zu kennen."* Jetzt klagte Prof. G. I. A. Draper vor Teilnehmern eines historischen Symposiums in der Universitätsstadt Oxford eigene britische Offiziere an: *„Auch sie haben sich um die Regeln des Völkerrechtes nicht gekümmert."* Er will sich nun, über vierzig Jahre nach Ende des Krieges, an die Spitze eines Tribunals stellen, dessen Absicht es ist, letzte Klarheit in ein Kriegsverbrechen zu bringen, das in seinen Augen ebenso schwer wiegt wie die Verbrechen, die man deutschen Generalen zum Vorwurf gemacht hat. Draper: *„Und sie wissen,*

was wir damals mit solchen deutschen Soldaten gemacht haben."
Im Mai 1945 setzte sich eine Menschenlawine auf das britisch besetzte Kärnten in Bewegung, losgetreten von den siegreichen sowjetischen Truppen und ihren balkanischen Verbündeten: bulgarischen Einheiten und Titos Partisanen. In einem Bericht aus jenen Tagen war von etwa 300 000 Flüchtlingen die Rede, die sich den englischen Truppen bereits ergeben hatten, sowie von weiteren rund 600 000 Menschen, „*die von Jugoslawien in Richtung Norden gen Österreich ziehen.*"

Ein Unterhändler der fliehenden Armee des bereits untergegangenen unabhängigen Staates Kroatien, der Jude Deutsch-Maceljski, bot den Briten die Kapitulation von zwei kompletten Armeen an, jede rund 100 000 Mann stark, begleitet von etwa 2000 Kraftfahrzeugen, 30 000 Pferden und einer halben Million Zivilisten, darunter viele Frauen und Kinder.

Neben zehntausenden Slowenen gehörten auch serbische und montenegrinische Tschetniks zum großen Treck. Sie hatten besonderen Grund, sich durch Flucht in Richtung Kärnten Rettung vor der Rache der Kommunisten auszurechnen. Denn die serbischen Nationalisten hatten nicht nur Titos Partisanen, sondern auch den mit Deutschland verbündeten unabhängigen Staat Kroatien bekämpft. Waffen und Geld hatten sie von den Briten erhalten, denn sie unterstanden dem Oberbefehl des jugoslawischen Königs im Exil, Peter II., der ein Verbündeter der Alliierten war. Viele trugen, als sie sich im Mai 1945 den Briten ergaben, noch seine Uniform.

Neben geschätzten rund 400 000 Deutschen, die zum Teil schon in britischer Kriegsgefangenschaft oder noch auf der Flucht waren, setzten von deutschen Offizieren kommandierte Kosaken-Einheiten mitsamt Familienangehörigen zum rettenden Sturm auf Kärnten an. Während des Krieges hatten sie aus Haß gegen den Bolschewismus an der Seite Deutschlands gekämpft. Für sie war der Feldzug Hitlers gegen Stalin nur die Fortsetzung jenes Bürgerkrieges, den sie Anfang der zwanziger Jahre verloren hatten.

Auch sie konnten damit rechnen, von den Briten in Schutz genommen zu werden. Denn nach dem russischen Bürgerkrieg hatten viele von ihnen als Emigranten zunächst in Jugoslawien, Deutschland oder in Westeuropa, viele von ihnen sogar in England gelebt, wo sie zunächst Dienst in britischen Kolonial-

oder Polizei-Einheiten verrichtet hatten und dafür hoch ausgezeichnet worden waren.

Das bereits in Jalta unterzeichnete Abkommen über die „Repatriierung" von Sowjetbürgern nach Kriegsende konnte auf sie schon deshalb nicht angewendet werden, weil sie niemals sowjetische Staatsbürger gewesen waren. Die meisten von ihnen waren staatenlos und unterstanden somit dem Schutz des Völkerbundes.

Gerieten sie in die Hände der Kommunisten, gab es keinen Zweifel an ihrem Schicksal. Schon Ende April hatte Churchill deshalb auch angeordnet, alle Flüchtlinge, die, aus Jugoslawien kommend, Schutz bei den Briten in Kärnten suchten, *„zu entwaffnen und in Flüchtlingslager einzuweisen, denn dies ist die einzige Lösung."*

Noch vor Kriegsende verständigten sich die Regierungen Großbritanniens und der USA in dieser Frage, und unmittelbar nach dem Waffenstillstand gab Feldmarschall Alexander, Oberster Alliierter Befehlshaber im gesamten Mittelmeerraum, den Befehl heraus, die aus Jugoslawien kommenden Flüchtlinge nach Italien oder Deutschland zu evakuieren. Doch noch am selben Tag, am 14. Mai 1945, begann das in Kärnten stationierte 5. britische Armeekorps ganz heimlich mit der Auslieferung der ersten Flüchtlinge an Titos Partisanen.

Einen Tag später wurde darüber sogar ein Abkommen geschlossen. Titos Partisanen verpflichteten sich, ihre nach Kärnten vorgedrungenen Einheiten wieder auf jugoslawisches Territorium zurückzunehmen, und erhielten von den Briten die Zusage, man werde alle jugoslawischen Staatsbürger, die *„in Uniform mit den Deutschen gekämpft hatten"*, an sie ausliefern.

Diese Formulierung ging weit über die Ankündigung hinaus, man werde nur jene Jugoslawen zwangsrepatriieren, die *„in deutschen Truppen gedient hatten."* Selbst Titos Partisanen waren überrascht, daß man an sie alle Kriegsgegner ausliefern wollte. Milovan Djilas, zeitweise Titos Stellvertreter, erklärte dazu später: *„Offen gesagt, wir verstanden gar nicht, weshalb die Briten darauf bestanden, uns auch diese Leute zu übergeben."*

Hauptbetroffen waren die Kroaten, denn für sie begann am 15. Mai 1945 jene „Tragödie von Bleiburg", die mit der Ermordung einer nie mehr zu ermittelnden Zahl kroatischer Männer und Frauen durch Titos Partisanen endete und deren Umfang bis heute Tabu-Thema in Jugoslawien ist.

Möglicherweise handelte der Stab des britischen 5. Korps ganz auf eigene Faust. Denn noch am 17. Mai, als sich auf jugoslawischer Seite längst die Massengräber mit ermordeten Kroaten füllten, ordnete Feldmarschall Alexander an, alle *„Jugoslawen, die sich als Feindpersonen ergeben haben,"* solange festzuhalten, bis die Regierung in London über ihr weiteres Schicksal entschieden hätte.

Alexander verbot alle weiteren Auslieferungen, während Toby Low, Stabsoffizier beim 5. Armeekorps in Kärnten, den geheimen Befehl erließ, alle Jugoslawen so bald wie möglich an Titos Partisanen auszuliefern. Listig schlug er vor, sie nicht sofort zu entwaffnen, um sie in Sicherheit zu wiegen, und ihnen auf keinen Fall zu erzählen, was mit ihnen geplant war. Man sollte die Kroaten nur *„an bestimmte Punkte begleiten, wo sie schon von Titos Streitkräften in Empfang genommen würden."*

Am 19. Mai, als die Auslieferung der Kroaten bereits abgeschlossen war, erschien beim Hauptquartier des 5. Korps in Klagenfurt der jugoslawische Partisanenoberst Ivanovic, der jetzt auch die zugesagten Serben und Slowenen verlangte, denn für Jugoslawien waren alle, die im Krieg gegen die kommunistischen Partisanen gekämpft hatten, „Quislinge" — und damit zum sicheren Tode verurteilt.

Wieder war es Toby Low, der befahl, alle Wünsche der Partisanen prompt zu erfüllen, unabhängig von der Nationalität, vom Geschlecht und vom Stand, so daß auch alle Zivilisten einbezogen werden konnten, die sich in Begleitung der fliehenden Soldaten befanden.

Zwei Tage später wurde in Verhandlungen mit den Sowjets auf gleiche Weise auch über das Schicksal der Kosaken und ihrer deutschen Offiziere entschieden, wiederum gegen den ausdrücklichen Befehl Feldmarschall Alexanders, der auch ihre Evakuierung angeordnet hatte, um sie dem Zugriff der Sowjets zu entziehen.

Und wieder war es Toby Low, der anordnete, gegen die Kosaken auch *„Gewalt anzuwenden, wenn dies absolut notwendig ist."* Noch heute gibt es unweit von Lienz einen kleinen Kosakenfriedhof mit den Leichen jener, die bei dieser Aktion von britischen Soldaten erschlagen oder mit Bajonetten erstochen worden waren oder die Selbstmord begingen, ehe sie ihren Mördern ausgeliefert werden konnten.

Der Kaplan der *Argyll and Sutherland Highlanders* erinnert sich noch heute an die herzzerreißenden Szenen unter den Gefangenen und an seine eigenen Soldaten, die erklärten: *„Dafür haben wir nicht gekämpft."* Der Geistliche: *„Viele leiden noch heute unter schlaflosen Nächten."* Für ihn ist die zwangsweise Massenrepatriierung der Kosaken ein *„unauslöschbarer Schmutzfleck auf der britischen Ehre."*

Von geringeren Skrupeln befallen fühlt sich Toby Low, der Hauptakteur bei diesem Verbrechen. Wie viele Kriegsverbrecher wechselte er nach Kriegsende seinen Namen, freilich auf höchst vorteilhafte Weise: er wurde zum Baron geadelt und nennt sich heute Lord Aldington — vermutlich mit Fürsprache des späteren Ministerpräsidenten Harold MacMillan, der 1945 als Minister überraschend in Kärnten auftauchte und von dem offenbar auch alle Anordnungen ausgingen, die Toby Low dann erfüllte.

Toby Low, jetzt Lord Aldington, diente nach dem Kriege der konservativen Partei Englands zeitweise als stellvertretender Vorsitzender und war sehr darum bemüht, nicht über seine Vergangenheit zu sprechen: *„Ich habe alles vergessen."* Seit 1979 ist Lord Aldington einer der vermögendsten Bürger Englands und Mitglied vieler Aufsichtsräte, Senator des angesehenen *Winchester College,* einer der ältesten und respektiertesten Schulen Old Englands. 1981 erklärte er, er könne *„von dem ganzen Business nichts erinnern."*

Solcher Art Vergeßlichkeit versuchte der gleichfalls in England lebende Graf Nikolai Tolstoy abzuhelfen, als er 1984 in einem Vortrag vor den Boys des *Winchester College* ganz offen über die Rolle des Lord Aldington im Mai 1945 sprach. Eigentümlicherweise fehlten dann aber in der Schulzeitung *The Wykehamist,* die über diesen Vortrag artig berichtete, alle Hinweise auf den alten Herrn, der an der Spitze dieser Erziehungsanstalt steht.

Doch die Vergangenheit entläßt den Lord nicht mehr aus ihren Fängen, seitdem der Hauptverdächtige in dieser Affäre, Harold MacMillan, nicht mehr am Leben ist und nicht mehr verantwortlich gemacht werden konnte. Im Februar 1987 verbreitete der englische Bürger Nigel Watts, der zunächst nur „unsauberen Geschäftspraktiken“ des Lord Aldington auf der Spur war, zehntausende Flugblätter, das allen Eltern der Schüler von Winchester zuging. Darin forderte er den ehrenwerten Lord auf, endlich zurückzutreten, weil nur noch dies mit der *„nationalen Ehre und dem guten Namen der Schule vereinbar ist.“* Nigel Watts: *„Lord Aldington ist in Büchern und Artikeln, von der Presse und in der Öffentlichkeit schon mehrfach als Hauptkriegsverbrecher bezeichnet worden, dessen Verbrechen es verdienen, mit denen der schlimmsten Nazischlächter und Stalins verglichen zu werden.“*

Offenbar unter dem Druck des *Winchester College,* das es nicht länger dulden mochte, seinen Namen mit dem eines Kriegsverbrechers verbinden zu lassen, mußte Lord Aldington jetzt tun, was er bisher immer sorgfältig gemieden hatte: er mußte selbst an die Öffentlichkeit gehen, indem er Klage wegen Verleumdung gegen Nigel Watts einreichte.

Der Verklagte kann sich vor Freude kaum noch fassen: *„Das wird zum ersten Kriegsverbrecherprozeß auf englischem Boden.“*

Prof. G. I. A. Draper stellte sich schon zur Verfügung. Der Völkerrechtler, der nach 1945 deutsche Kriegsverbrecher verfolgte, möchte jetzt Lord Aldington als Verantwortlichen für die Kosaken- und Kroaten-Tragödie von 1945 auf der Anklagebank sehen.

Zu einem Schauprozeß wie gegen Iwan Demjanjuk in Jerusalem dürfte es freilich wohl niemals kommen. So bleiben die Opfer dieses Holocaust für immer ungesühnt. Dazu gehören auch einige wenige, die heute noch „unter uns leben“: beispielsweise „die Russen von Wiesloch“.

Die Verfolgten der Nachkriegszeit

In Wiesloch unweit von Heidelberg befindet sich eine psychiatrische Anstalt, in der heute noch etwa fünfzig „Russen“ leben. So werden sie von der Bevölkerung genannt, obgleich es sich meist um Ukrainer, Litauer, Letten und Esten neben wenigen Russen handelt. Die meisten von ihnen erkrankten unheilbar seelisch, als es 1945 darum ging, sie auch an die Sowjets auszuliefern; einige von ihnen mögen es damals aber auch als letzte Rettung angesehen haben, sich geisteskrank zu stellen: lieber ins Irrenhaus als in Stalins Schlachthaus. 1947 übergaben die Amerikaner rund 700 solcher Menschen an die internationale Flüchtlingsorganisation der Vereinten Nationen, die IRO; später ging die Anstalt in deutsche Hände über. Heute ist ihre Zahl auf etwa fünfzig geschrumpft. Sie wissen nicht, wohin, und niemand will sie haben. Frauen und Männer liegen getrennt, die Männer oft streng isoliert in geschlossenen Anstaltsabteilungen. Nur manchmal treffen sich alle, etwa zu einer Messe in ukrainischer Sprache. Auf dem Anstaltsfriedhof findet man schlichte weiße Kreuze auf den Gräbern jener, die noch zu Zeiten der IRO eingeliefert worden waren. Hier werden alle begraben, denn nach vierzig Jahren psychiatrischer Behandlung haben auch die Überlebenden keine Chance mehr, jemals in ein normales Leben zurückzukehren. Auch sie sind Opfer jenes gigantischen Holocaust, der noch nach 1945 an den Ukrainern im Westen begangen wurde, indem man sie an die Sowjets auslieferte.

Jene Ukrainer, die der Tragödie von Bleiburg entgingen, vor allem die Angehörigen der Armee General Schandruks, die durch Evakuierung vor dem direkten Zugriff der Sowjets zunächst gerettet wurden, sahen nur zwei Möglichkeiten, sich vor späterer Zwangsrepatriierung zu schützen: Sie begaben sich größtenteils unter den Schutz der amerikanischen Besatzungsmacht, die den Ruf genoß, sich nur zögernd an die menschenverachtende Abmachung von Jalta zu halten, und leugneten, jemals sowjetische Staatsbürger gewesen zu sein. Für die meisten Anhänger Schandruks stimmte dies auch, denn sie stammten aus dem polnischen Galizien. Iwan Demjanjuk aber war Ost-Ukrainer, Sowjetbürger — und damit nach dem Abkommen von Jalta zur zwangsweisen Repatriierung in die Sowjetunion verurteilt. Demjanjuk verschwieg damals gegenüber den amerikanischen Behörden, daß er jemals sowjetischer Soldat gewesen sei. Er gab an, zwischen 1934 und 1943 in Polen und dann, bis September 1944, in Pillau bei Danzig gelebt zu haben und eine „verschleppte Person" (Displaced Person, DP) zu sein. Vierzig Jahre später drehte man Demjanjuk aus diesen falschen Angaben den Strick.

Doch ähnlich erging es hunderttausenden Ukrainern. Die Zahl derjenigen, die damals durch Tricks und falsche Angaben versuchten, der zwangsweisen Repatriierung zu entgehen, und denen dieses auch gelang, wird auf 250 000 geschätzt. Die ersten, die von der Existenz dieser großen Menschengruppe erfuhren, waren amerikanische und kanadische Soldaten und Offiziere ukrainischer Herkunft, denen sich die Opfer noch am ehesten anvertrauten. Einer von ihnen, Bohdan Panchuk, begegnete solchen Landsleuten schon nach der Invasion der Alliierten in der Normandie. Er bat seine ukrainischen Freunde in Kanada, diese unglückseligen Mitbrüder doch in Schutz zu nehmen, damit sie „nicht wie Fußbälle" behandelt würden. Die gefangengenommenen Ukrainer, die im Krieg auf der Verliererseite gestanden hatten, benötigten nicht nur dringend Verpflegung und Bekleidung, sondern auch eine Vertretung und vor allem guten Rat, wie sie der Katastrophe der Auslieferung an die Sowjets entgehen könnten. Schon damals wurden ein privater ukrainisch-kanadischer Hilfsfonds und ein *Vereinigter Ukrainisch-Amerikanischer Hilfsfonds* (UUARC) gegründet, der im September 1945 seinen Hauptsitz nach London verlegte. So entstand CURB, ein „zentrales ukrainisches Hilfsbüro", das sich die Aufgabe setzte, alle Hilfsaktionen zu Gunsten der in Lebensgefahr befindlichen Ukrainer zu koordinieren, allen Ukrainern materielle und moralische Hilfe zu gewähren, ihnen bei der Wiedervereinigung ihrer getrennten Familien zu helfen und die Welt über das Schicksal dieser Menschen zu informieren.

Doch dieses Hilfsbüro stieß auf große Schwierigkeiten, denn die westlichen Regierungen waren bemüht, das Abkommen von Jalta möglichst genau zu erfüllen, und sahen in den Hilfsaktionen zu Gunsten der Ukrainer eine Störung ihrer freundschaftlichen Beziehungen zu Moskau und, was Ukrainer aus Polen anbelangte, auch zu Warschau. So warnte beispielsweise das kanadische Außenministerium vor den Aktivitäten dieser Komitees:

„Unter den gegenwärtigen politischen Umständen kann der Beschluß der kanadischen Regierung, einen ukrainischen Hilfsfonds zu autorisieren, von den Regierungen Polens und der Sowjetunion

leicht mißverstanden werden. Ein kanadisch-ukrainischer Hilfsfonds könnte zu einer Quelle erheblicher Verstimmung werden.“ Man sollte deshalb *„das ukrainisch-kanadische Komitee davon überzeugen, daß es besser wäre, davon Abstand zu nehmen.“*

Ins selbe Horn bliesen in Nordamerika auch einige Ukrainer. Bei ihnen handelte es sich um ältere Auswanderer, die an guten Beziehungen zu Moskau interessiert waren, oft nur, um sich die Möglichkeit eines Heimatbesuches nicht zu verbauen und um die in der Ukraine zurückgelassene Familie zu beschützen. Diese Ukrainer hatten schon während des Krieges den Kampf der Sowjetunion gegen die Achsenmächte unterstützt und waren jetzt völlig unter sowjetische Kontrolle geraten. Als man Grund zur Annahme hatte, daß die ukrainischen Hilfskomitees hunderttausende Landsleute retten wollten, indem man die Auswanderung nach Nordamerika ermöglichte, fürchteten die von Moskau kontrollierten Organisationen in den USA und in Kanada, daß die ukrainischen Überseekolonien völlig unter den Einfluß militant-antikommunistischer Neueinwanderer geraten könnten — nicht ohne Grund, denn die Hunderttausende von Ukrainern, die sich damals in den DP-Lagern sammelten, hatten den Kampfgeist nicht aufgegeben. Gerade die Gefahr, an die Sowjets ausgeliefert zu werden, verstärkte ihre ablehnende Haltung gegenüber der Sowjetunion. In fast allen DP-Lagern gab es schon bald nach Kriegsende neue Gruppen ukrainischer Nationalisten, keine ungewöhnliche Erscheinung unter Flüchtlingen, die jahrelang unter elenden Bedingungen in Barackenlagern zusammengepfercht werden: auch der Widerstand der Palästinenser gegen Israel und der Afghanis gegen die sowjetische Besetzung ihres Landes kommt aus solchen Lagern.

Auch die nordamerikanischen Regierungen waren nicht begeistert über die Aussicht, hunderttausende Menschen zu beherbergen, die kein anderes Ziel hatten als die Fortsetzung ihres Kampfes gegen die Sowjetunion.

CURB hatte erhebliche Überzeugungsarbeit zu leisten, ehe die nordamerikanischen Regierungen sich mit dem Gedanken anfreundeten, daß die Einwanderung dieser ukrainischen Flüchtlinge von Vorteil für die Immigrationsländer sein würde. Man wies darauf hin, daß alle diese Ukrainer die westliche Demokratie bejahten, weil sie bereits üble Erfahrungen mit dem kommunistischen System gemacht hatten, so daß die Gefahr einer kommunistischen Unterwanderung nicht bestand — ein Argument, das aber erst nach Ausbruch des Kalten Krieges zwischen den früheren Alliierten zu wirken begann. Man wies darauf hin, daß die Ukrainer auf Grund ihrer qualvollen Geschichte dem Ideal des Pioniergeistes sehr nahe kämen, denn sie seien es gewöhnt, physisch und moralisch alles zu überleben. Alle Ukrainer dürsteten nach Bildung, weil sie ein westliches Volk seien, während einige von ihnen sogar über ein beachtliches Bildungsniveau verfügten. Überdies sei für fast alle Ukrainer ihre tiefe Religiosität bezeichnend, ein Argument, das in Nordamerika immer wirkt. Die Ukrainer, so hieß es in dieser Werbung, seien systematische Menschen, die es gewohnt seien, sich organisieren, also integrieren zu lassen, und zeichneten sich durch ungewöhnlichen Fleiß aus, ein Argument, das sie dem westlichen Kapitalismus verwertbar machte. Schließlich versprach man, daß es unter den Ukrainern, die nach Nordamerika auswandern sollten, „keine Quislinge oder Kollaborateure der Deutschen“ gebe — was natürlich nur auf einen Teil der „Displaced Persons“ zutraf: Ukrainer wie Demjanjuk, die im Krieg auf deutscher Seite gestanden hatten, wurden ausgeschlossen und mußten ihren Weg alleine suchen.

Iwan in der neuen Welt

Iwan Demjanjuk wurde in ein DP-Lager bei Landshut eingewiesen. Im DP-Lager Regensburg wurde er von den amerikanischen Besatzungstruppen als LKW-Fahrer eingesetzt. Er zeichnete sich durch Pünktlichkeit und Fleiß aus, wurde belobigt und heiratete am 1. September 1947 eine ukrainische Landsmännin, mit der er eine Tochter zeugte — und schließlich die Auswanderung in die Vereinigten Staaten beantragte.

1952 begann für Iwan Demjanjuk endlich das Leben. Er siedelte sich in Cleveland im US-Staat Ohio an und bezog dort 1956 sein erstes eigenes Haus. 1958 erhielt die inzwischen um zwei weitere Kinder gewachsene Familie Demjanjuk die amerikanische Staatsbürgerschaft. Demjanjuk wurde zu einem zufriedenen und angesehenen Bürger der Vereinigten Staaten. Er ging regelmäßig seiner Arbeit bei den „Ford-Werken“ nach und konnte sich schon bald ein schöneres Haus leisten.

Sein Wohnzimmer schmückte ein Bild von Taras Schestschenko, dem ukrainischen Dichter und Nationalhelden. Demjanjuk hatte als amerikanischer Staatsbürger keinen Grund mehr, seine ukrainische Herkunft zu leugnen. Er besuchte fleißig die ukrainische Kirche, half vor Feiern in der Gemeindeküche und kümmerte sich an Feierabenden um seinen kleinen Garten. Als er dort ein Nest mit verlassenen jungen Hasen fand, säugte er die Tierjungen, bis er sie der Freiheit anvertrauen konnte. Iwan Demjanjuk, darin waren sich alle Nachbarn und Freunde einig, war ein richtiger Ukrainer, nur mit etwas amerikanischem Lack versehen: Gutmütig bis zur heiligen Einfältigkeit. Diese Feststellung machten viel später auch seine Vernehmer in Israel: Obgleich Demjanjuk der schwersten Verbrechen bezichtigt wurde, fand er nie ein heftiges Wort für seine Ankläger und Vernehmer. Als ein Zeuge während der Hauptverhandlung in seine Augen zu blicken begehrte, um Demjanjuk besser identifizieren zu können, bot ihm Demjanjuk freundschaftlich die Hand — was beim jüdischen Zeugen eine Explosion des Hasses und beim Publikum Entsetzen auslöste: der Massenmörder wagt es, sein Opfer wie einen guten Nachbarn zu begrüßen. Doch anders war Demjanjuk nie gewesen. Er war ein Mann, der von seinem Anwalt dazu aufgefordert werden mußte, aktiver an der Verhandlung teilzunehmen, sich gegenüber den Zeugen, die ihn belasteten, aggressiver zu verhalten. Doch als Demjanjuk nur einmal einen Zeugen einen „Lügner“ nannte, brach schon ein neues Strafgericht über ihn herein: der Mann, dem man seine duldende Haltung als Kaltblütigkeit ausgelegt hatte, wurde wegen dieser Äußerung der Unverschämtheit geziehen.

Demjanjuk hätte sein Leben, das endlich so genannt werden konnte, ruhig zu Ende bringen können, wenn er sich 1945 entschlossen hätte, seinen Namen abzulegen, denn damals gab es niemanden, der seine Identität überprüft hätte — und gefälschte Dokumente wurden, vor allem in DP-Lagern, überall auf den schwarzen Markt geworfen. Nur: Demjanjuk sah keinen Grund. Er hätte unter anderem Namen in die USA einwandern können. Doch dort verleugnete er niemals seine Identität und auch nicht seine ukrainische Herkunft, sein eigenes Volk. Das aber war der eigentliche Grund dafür, daß er viele Jahre später zum Satan in Person ernannt werden konnte. Demjanjuk bekannte sich gerne zur ukrainischen Gemeinde in Cleveland, und erst dies zog die Aufmerksamkeit auf ihn. Denn die ukrainische Einwanderergruppe in den Vereinigten Staaten ist gespalten. Neben den eingeschworenen Gegnern des Stalinismus und der Sowjetunion existiert eine Gruppe von Ukrainern, die aus ihrer moskaufreundlichen Gesinnung kein Hehl macht. In New York gibt sie eine Zeitung unter dem Titel *Ukrainian News* heraus. Zu den Mitarbeitern dieser Zeitschrift gehört ein gewisser Michael Hanusiak, der aus seinen engen Beziehungen zu sowjetischen Dienststellen in Moskau kein Geheimnis macht. Er sieht seine wichtigste Aufgabe darin, jene ukrainischen Landsleute, die sich in den Vereinigten Staaten als engagierte Antikommunisten betätigen, in den Augen der amerikanischen Öffentlichkeit systematisch zu denunzieren: als „Faschisten", mit denen das demokratische Amerika keine gemeinsame Sache machen dürfe. Der politische Zweck dieser Aktion ist offenkundig: Amerikanische Präsidenten, die sich bis heute zu den „unterdrückten Völkern Osteuropas" bekennen — wohl auch mit Rücksicht auf das beträchtliche Wählerpotential der starken Einwanderergruppen aus Osteuropa und den baltischen Ländern, sollen aus Furcht, mit „Faschisten" identifiziert zu werden, ihre meist ohnehin nur verbale Unterstützung der Freiheitsforderungen dieser Völker aufgeben.

Hanusiak fühlt sich ganz wie ein ukrainischer Wiesenthal. Immer wieder reist er nach Moskau, um beladen mit „Beweismaterial" gegen seine eigenen ukrainischen Landsleute in die USA zurückzukehren. Aus dem Strafverfahren gegen Iwan Demjanjuk, das sich viel später aus diesen Aktivitäten Hanusiaks ergab, weiß man, in wessen Händen sich solches „Beweismaterial" in Moskau befindet: der Hüter — und Hersteller — solcher Dokumente ist der sowjetische KGB.

Auf Grund sowjetischen KGB-Materials wollte Hanusiak nicht weniger als siebzig „Verdächtige" allein in der relativ kleinen ukrainischen Gemeinde in Cleveland/Ohio, dem Wohnsitz John Demjanjuks, ermittelt haben. Wäre es ihm geglückt, seinen „Beweisen" auch Überzeugungskraft zu verleihen, hätten sich alle 70 Ukrainer in derselben Lage befunden wie John Demjanjuk, und es wären sämtliche Aktivitäten der ukrainischen Gemeinschaft im US-Staate Ohio jäh gestoppt worden. Doch die meisten Anklagen Hanusiaks erwiesen sich auf den ersten Blick als an den Haaren herbeigezogen, ausgedacht lediglich zum Zweck, die Verfolgung des ukrainischen Nationalismus auch in die Vereinigten Staaten hineinzutragen.

Der KGB produziert einen toten Zeugen

Allerdings wollte Hanusiak in jenen Akten, die man ihm in Moskau gezeigt hatte, auch die Aussage eines gewissen H. Daniltschenko gefunden haben, der in den fünfziger Jahren in der Sowjetunion strafrechtlich verfolgt worden war, weil er Wachmann im deutschen Konzentrationslager von Sobibor gewesen sei. Dieser Aussage zufolge, die Hanusiak in einem „Archiv in Kiew" gefunden haben will, soll auch Iwan Demjanjuk, der im Sommer 1942 in deutsche Kriegsgefangenschaft geraten war, schon im März 1943 im Todeslager von Sobibor gesehen worden sein.

In Daniltschenkos Aussage wird diese Rolle Demjanjuks wie folgt dargestellt:

„Ich habe Iwan Demjanjuk im März 1943 im Todeslager von Sobibor (Polen) zum erstenmal gesehen und kennengelernt, wo er SS-Wächter war. Demjanjuk nahm als SS-Wächter an der Massenvernichtung in Sobibor teil, bewachte die Juden, damit sie nicht fliehen konnten, und begleitete sie auch in die Gaskammern. Im Frühjahr wurden Iwan Demjanjuk und ich nach Flossenbürg und dann nach Regensburg geschickt, wo er wieder Wächter über sowjetische Gefangene und Leute aus den Reihen anderer Nationen war und sie an jene Plätze begleitete, an denen sie Zwangsarbeit verrichten mußten." (062)

Derart auf Iwan Demjanjuk, der sich inzwischen, gut amerikanisch, John Demjanjuk nannte, aufmerksam geworden, begann sich 1975 auch die amerikanische Behörde für Einwanderungs- und Staatsbürgerfragen für den US-Staatsbürger John

Demjanjuk zu interessieren. 1976 wurde er zu einer ersten Vernehmung vorgeladen. Demjanjuk stritt ab, jemals in irgendeinem deutschen Konzentrationslager gewesen zu sein. Doch 1977 erfuhr er von einem amerikanischen Zeitungsberichterstatter, daß inzwischen auch das US-Justizministerium gegen ihn ermittle.

Damals, Mitte der siebziger Jahre, wurde in der Redaktion des in Cleveland/Ohio erscheinenden *Plain Dealer*, der meistverbreiteten Zeitung am Wohnsitz Demjanjuks, ein neuer Name für ihn gefunden. Aus Iwan oder John Demjanjuk wurde „Iwan der Schreckliche" — noch ehe Demjanjuk selbst wußte, daß er ernsthaft in Verdacht stand, KZ-Wächter im von Deutschland besetzten Polen gewesen zu sein. Heute sind Iwan Demjanjuk und „Iwan der Schreckliche" praktisch dasselbe: Alle Zeugen „erinnern" sich, ihm unter diesem Schreckensnamen bereits im KZ begegnet zu sein. Doch die Wahrheit sieht anders aus. In mehreren jahrelangen Verfahren versuchten deutsche Gerichte zu klären, was in den Jahren 1942/43 in deutschen Konzentrationslagern auf polnischem Boden vorgefallen war. Teilweise traten als Zeugen der Anklage dieselben jüdischen Zeugen auf, die jetzt im Jerusalemer Strafprozeß gegen Iwan Demjanjuk erklärten, er sei „Iwan der Schreckliche" gewesen. Doch in keiner ihrer früheren Aussagen ist dieser schreckliche Name überhaupt zu finden: es gab in keinem deutschen Konzentrationslager überhaupt jemanden, der diesen furchterregenden Spitznamen getragen hätte. Es gab einen Deutschen, Christian Wirth, den sogar die eigenen Kameraden „Christian den Schrecklichen" nannten, aber niemals einen „Iwan den Schrecklichen."

John Demjanjuk wurde Opfer eines Rückkoppelungsprozesses: Nachdem er Mitte der siebziger Jahre zum erstenmal „Iwan der Schreckliche" genannt wurde, sind heute sogar die Zeugen davon überzeugt, daß es diesen „Iwan den Schrecklichen" schon im Konzentrationslager gegeben habe und daß dieser mit Iwan Demjanjuk identisch sei. Nur kam ihnen diese Erinnerung erst spät, als Demjanjuk nämlich von einem Großteil der amerikanischen Presse bereits als „Iwan der Schreckliche" vorverurteilt worden war.

Im Mai 1976 wandte sich die amerikanische Einwanderungsbehörde an den *Jüdischen Weltkongreß* mit der Bitte, nach möglichen Zeugen aus dem Konzentrationslager von Sobibor zu fahnden — die es aber nicht gab. Der einzige Zeuge, der die Anwesenheit John Demjanjuks im KZ Sobibor hätte bezeugen können, stand nicht zur Verfügung — wenn es ihn überhaupt jemals gegeben hat. Denn H. Daniltschenko, der nach Auskünften „eines Kiewer Archives" bereits in den fünfziger Jahren im Verlauf eines Strafverfahrens gegen sich selbst Demjanjuk belastet haben soll, war nicht mehr vorhanden. Möglicherweise hat man ihn damals zum Tode verurteilt und hingerichtet, wenn es ihn, wie gesagt, überhaupt gegeben hat.

Auf der Suche nach wirklichen Zeugen reiste eine Gruppe mit einer Liste aller Personen, die Hanusiak im Auftrag des KGB „verdächtigte", nach Israel. Und plötzlich erklärten sieben neue Zeugen, der auf einem Foto abgebildete John Demjanjuk sei identisch mit einem KZ-Wächter, dem sie in Treblinka begegnet seien: Demjanjuk sei „Iwan der Schreckliche."

Diese Aussage hatte freilich einen Nachteil. Sie entwertete völlig jene belastende Aussage, von der man zunächst ausgegangen war und ohne die das Verfahren gegen Demjanjuk überhaupt nicht eingeleitet worden wäre. Denn während der „Zeuge" Daniltschenko ausgesagt haben soll, Demjanjuk *„im März 1943 im Todeslager von Sobibor"* gesehen zu haben, um dann gemeinsam mit ihm *„im Frühjahr"* nach Flossenbürg und dann nach Regensburg abkommandiert worden zu sein, hatten ihn die neuen „Zeugen" ganz woanders gesehen, weder im Konzentrationslager von Sobibor noch später im Deutschen Reich, sondern im Konzentrationslager von Treblinka.

Dieser Widerspruch bewies, daß entweder der Zeuge Daniltschenko oder alle sieben Zeugen, die sich jetzt plötzlich meldeten, die Unwahrheit sagten, denn natürlich kann Demjanjuk unmöglich gleichzeitig im besetzten Polen und in Süddeutschland gewesen sein. Bei näherer Prüfung der angeblichen Aussage Daniltschenkos ergeben sich weitere Widersprüche, die zumindest diesen Zeugen als Lügner entlarven — wenn sich nicht jene geirrt haben, die diese angebliche Zeugenaussage nachfabrizierten. Denn in der Aussage Daniltschenkos hieß es unter anderem auch: Demjanjuk trug im KZ Sobibor *„eine SS-Uniform und war entsprechend bewaffnet."* Aber ein sowjetischer Kriegsgefangener, der damals als Wächter in einem deutschen Konzentrationslager eingesetzt wurde, trug niemals *„eine SS-Uniform"* und war auch nicht *„entsprechend bewaffnet"*. Solche fremdländischen Wachmänner, die es gab, unterstanden zwar der Disziplinargewalt der SS, aber sie trugen ganz andere Uniformen, deren Teile aus Beuteuniformen bestanden, und an diesen Uniformen auch keine SS-Rangabzeichen.

Auf Grund dieser offenkundigen Unwahrheiten in der Aussage Daniltschenkos begann die amerikanische Presse zwar damit, diese Zeugenaussage als „mysteriös" zu bezeichnen, zumal es der US-Justiz nie gelungen ist, die Existenz dieses angeblichen Zeugen und die Echtheit seiner Aussage festzustellen. Zwar stellten die Sowjets im Verlauf des späteren Verfahrens gegen Iwan Demjanjuk ganze Aktenbündel zur Verfügung, aber weder findet man darin Hinweise auf Daniltschenko noch überhaupt auf das Konzentrationslager von Treblinka. Obendrein kommt Demjanjuk in diesem zusätzlichen sowjetischen „Beweismaterial", auf das sich die Anklage in Israel stützt, gar nicht vor.

Festzustellen bleibt, daß das Verfahren gegen Demjanjuk von einer Zeugenaussage ausgeht, die niemand mehr ernst nimmt, nicht einmal die Anklage: denn diese will mit Hilfe der neuen Zeugen beweisen, daß Demjanjuk im Konzentrationslager von Treblinka tätig war. Die ursprüngliche Darstellung, Demjanjuk sei gar nicht in Treblinka, sondern zuerst in Sobibor und dann im deutschen Reichsgebiet eingesetzt gewesen, wird dabei freilich als äußerst störend empfunden, weil sie die Glaubwürdigkeit auch der neuen Zeugenaussagen erschüttert.

Der KGB produziert einen „Beweis"

Doch das Dilemma wuchs noch weiter. Die von Moskau gelenkten *Ukrainian News* hatten im Faksimile auch ein angebliches Dokument veröffentlicht, das geradezu den Beweis dafür anbietet, daß Demjanjuk nicht in Treblinka war. Wie man diesem „Dokument" entnehmen sollte, war Demjanjuk zuerst im

Lager von Trawniki ausgebildet und dann, nach einem Einsatz auf einem Landgut, nach Sobibor geschickt worden. Von Treblinka ist in diesem angeblichen Dokument gleichfalls keine Rede, und, was für die Anklage gegen Demjanjuk noch schlimmer ist: folgt man diesem Dokument, konnte Demjanjuk niemals in Treblinka gewesen sein.

Dennoch ist dieses angebliche Dokument das einzige materielle Beweisstück gegen Iwan Demjanjuk geblieben. Es erlebte ein eigenartiges Schicksal. Denn als sich die US-Behörden von den Sowjets das Original dieses angeblichen Dokuments erbaten, weigerten sich die Sowjets. Die sowjetischen Behörden erklärten sich schließlich zwar bereit, dieses Dokument wenigstens vorzuzeigen — aber sie waren nicht bereit, das angebliche Original zur Verfügung zu stellen. So konnten die amerikanischen Behörden nur ein Foto von diesem angeblichen Dokument machen, weil der Sowjetvertreter, der sich in das Auslieferungsverfahren gegen Demjanjuk offiziell einschaltete, das Original gleich wieder mitnahm. Dieses Verhalten ist schwer erklärlich, denn wenn es sich um ein echtes Dokument handelt, gab es überhaupt keinen Grund, dieses wichtige Beweisstück nach flüchtiger Besichtigung durch die amerikanischen Behörden und den Verteidiger Demjanjuks wieder nach Moskau zu transportieren. Der Verteidiger Demjanjuks war damals ein schwarzer Anwalt aus Cleveland, Mr. Martin, der kaum wußte, wo die Ukraine und das polnische Treblinka liegen. Er hatte noch nie in seinem Leben ein Nazidokument gesehen. Zur Prüfung dieses angeblichen Dokuments ließ man ihm keine Zeit, denn der Vertreter Moskaus hatte es schon wieder an sich genommen. So konnte der Verteidiger Demjanjuks nur feststellen, daß sich auf diesem Dokument einige Stempel mit dem Hakenkreuz befanden: der „Beweis“ dafür, daß es sich bei diesem Dokument um einen „Dienstausweis“ handele, den Demjanjuk im Ausbildungslager Trawniki erhalten haben soll.

Selbst die Fotos und Fotokopien, die man in aller Eile von dem sowjetischen „Beweisstück“ angefertigt hatte, erlebten Eigenartiges. Denn um das Dokument als Beweis gegen Demjanjuk in der Öffentlichkeit präsentieren zu können, nahmen die amerikanischen Behörden an den Fotos Veränderungen vor. Fast ein Achtel des Dokuments wurde abgedeckt, mit gutem Grund. Denn hier konnte man einer nachträglichen sowjetischen Eintragung entnehmen, woher dieses Beweisstück in Wirklichkeit stammte: vom sowjetischen KGB, zu dessen Aufgaben es bekanntermaßen gehört, ukrainische Nationalisten zu bekämpfen und „unschädlich" zu machen.

Die amerikanischen Verfolgungsbehörden, die die Auslieferung Demjanjuks an Israel betrieben, operierten gegenüber der Öffentlichkeit also jahrelang mit der Fotokopie eines angeblichen Originaldokuments, dessen wirkliche Quelle man durch Veränderung der Kopie zu verhüllen suchte. Denn daß der sowjetische KGB, wie im übrigen alle Geheimdienste der Welt, ganze Fälscherwerkstätten unterhält, ist wohl bekannt.

Die amerikanische Öffentlichkeit war jahrzehntelang davon unterrichtet worden: Es war den amerikanischen Abwehrbehörden in vielen Fällen gelungen, sowjetische Agenten zu enttarnen, die mit einer falschen „Legende", also auch gefälschten Dokumenten, ausgestattet worden waren, die aus den Fälscherwerkstätten des KGB stammten. Der sowjetische Geheimdienst fälschte sogar handgeschriebene Briefe und setzte diese ein, auch in der Bundesrepublik Deutschland: als es beispielsweise darum ging, den in Westdeutschland lebenden ehemaligen Sowjetsoldaten Nikolai Solonar für die Sowjetspionage anzuwerben. Solonar wurde von einer Dame Olga Larissa Robine aufgesucht, die russischer Abstammung war, aber in der DDR lebte. Bei diesen Besuchen wurden „Briefe von Familienangehörigen" aus der Sowjetunion vorgezeigt, die ihn dazu verlocken sollten, mit dem sowjetischen Geheimdienst in Kontakt zu treten. Ähnliche „Familienbriefe" aus der Sowjetunion, die in Wirklichkeit vom sowjetischen Geheimdienst angefertigt — oder erpreßt — worden waren, erhielt auch ein anderer russischer Emigrant, der in der Bundesrpublik Deutschland lebte und von einer sowjetischen Agentin namens Nina Siem angesprochen wurde. Der Name dieses Emigranten wurde damals von den deutschen Behörden geheimgehalten, denn Nikolai Solonar fiel unmittelbar nach dem gescheiterten Versuch, ihn für den sowjetischen Geheimdienst anzuwerben, einem mysteriösen Verkehrsunfall zum Opfer.

Aufgabe eines Nachrichtendienstes ist es nicht nur, geheime Dokumente zu erlangen, sondern auch, angebliche Dokumente dem Gegner als Kuckuckseier ins Nest zu legen, um diesen zu desinformieren. Der tschechoslowakische und der jugoslawische Geheimdienst überschwemmen bis heute die Emigrantenkolonien im Westen mit tausenden gefälschten Briefen und Dokumenten, um Zwietracht in ihren Reihen zu stiften. Jedem Mord an einem Emigranten aus Jugoslawien ging bisher eine systematische Desinformationskampagne des Belgrader Geheimdienstes voraus, um den Verdacht von sich ab- und auf Emigranten hinzulenken. Sogar komplette Exilzeitungen werden vom jugoslawischen Geheimdienst in tausenden Exemplaren nachgedruckt und von den Beziehern oft nicht als Fälschungen erkannt, obgleich ihr Inhalt nur das Ziel hat, den Gegner zu verwirren und in interne Kämpfe zu verwickeln.

Diese Desinformationstätigkeit östlicher Geheimdienste ist so bekannt und umfangreich, daß sich das Bonner Bundesministerium des Innern vor geraumer Zeit genötigt sah, sogar öffentlich darauf hinzuweisen. In dieser Information heißt es, zu den *„aktiven Maßnahmen des KGB“* gehöre unter anderem die *„Bloßstellung und Diffamierung politischer Gruppen oder von Einzelpersonen gegenüber der Weltöffentlichkeit“*, die *„Diffamierung und Zersetzung mit dem Ziel der Zerstörung von politischen Gruppen oder der Reputation von Personen“* (063), also vor allem die fälschliche Identifizierung des politischen Gegners mit faschistischem Gedankengut oder, wie im Fall Demjanjuk, mit schwersten Verbrechen gegen die Menschlichkeit. Das Bonner Innenministerium kann sich dabei auch auf Aussagen von *„Überläufern aus dem Bereich des sowjetischen Nachrichtendienstes KGB“* berufen, die *„bisher alle auf die politische Steuerung der Desinformazija-Aktivitäten durch die KPdSU hingewiesen haben.“*

Beeinflussung des Gegners

In dieser Darstellung des Innenministeriums heißt es zur *„Desinformation“*, sie bedeute
„das Zuspielen falscher, unvollständiger, entstellter, veralteter oder überholter Informationen durch die gegnerischen Nachrichtendienste in der Absicht, den oder die Empfänger zu einem von

der politischen Führung der kommunistischen Staaten gewünschtem Verhalten zu veranlassen und dadurch in erster Linie die politischen, militärischen und wirtschaftlichen, aber auch die wissenschaftlichen, technischen oder nachrichtendienstlichen Verhältnisse zu beeinflussen."

Zum Thema *„aktive Maßnahmen"* heißt es dort:

„Die Bedeutung, die östliche Nachrichtendienste den »aktiven Maßnahmen« beimessen, hat historische Ursachen. Getreu der bereits 1902 von Lenin getroffenen Feststellung, „die politischen Enthüllungen sind darum an und für sich schon eines der wirksamsten Mittel zur Zersetzung der feindlichen Reihen, ein Mittel, dem Feinde seine zufälligen oder zeitweiligen Verbündeten abtrünnig zu machen, ein Mittel, zwischen den ständigen Trägern der absolutistischen Macht Feindschaft und Mißtrauen zu säen", versuchen die gegnerischen Nachrichtendienste, durch eine Vielzahl von Desinformationsoperationen Organisationen und Personen, die ihren außenpolitischen Absichten im Wege stehen, zu diffamieren und zu diskreditieren. Grundlage für diese Operationen bilden die von den gegnerischen Diensten mit nachrichtendienstlichen Mitteln und Methoden verbreiteten, in der Regel total gefälschten oder konstruierten Informationen."

Zur Frage, wie Medien als Desinformations-Vermittler eingesetzt werden können, heißt es in dieser Veröffentlichung, daß zu diesem Zweck die Desinformationsapparate gern auch öffentliche Medien mit dem Ziel einschalten, daß

„– *Herkunft und Wahrheitsgehalt der Informationen nicht erkannt oder*
– *ihr teilweise eindeutiger nachrichtendienstlicher Hintergrund verschwiegen oder nicht für erheblich gehalten wird und*
– *sie daher als echt und zutreffend angesehen und für die Berichterstattung des ausgewählten Mediums verwandt werden."*

In der Regel seien die Informationen *„total gefälscht"*.

„Die vermutlich bisher am häufigsten verwandte Methode stellt das anonyme Zuspielen von Informationen in Form von abgelichteten Schriftstücken und Fotonegativen dar. In der Regel bildeten gefälschte Dokumente, Fotomontagen, Publikationsorgane,

teilweise angereichert mit wahren Sachverhalten, die Grundlagen für Verleumdungs- und Diffamierungskampagnen. Zur Herstellung von Fälschungen verfügen die gegnerischen Dienste in ihren Archiven über umfangreiche Sammlungen legal und illegal beschaffter amtlicher und privater Originalunterlagen, Unterschriften und Lichtbilder führender Persönlichkeiten und andere Hilfsmittel."

Das aus der Sowjetunion zugestellte „Dokument", aus dem hervorgehen soll, daß Demjanjuk zunächst im deutschen Ausbildungslager Trawniki und dann im Konzentrationslager von Sobibor gewesen sein soll, gelangte exakt auf die beschriebene Weise auf den westlichen Markt: Es stammte direkt vom KGB, wurde zunächst den Medien zur Verfügung gestellt und dann, freilich „nur zur Einsicht", auch den amerikanischen Behörden übergeben. Politisches Ziel dieser „aktiven Maßnahme" war sicher nicht der kleine John Demjanjuk, sondern die ukrainische Emigration und damit der blühende ukrainische Nationalismus, nicht nur in Übersee, sondern auch in der UdSSR selbst. Denn die Nachricht, daß auch die USA gegen ukrainische Emigranten und Nationalisten vorgehen und diese sogar dem Henker ausliefern, muß auf den Nationalismus in der ukrainischen Bevölkerung, vor allem unter den ukrainischen Intellektuellen, demoralisierende Wirkung ausüben:

Parallel zur Kampagne gegen Iwan Demjanjuk erschienen bezeichnenderweise in der sowjetischen Propaganda auch andere „Beweise", aus denen hervorgehen soll, daß der ukrainische Nationalismus nichts anderes ist als eine Ausgeburt des verbrecherischen Faschismus: ein nicht ungeschickter Versuch, den Separatismus und Nationalismus aller im Ostblock und in der Sowjetunion lebenden Völker zu diskreditieren und den großrussischen Imperialismus sogar als Wohltat erscheinen zu lassen.

Beweisstücke auf Umwegen

Möglicherweise hat man in Moskau nicht einmal davon geträumt, daß das Demjanjuk belastende „Dokument" von den amerikanischen Justizbehörden wirklich ernst genommen wird. Denn sonst hätte man sich bei der Herstellung dieses „Beweisstückes" sicher größere Mühe gegeben: es waren nämlich offenbar die vielen Fehler, die dieses „Dokument" enthält, die die Sowjets solange zögern ließen, auch das „Original" zur Verfügung zu stellen. Erst nach jahrelanger Korrespondenz zwischen Moskau und Washington erklärte sich Moskau endlich bereit, auch das „Original" herauszugeben — allerdings auf recht eigenartige Weise und nicht an die Vereinigten Staaten. Zuvor war, gleichfalls nach jahrelangen Verhandlungen, Demjanjuk Anfang 1986 an Israel ausgeliefert worden — also nicht an die Sowjetunion, die überhaupt kein Auslieferungsgesuch gestellt hatte. Im Mai 1986 besaß die israelische Staatsanwaltschaft immer noch nur die Fotokopie des einzigen schriftlichen „Beweisstückes" gegen Demjanjuk. Daher wandte sich das israelische Justizministerium erneut, und zwar ausgerechnet am 9. Mai 1986, in einem Brief an die Regierung der Sowjetunion, diesmal mit der „dringenden" Bitte, endlich auch das „Original" zur Verfügung zu stellen: Demjanjuk sei ein Verbrecher gegen die *„ganze Menschheit"* gewesen, weshalb Israel auf die *„Kooperation"* auch der Sowjetunion hoffe und weitere Beweise erbitte. Am 30. Mai 1986 schrieb Allan Ryan, ehemaliger Leiter des amerikanischen *Office of Special Investigations* (OSI) im amerikanischen Justizministerium, einen *„persönlichen Brief"* an den *„Lieben Herrn Rekunkov"* — wobei es sich um den sowjetischen Generalstaatsanwalt handelt. (108). Ryan, der die Jagd auf „Nazi-Kriegsverbrecher" in den Vereinigten Staaten eröffnete und in den ersten Jahren organisierte, hatte den obersten sowjetischen Ankläger schon im Februar 1980 in Moskau getroffen und, *„im Namen der Regierung der Vereinigten Staaten"*, sowjetische Hilfe bei der Fahndung nach *„Hitler-Kriminellen"* erbeten, *„die in den Vereinigten Staaten leben"*. 1983 hatte Ryan darüber ein Buch, *Die Verfolgung von Nazi-Kriegsverbrechern in Amerika*, veröffentlicht und ein Exemplar mit Dank für die Hilfe aus Moskau an seine sowjetischen „Freunde" geschickt — unter ihnen den berüchtigten sowjetischen Ex-Generalstaatsanwalt Rudenko. In seinem Brief an Rekunkov erinnerte Ryan jetzt an den „Geist der Diskussionen von 1980": Die Sowjetunion möge endlich das Originaldokument und weitere Beweise zur Verfügung stellen, denn ein Freispruch Demjanjuks, und sei es auch nur wegen Mangels an Beweisen, werde die weitere Jagd auf *„faschistische Kriminelle“* in den Vereinigten Staaten abrupt beenden, so daß dann auch keine *„Verbrecher“* mehr in die Sowjetunion abgeschoben werden könnten. In diesem Brief deutete Allan Ryan an, daß eine Freilassung Demjanjuks wegen Mangels an Beweisen auch die von der Sowjetunion beantragte Auslieferung des estnischen „Kriminellen“ Linnas in die Sowjetunion in Frage stellen werde. Eine Verurteilung Demjanjuks müsse erfolgen, meinte Ryan in seinem flehentlichen Brief an die Moskauer Adresse. Auf den folgenden Seiten ist die Kopie dieses Briefes von Ryan an Aleksander Rekunkov in Moskau wiedergegeben.

Zwar wurde Allan Ryan am 26. Juni 1986 von der sowjetischen Botschaft in Washington unterrichtet, daß der sowjetische Generalstaatsanwalt, der *„ehrenwerte Aleksander Rekunkov“*, den Bittbrief Ryans inzwischen erhalten habe, aber der erwünschte Erfolg blieb auch diesmal aus. Im August 1986 nahm sich kein geringerer als der israelische Premierminister Schimon Peres persönlich der leidigen Angelegenheit an. Er schrieb einen persönlichen Brief, diesmal an *„Meinen lieben Armand“*. Hierbei handelt es sich um Dr. Armand Hammer, den Präsidenten der amerikanischen Erdölfirma *Occidental Petroleum Corporation* in Los Angeles. Hammer gehörte zu den ersten amerikanischen Kapitalisten, die die Sowjetunion schon zur Zeit Lenins unterstützten. Er war der persönliche Freund Stalins und fädelt bis heute Geschäfte ein, an denen er und die Sowjets verdienen. Als Vertrauensmann des Kreml schien Armand Hammer die geeignetere Person zu sein, den Sowjets endlich jenes Beweismaterial zu entlocken, auf dessen fraglicher Existenz die Anklage gegen Demjanjuk beruhte.

Da Armand Hammer unmittelbar vor einer neuen Reise nach Moskau stand, hatte sich Ministerpräsident Peres zunächst privat mit dem Handelsmann unterhalten. In seinem Brief vom August 1986 bat der israelische Regierungschef jetzt Armand Hammer, sich in Moskau dafür einzusetzen, daß die Sowjetunion endlich nicht nur das Original des umstrittenen Dokuments, sondern auch *„andere wichtige Dokumente“* übersende, *„die für diesen Fall von Bedeutung sind: Diese Dokumente können die Position des Anklägers in diesem sehr wichti-*

ALLAN A. RYAN, JR.
1350 MASSACHUSETTS AVENUE • CAMBRIDGE, MASSACHUSETTS 02138

May 30, 1986

The Honorable Aleksandr Rekunkov
Procurator General of the U.S.S.R.
Moscow

Dear Mr. Rekunkov:

You will recall that in February of 1980 I met with you and with then-Procurator General of the U.S.S.R. Rudenko to request, on behalf of the United States Government, the assistance of the Soviet Union in the search for Hitlerite criminals living in the United States. Through your help, the Soviet Union provided great assistance and as a result the Office of Special Investigations of the Justice Department was able to proceed successfully against a number of former Soviet citizens who had managed to escape to the United States after the war.

I left the Department of Justice in 1983 and I wrote a book entitled Quiet Neighbors: Prosecuting Nazi War Criminals in America, of which perhaps you have been informed. I described the unselfish cooperation of the Soviet side and you personally in our efforts. It has always been a source of great satisfaction to me that, whatever differences may have existed between our governments during those years, the Department of Justice and the Procuracy worked closely and on friendly terms against the criminals of fascism.

One of our most important cases was that against Ivan (John) Demjanjuk, born in the Ukrainian S.S.R., the man who operated the gas chamber at the death camp Treblinka. A crucial piece of evidence in that case was the identification card from the training camp Trawniki, which was held in Soviet archives. Although the Soviet Union had provided an official copy of that card to us prior to the trial, we requested that the original document be made available temporarily in order to refute the false claim of Demjanjuk that he was innocent and that the identification card was a forgery.

Due to the cooperation of the Soviet authorities, the original card was forwarded to the Embassy of the Soviet Union in Washington, where it was

Dok. 3: Dieser Brief an den Generalstaatsanwalt der UdSSR zeigt, daß weder die USA noch Israel das „Hauptbeweisstück", den „Dienstausweis", hatten, als Demjanjuk an Israel ausgeliefert wurde.

examined by the prosecution and defense lawyers. Mr. Vadim Kuznetsov of the Embassy brought the document to the trial in Cleveland, where it was examined by the judge. As a result of this evidence, the judge ruled that Demjanjuk was a fascist criminal and he ordered that Demjanjuk's naturalized citizenship be revoked. That verdict was upheld by the Supreme Court of the United States. I have no doubt that the original identification card from the Archives of the U.S.S.R. was the most important document against Demjanjuk and that the judge's inspection of it led directly to the successful verdict.

In 1986, after further proceedings, Demjanjuk was extradited pursuant to the formal request of Israel and he is now imprisoned and awaiting trial. As we are both prosecutors, I am sure you will recognize that the case against Demjanjuk would be strengthened if the original Soviet document could be made available to the judge in that case. I personally and respectfully request that you exercise your authority to make available to the Israeli court the original Trawniki identification card that was made available to the courts of the U.S.

I make this request in the spirit invoked by General Rudenko in our 1980 discussions, when he vouched that those who fought against fascism are allies still in that fight. While Demjanjuk was not victorious in the United States case, he now has a second chance in Israel. If he should succeed there, it will be a defeat for anti-fascist allies everywhere.

I fear that an acquittal of Demjanjuk could arouse public sentiment in the United States to discontinue the trials against fascist criminals there and could jeopardize the deportation to the Soviet Union of those criminals who have been found guilty and whose appeals are nearing a conclusion. You are perhaps aware that the Ukrainian criminal Fedorenko has already been deported to the Soviet Union. Also, the Estonian Linnas has been ordered deported to the Soviet Union and has nearly exhausted his appeals.

If, on the other hand, Demjanjuk is convicted and sentenced for his crimes, it will be a sign to all the world that Hitlerite crimes cannot be forgotten and that the fight against fascism cannot be allowed to subside. In my opinion, such a verdict would strengthen the support of the American people for the prosecutions and deportations that are being conducted here.

I trust you will agree when I suggest to you that any victory for Hitlerite criminals, anywhere in the world, is a defeat for those who oppose fascism. Demjanjuk is only one man, but he has come to symbolize the efforts of anti-fascist peoples to bring Hitlerite criminals to justice. Those efforts continue today between the United States and the Soviet Union in the spirit that you and General Rudenko expressed so eloquently to me in 1980, but we are not the only ones who have attempted to do justice. I respectfully appeal to you to extend the same hand of cooperation to our colleagues anywhere in the world who share our concerns. Today, the greatest need for that cooperation is in the trial of Demjanjuk.

I thank you for your consideration of my request, and I extend to you my sincere and personal wishes of friendship and collegiality.

Yours very truly,

gen Fall materiell stärken." Am Ende seines Briefes meinte dann Schimon Peres, daß es am besten wäre, wenn es gelänge, die Sowjets zu einer Einladung an Vertreter der israelischen Staatsanwaltschaft in die Sowjetunion zu überreden. Dort könnten die Israelis dann selbst *„zusammen mit ihren sowjetischen Partnern entscheiden, welche Dokumente die Position der Anklage stützen und zu Demjanjuks Verurteilung führen können." (064)*

Doch noch sollten Monate vergehen, bis sich der *„liebe Armand"* darüber mit den Sowjets unterhalten konnte. Aus diesem Grunde bemühte das israelische Justizministerium im Dezember 1986 den in den Vereinigten Staaten lebenden Prof. Elie Wiesel, frischgebackener Nobelpreisträger für seine Verdienste um den Frieden, sich einzuschalten. Und so schrieb auch Elie Wiesel einen Brief, am 3.12.1986, aber diesmal an Botschafter Jurij W. Dubinin in Washington. Die Kopie des Briefes von Elie Wiesel ist auf den folgenden Seiten abgebildet.

Wie man diesem neuen Bittbrief entnehmen kann, wußte die Anklage nicht einmal, wo sich der einzige „materielle Beweis" gegen Demjanjuk zu dieser Zeit befand: beim KGB in Moskau oder vielleicht immer noch in der sowjetischen Botschaft zu Washington.

Doch am selben Tage, am 3. Dezember 1986, teilte das sowjetische Außenministerium in einem Brief an einen *„Lieben Herrn Spirytus"* mit, daß man bereit sei, *„das Dokument"* jetzt auch im Original nach Israel zu schicken. Als Vermittler bediene man sich Dr. Armand Hammers, dem man leider mitteilen müsse, *„daß keine anderen Dokumente gefunden worden sind"*, die man gegen Iwan Demjanjuk verwenden könne:

„Das Büro des Generalstaatsanwalts der UdSSR bittet, Dr. Hammer von der Notwendigkeit zu unterrichten, daß das beigefügte Dokument sicher zu verwahren und nach Benutzung der Sowjetunion zurückzugeben ist."

(Abb. des Dokumentes auf Seite 95)

So wanderte das vermißte einzige Beweisstück gegen Demjanjuk vom KGB ins sowjetische Außenministerium, wo es die Ministerialabteilung für die Beziehungen zu Nordamerika dem Vertreter Armand Hammers in Moskau, einer Ölfirma also, zuspielte. Vertreter Spirytus hatte das Dokument, wie vor-

68/

Boston University

University Professors
745 Commonwealth Avenue
Boston, Massachusetts 02215
617 353-4566

Elie Wiesel, Andrew W. Mellon Professor in the Humanities

December 3, 1986

His Excellency Yuri V. Dubinin
Ambassador of the Union of Soviet
Socialist Republics
1125 - 16th Street, N.W.
Washington, D.C. 20036

Dear Mr. Ambassador:

I have been asked by the Ministry of Justice, State of Israel, through the Office of the State Attorney, to request the assistance of the Soviet Union in obtaining original documenting material regarding Ivan Demjanjuk who was denaturalized as an American citizen and deported for trial to the State of Israel for extraordinary crimes against humanity in the period 1942-1944 in Poland.

The documents required by the State of Israel are of critical importance in the trial of Demjanjuk whose preliminary proceedings recently opened; therefore, expeditious cooperation in providing these documents will be greatly appreciated.

The prosecution in this case will contend that Demjanjuk was recruited to the SS auxiliaries in early summer 1942 and was trained for his Operation Reinhardt duties at the SS training camp at Trawniki. On his recruitment, Demjanjuk was issued by the SS authorities with Trawniki camp identity card No. 1393 (Dienstausweis). On completion of his training at Trawniki, Demjanjuk was assigned to the Treblinka death camp, where he perpetrated the atrocities and mass murders with which he is charged.

Demjanjuk argues that he never joined the SS auxiliaries, that he was never trained at Trawniki and that he never served at Treblinka. The SS identity card issued to Demjanjuk at Trawniki shows clearly his enlistment into the SS auxiliaries and his training at Trawniki. This card is therefore an important link in refuting Demjanjuk's alibi and in proving the prosecution's claim.

It is our understanding that the Soviet authorities are now again in possession of the original identity card issued to Demjanjuk at Trawniki. They sent the original card to the Soviet Embassy in Washington and in February 1981, a document examiner from the U.S. Department of Justice was permitted to study and photocopy the card. On March 3, 1981, the U.S. Department of

Justice was permitted to take the original card and produce it to Judge Battisti, Chief Justice of the U.S. District Court in Cleveland. Judge Battisti was then presiding over the denaturalization proceedings against Demjanjuk. After the original identity card had been produced to Judge Battisti, it was returned to the Soviet Embassy in Washington.

It is important that this original identity card also now be made available to the Israel Ministry of Justice so that the prosecution can produce it to the court in Jerusalem which is now hearing the case against Demjanjuk.

This identity card from the Trawniki training camp is the only one of its kind submitted in legal proceedings in Western Europe and the United States. The Israel prosecution team would therefore be interested in receiving from the Soviet authorities any additional cards of this type relating to other SS auxiliaries trained at Trawniki. Production of additional cards would help the prosecution to prove the authenticity of Demjanjuk's card No. 1393.

The SS command at the Trawniki camp also maintained personnel files (Personalbogen) on all SS auxiliaries trained at the camp. It is believed that the Army of the Soviet Union took possession of some of these Personalbogen when it liberated the eastern areas of Poland in the summer of 1944. The State of Israel has asked the Soviet authorities to check in their various archieves to ascertain whether they possess a Personalbogen relating to Ivan Demjanjuk. Should such a Personalbogen be found, Israel would be eager to obtain the original document in order to present it to the court in Jerusalem.

In summary, the State of Israel requires the following:

1. The original of Demjanjuk's identity card No. 1393 (i.e., the same card that was presented to the U.S. authorities in 1981 and then returned to the Soviet Embassy in Washington);

2. Any other example of this type of identity card ("Dienstausweis") from the Trawniki training camp;

3. Demjanjuk's "Personalbogen" from Trawniki (is such a document is in the possession of the Soviet authorities).

Requests by the State of Israel for these documents have on several occasions been presented to the Soviet authorities by the Dutch Embassy in Moscow. However, the Ministry of Justice of the State of Israel indicated to me that the only reply they have received was that in 1981 the documents relating to Demjanjuk were forwarded to the United States Department of Justice. It could just possibly be that the original identity card is still in the

Soviet Embassy in Washington and has never been returned to Moscow.

Therefore, in the interest of justice and its appropriate and complete pursuit in this case, I would be grateful for any assistance and cooperation that the Soviet authorities could render in helping to obtain these documents in their original form for transmittal and use in this trial and other similar legal proceedings. The preliminary hearings began several days ago, and the trial itself is scheduled to begin January 19, 1987, so that the matter is one of urgency.

The recent delegation of the United States Holocaust Memorial Council, who met with various high-ranking Soviet officials, found great understanding and willingness to cooperate in matters of mutual concern for which I personally, and on behalf of the delegation, am most grateful. I hope we may see similar cooperation on this urgent matter.

Sincerely,

Elie Wiesel

Dok. 4: Friedensnobelpreisträger Elie Wiesel fragt die Sowjets um Belastungsdokumente – Demjanjuks „Dienstausweis", andere Exemplare solcher Ausweise, Demjanjuks Personalbogen von Trawniki.

Москва, 3 декабря 1986 года

Уважаемый г-н Спиритус,

По просьбе г-на Арманда Хаммера направляем полученный из Прокуратуры Союза ССР подлинник удостоверения личности нацистского военного преступника Демьянюка И.Н. № 1393, выданного в учебном лагере СС "Травники" (прилагается).

Просьба передать указанный документ г-ну А.Хаммеру, а также сообщить, что других документов, интересующих его относительно дела Демьянюка, не выявлено.

Прокуратура Союза ССР просит уведомить г-на А.Хаммера о необходимости сохранности и возвращения прилагаемого документа по миновании надобности Советскому Союзу.

Приложение: упомянутое.

С уважением

С.Четвериков
Зам.Зав.Отделом США и
Канады МИД СССР

Г-ну Аллену Спиритусу,
Руководителю представительства
"Оксидентал Петролеум" в Москве

№ 755/Отдел США и Канады

Dok. 5: Moskaus Außenministerium: „Andere Belastungsdokumente sind nicht vorhanden." (Übersetzung auf S. 236)

geschrieben, Armand Hammer zu übergeben, der es dann endlich der Anklage gegen Demjanjuk in Israel zuführen konnte. Ein Sachverständiger der Anklage erklärte das Original, auf das man mehr als fünf Jahre vergeblich gewartet hatte, im April 1987 für *„echt"* — wie natürlich zu erwarten war; denn jede andere Feststellung hätte zum Freispruch Demjanjuks geführt. Als Beweis für die Echtheit führte der israelische Sachverständige zwei Haupterkenntnisse an: Das Papier, aus dem das Original besteht, stamme zweifellos aus der Kriegszeit, und die bei seiner Beschriftung benutzte Schreibmaschine, eine deutsche „Olympia", sei nach 1945 nicht mehr hergestellt worden — ganz so, als verfüge der KGB nicht über eine Schreibmaschine, die man bei jedem gut sortierten Schreibmaschinenhändler in Deutschland für wenige Mark erstehen kann.

Bevor wir uns weiter mit der Frage befassen, ob dieses Ausweis-Dokument (von dessen Formular weltweit kein zweites Exemplar aufzutreiben ist) wirklich echt — oder eine Fälschung — ist, soll noch einmal auf die ungeheure politische Bedeutung hingewiesen werden, die dem „Fall Demjanjuk" von vornherein beigemessen worden ist und die sogar den israelischen Ministerpräsidenten zwang, sich schon während der Voruntersuchung einzuschalten — weil ohne dieses Dokument ein Prozeß gegen Demjanjuk kaum geführt werden konnte. Das amerikanische Büro für spezielle Untersuchungen, das sich ausschließlich mit der Verfolgung von „Nazikriminellen" in den Vereinigten Staaten befaßt, sieht seine Existenz seit langem gefährdet — seitdem es sich schon einmal kräftig „geirrt" hatte: im Fall gegen den Chicagoer Arbeiter Frank Wallus.

Der „Fall Frank Wallus"

Im Februar 1977 klagte die amerikanische Regierung Frank Wallus offiziell an, während des Krieges an schweren Verbrechen gegen die Menschlichkeit in Polen beteiligt gewesen zu sein. Damals schworen sogar elf jüdische Zeugen vor

Gericht, ihn dabei gesehen zu haben, wie er Menschen in Konzentrationslager trieb und Kinder vor den Augen ihrer Mütter aufs gräßlichste ermordete.

Die jüdischen Aussagen waren so erschütternd und überzeugend, daß Frank Wallus zunächst für schuldig befunden wurde, seine wahre Naziverbrecher-Vergangenheit bei seiner Einwanderung in die Vereinigten Staaten verschwiegen zu haben, was ihn erst einmal die amerikanische Staatsbürgerschaft kostete. Damit war der Weg für eine Auslieferung von Frank Wallus und seine Verurteilung frei gemacht worden.

Doch zwei Jahre später ordnete ein Berufungsgericht überraschend eine erneute Verhandlung an mit der sensationellen Begründung, die erste Instanz habe sich möglicherweise so stark geirrt, daß Wallus nun mit einem völligen Freispruch rechnen könne. Tatsächlich wurde Wallus neun Monate später für völlig unschuldig erklärt und voll rehabilitiert — weil sich beweisen ließ, daß er im Zweiten Weltkrieg überhaupt nicht am Schauplatz seiner angeblichen Verbrechen und nicht einmal in Polen gewesen war. Denn ein deutscher Anwalt in München hatte im Auftrage von Frank Wallus inzwischen herausgefunden, was den amerikanischen Behörden nicht gelungen war: Es gab noch Unterlagen der deutschen Krankenversicherung aus dem Kriege, aus denen eindeutig hervorging, daß Wallus von 1940 bis zum Kriegsende 1945 im Süden Deutschlands bei deutschen Bauern gearbeitet hatte und sogar ordentlich versichert gewesen war. Es gab außerdem eine Notiz des Suchdienstes des Roten Kreuzes in Arolsen, durch die ebenso eindeutig bewiesen werden konnte, daß Wallus die geschilderten Verbrechen in Polen nicht begangen haben konnte, weil er gar nicht in Polen gewesen war. Und es gab einen Brief des von den USA kontrollierten *Berlin Document Center,* aus dem hervorging, daß dieser Wallus niemals im Zusammenhang mit verbrecherischen oder nazistischen Organisationen genannt worden war. Elf andere Zeugen, die Wallus schon vor Kriegsbeginn gekannt hatten, beschworen, daß er während des Krieges niemals in Polen gewesen war und nie in einer Nazi-Uniform gesteckt hatte. Der Vorwurf, Wallus sei Angehöriger der SS gewesen, war sogar auf den ersten Blick hin lächerlich. Denn der kleine Angeklagte erreichte nicht einmal das Mindestmaß an Körpergröße, die diese Organisation von ihren Angehörigen verlangte. Schließlich fand man sogar die Bauern wieder, bei denen Frank Wallus im Krieg fleißig gearbeitet und gelebt hatte. Sie erinnerten sich noch recht lebhaft an „ihren Polen" und nannten ihn, als sie ihn überraschend wiedersahen, wieder ihren „Franzel" (065).

Was an diesem „Justizirrtum" besonders erschreckend ist, war die Rolle, die die amerikanischen Verfolgungsbehörden während der Voruntersuchung spielten. Denn auf der Suche nach Beweisen gegen Wallus hatte man alle in Frage kommenden Archive in ganz Europa durchsucht und schon dabei festgestellt, daß es gegen Wallus überhaupt keine schriftlichen Beweise gab. Schriftliche Beweise und Zeugen, die seine völlige Unschuld hätten beweisen können, wurden gleichfalls nicht gefunden — bis sie Wallus selbst fand: unter Aufopferung seines ganzen kleinen Arbeitervermögens. Im Grunde war den amerikanischen Behörden schon vor Erhebung der Anklage klar, daß Wallus unschuldig war: nur meinte man, ein mit viel Publizistik begleitetes Verfahren gegen einen „führenden Naziverbrecher" nicht wieder einstellen zu können.

Vor allem die israelischen Behörden zeigten sich schon lange an einer Fortsetzung der Jagd auf Naziverbrecher bis ins nächste Jahrtausend interessiert, und sie hatten sich entsprechend verhalten, als es darum ging, Frank Wallus zu überführen: Als einer der jüdischen Zeugen, denen man Bilder vorlegte, nicht in der Lage war, Frank Wallus als Täter zu identifizieren, legte man ihm schließlich nur noch ein Foto aus einer ganzen Reihe vor: das von Frank Wallus. Als der Zeuge noch immer nicht in der Lage war, den Dargestellten wiederzuerkennen, sagte ihm der israelische Inspektor, was er zu sagen hatte: das ist Frank Wallus, der Verbrecher. So wurden aus zunächst sieben Zeugen acht, zuletzt sogar elf. Sie alle beschworen schließlich, ihn wiederzuerkennen. Als Wallus auf Grund ihrer Aussagen in erster Instanz verurteilt wurde, war der Gerichtssaal erfüllt mit einer haßerfüllten Zuschauermenge. Eine Frau schrie: *„Dieser Gerichtssaal riecht nach Blut. Seine Schuld darf nicht bezweifelt werden."* (066)

Niemand hätte es zu diesem Zeitpunkt gewagt, Wallus für unschuldig zu erklären. Erst, als er selbst seine Unschuld durch seine in der Bundesrepublik Deutschland lebenden Zeugen nachwies, bedauerte ein Teil der amerikanischen Presse den

Justizirrtum. Die amerikanische Journalistin Flora Johnson beschrieb die *„Verfolgung des Frank Wallus“* als *„Hexenjagd, organisiert von der US-Regierung, einem Bundesrichter, der israelischen Polizei und der Presse, die alle zusammenarbeiteten, um einen völlig unschuldigen Mann als Naziverbrecher zu verurteilen.“* (067)

Seitdem gibt es in den USA eine wachsende Zahl von Kritikern, die die Methoden der Nazijäger öffentlich beanstanden. Sogar die Verfassungsmäßigkeit des *Büros für spezielle Untersuchungen* (OSI) wird bereits in Frage gestellt (108). Denn diese Behörde, eigentlich nur eine Abteilung des amerikanischen Justizministeriums, setzt sich über alle Gesetze hinweg und wird jetzt auch im „Fall Demjanjuk“ bezichtigt, gefundenes Beweismaterial, das für Demjanjuks Unschuld spricht, bis heute zurückzuhalten (068). Ein Verwandter Demjanjuks hat Klage eingereicht, denn ihm ist zu Ohren gekommen, daß diese Behörde sogar schon eine Alternative für den Fall entworfen hat, daß Demjanjuk in Israel nicht überführt werden kann: dann soll er nicht in die Vereinigten Staaten zurückgeschickt, sondern an die Sowjetunion ausgeliefert werden, wo sein Schicksal endgültig besiegelt würde. Besonders die enge Zusammenarbeit des OSI mit dem sowjetischen Geheimdienst hat bereits den Vorwurf aufkommen lassen, bei den Beamten dieser Organisation handele es sich um tendenzielle oder sogar aktive Sowjet-Agenten. Außerdem heißt es, die amerikanische Politik werde, auch mit Hilfe dieser Behörde, bewußt auf einen Kurs gelenkt, der die Vereinigten Staaten auf Kollisionskurs mit den Arabern treibe und völlig von den Interessen der israelischen Politik abhängig mache.

Im „Fall Demjanjuk“ trat diese amerikanische Behörde tatsächlich eher wie eine Agentur des Staates Israel als eine amerikanische Organisation auf, deren erste Aufgabe es wäre, einen amerikanischen Staatsbürger vor Verfolgung durch das Ausland zu schützen. Sogar noch dann, als der Fall für die USA schon abgeschlossen war, weil sich Demjanjuk in Israel befand, versuchte der frühere OSI-Chef Ryan, seine persönlichen Kontakte zu Moskau zu nutzen, um Demjanjuk endlich zu Fall zu bringen. Denn einen neuen „Fall Wallus“ konnte und kann man sich nicht erlauben.

Heute gehört Wallus zu jenen Amerikanern, die Demjanjuk

verteidigen — weil sie auch von seiner Unschuld tief überzeugt sind. Aber wie im „Fall Wallus“ sind die Medien, (mit Ausnahmen), zunächst gegen ihn. Das von den Sowjets in das Verfahren eingeführte „Dokument“ wird auch von solchen Presseorganen und Regierungsinstitutionen unkritisch akzeptiert, die sich sonst vor Antisowjetismus überschlagen und in jeder sowjetischen Offerte *„eine Falle“* sehen. Als während der Verhandlungen vor dem Gericht in Cleveland aus völlig freien Stücken ein deutscher Zeuge erschien, der während des Krieges im Ausbildungslager Trawniki in der Schreibstube arbeitete — man hatte ihn nach einer Verwundung an der Front dorthin versetzt —, um zu erklären, daß es ein solches oder ähnliches Dokument nie gegeben habe, wurde er im Gerichtssaal gefragt, ob er vielleicht *„im KZ Dachau“* war; anderntags beschimpfte die Presse den untadeligen Zeugen als *„Nazi“* — weil er Demjanjuk verteidigte, indem er den einzigen materiellen Beweis gegen Demjanjuk für eine Fälschung erklärte. Als einer der Verteidiger Demjanjuks nicht zu einem verabredeten Rundfunkinterview erscheinen konnte, kommentierte der Radiosprecher dies mit den Worten, er habe wohl keine Zeit, weil er *„andere Nazis“* verteidige. (069)

Fernsehsender in Cleveland: Er ist unschuldig

Freilich gibt es auch die Behauptung einer von Cleveland aus sendenden Fernsehanstalt, daß „Demjanjuk völlig unschuldig“ ist. Denn das Dokument, das damals nur als Fotokopie vorlag, hätte vor keinem objektiven Gericht auch nur die geringste Chance. Der leitende deutsche Staatsanwalt Rückerl, als Leiter der Zentralstelle der deutschen Justizbehörden für die Ermittlung von Nazigewaltverbrechern zuständig, ließ, als er die Fotokopie nur wenige Minuten betrachtet hatte, das „Beweisstück“ angewidert auf seinen Schreibtisch fallen. Rückerl: *„Darauf hätte ich als Staatsanwalt keine Anklage gebaut.“* (070)

Das Dokument, das als einziges Beweisstück dient, ist auf den folgenden Seiten abgebildet.

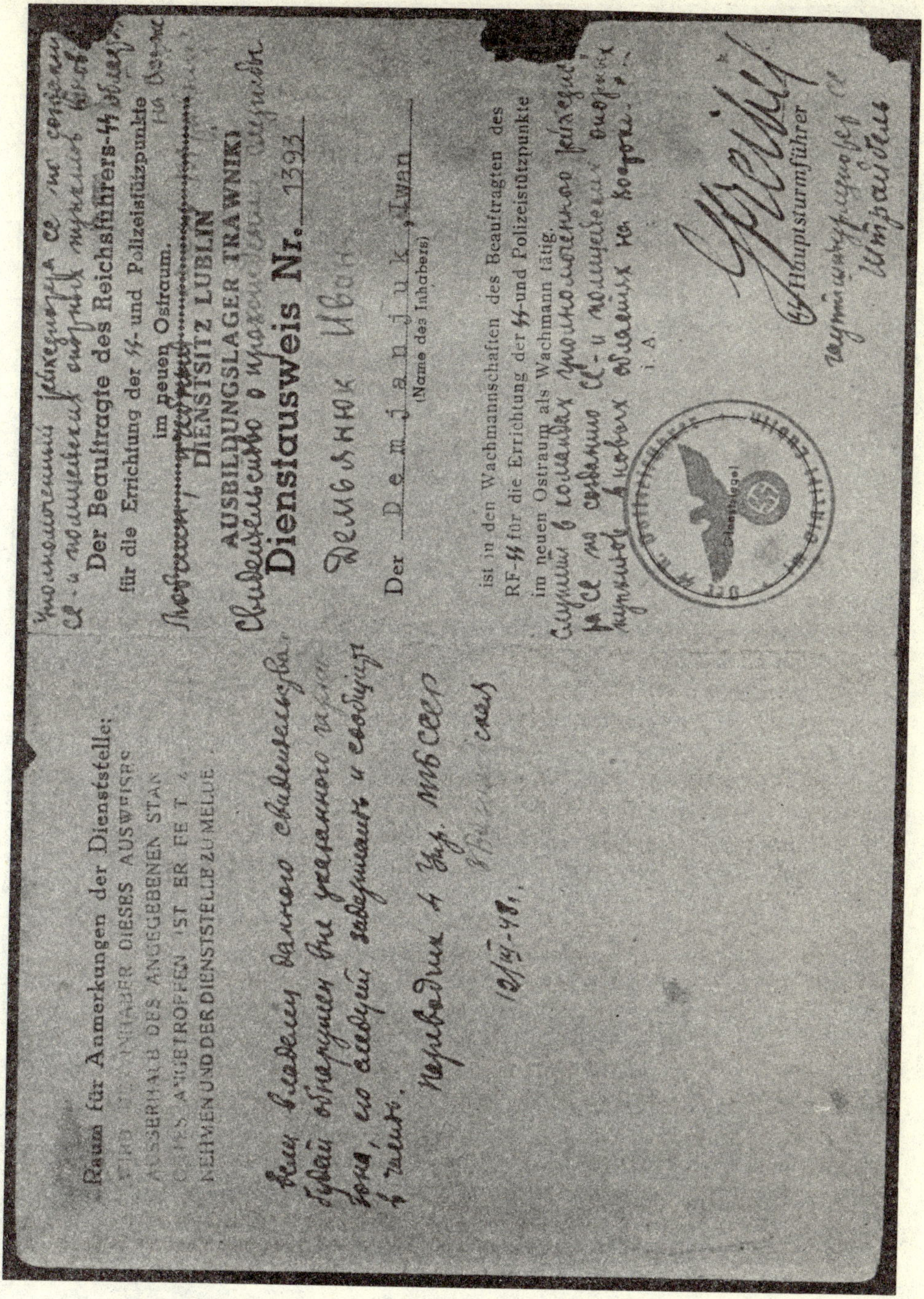

Dok. 6: Dieser „Dienstausweis" ist das Fundament der Anklage: kein Ausstellungsdatum, keine Angaben zur Gültigkeitsdauer, Rechtschreib-

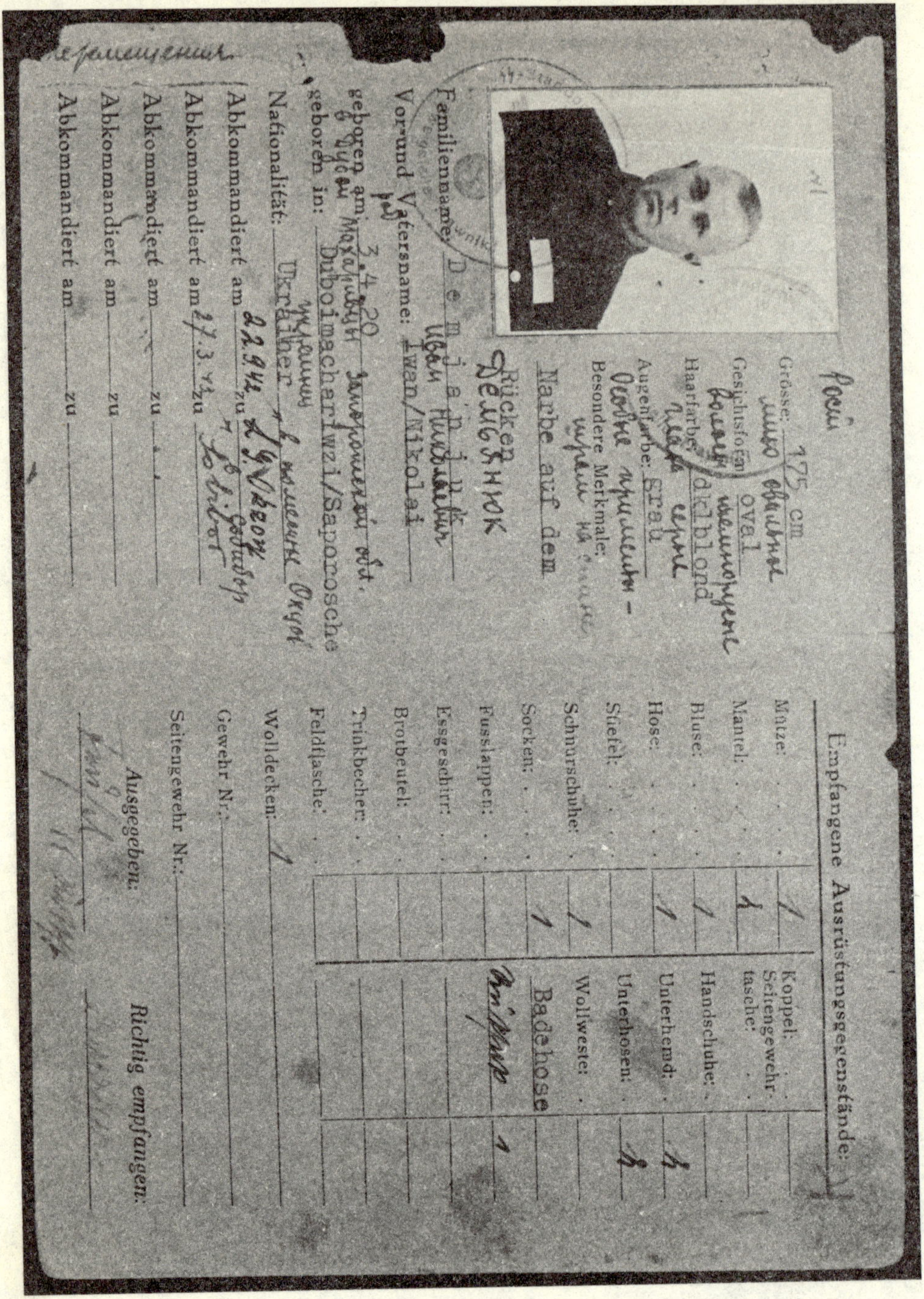
Grösse: 175 cm
Gesichtsform: oval
Haarfarbe: dkl.blond
Augenfarbe: grau
Besondere Merkmale: Narbe auf dem Rücken
Familienname: Demjanjuk
Vor- und Vatersname: Iwan/Nikolai
geboren am: 3.4.20
geboren in: Duboimachariwzi/Saporosche
Nationalität: Ukrainer
Abkommandiert am 22.9.42 zu L.G. Okzow
Abkommandiert am 27.3.43 zu Sobibor
Abkommandiert am ____ zu ____
Abkommandiert am ____ zu ____
Abkommandiert am ____ zu ____

Empfangene Ausrüstungsgegenstände:

Mütze:	1	Koppel:	
Mantel:	1	Seitengewehrtasche:	
Bluse:	1	Handschuhe:	
Hose:	1	Unterhemd:	1
Stiefel:		Unterhosen:	1
Schnürschuhe:	1	Wollweste:	
Socken:	1	Badehose	
Fusslappen:			1
Essgeschirr:			
Brotbeutel:			
Trinkbecher:			
Feldflasche:			

Wolldecken: 1
Gewehr Nr.:
Seitengewehr Nr.:
Ausgegeben:
Richtig empfangen:

fehler, ausländischer Zeichenvorrat der Drucklettern, und das Fotopapier des Paßbildes hat eine Zusammensetzung, die es vor 1965 noch nicht gab.

Wie man diesem „Dokument“, das aus vier Seiten auf einem gefalteten Blatt Papier besteht, entnehmen soll, war Iwan Demjanjuk *„in den Wachmannschaften des Beauftragten des RF-SS für die Errichtung der SS- und Polizeistützpunkte im neuen Ostraum als Wachmann tätig“.* Er wurde dazu im Ausbildungslager Trawniki unter SS-Hauptsturmführer Streibel ausgebildet und ausgerüstet, am 22.9.1942 zu einem Liegenschaftsgut *„L.G: Okzow“* und am 27.3.1943 nach *„Sobibor“* abkommandiert. Wurde der Inhaber dieses Papiers *„außerhalb des angegebenen Standortes angetroffen, ist er festzunehmen und der Dienststelle zu melden.“*

Nicht entnehmen kann man diesem „Dokument“, wann Demjanjuk ins Ausbildungslager Trawniki gekommen und wann ihm dort dieser Ausweis ausgestellt worden sein soll, denn das Ausweispapier enthält eigentümlicherweise weder ein Ausgabedatum noch eine Gültigkeitsdauer. Schon dieser Umstand weist dieses „Dokument“ als sehr sonderbares Beweisstück aus. Denn theoretisch hätte der Besitzer dieses Dokumentes durch einfache handschriftliche Eintragung auf Seite 2 „sich selbst abkommandieren“ können: sein jeweiliger Aufenthaltsort wäre durch eigene „Abkommandierung“ legalisiert worden.

Ein solches Dokument wäre vor allem für den Feind sehr wertvoll gewesen: der Besitzer hätte sich völlig frei in den besetzten Osträumen bewegen und überall legitimieren können, vorausgesetzt, die Eintragung auf Seite 2 stimmte mit seinem Aufenthalt überein. Aber diese Eintragung konnte er selbst vornehmen. Bekanntlich gab es in Kriegsgefangenenlagern mit sowjetischen Soldaten illegale Widerstandsgruppen. Selbst im Ausbildungslager von Trawniki, in dem insgesamt 5000 Kriegsgefangene für Wachaufgaben gedrillt worden sein sollen, wurde eines Nachts in die Waffenkammer eingebrochen. Die Wachmänner verschwanden spurlos, wahrscheinlich schlossen sie sich den im Untergrund kämpfenden Partisanen an. Die Partisanen waren das Hauptproblem der SS- und Polizeistützpunkte im „neuen Ostraum“. Wer von den Kriegsgefangenen nach Trawniki kam, wurde dort für den Wachdienst gegen solche Partisanen ausgebildet. Ein Trawnikimann, der mit einem solchen „Dienstausweis“ zu den Partisanen überlief, wäre mit einem Freifahrtschein ausgerüstet gewesen.

Eine Fälschung

Gegen die Echtheit dieses Dokuments sprechen somit viele Indizien:

Erstens trägt dieses von den Sowjets gelieferte „Dokument" kein Ausstellungsdatum. Da es sich um ein Ausweispapier handelt, fehlt diesem „Dokument" das wichtigste Element: es gab und gibt in Deutschland keinen einzigen Ausweis, dem man nicht entnehmen kann, wann er ausgegeben worden ist.

Zweitens enthält dieses „Dokument" keine Gültigkeitsdauer. Jeder Ausweis aber enthält eine Eintragung, wann die Gültigkeit erlöscht. Dies galt sogar für Ausweispapiere, die an die treuesten Diener des Naziregimes ausgegeben wurden — beispielsweise für deutsche Angehörige der Sicherheitspolizei und des Sicherheitsdienstes, die alle Parteimitglieder waren. Im *Befehlsblatt des Chefs der Sicherheitspolizei und des Sicherheitsdienstes* (Nr. 32/1940) wird bindend vorgeschrieben, daß Dienstausweise nur für ein Jahr gültig sein dürfen und daß jeder Dienstausweis deshalb auch eine *„entsprechende Jahreskennziffer"* tragen muß. Der „Dienstausweis", der dem Ukrainer Demjanjuk gehört haben soll, enthält aber weder ein Ausgabedatum noch eine Gültigkeitsdauer. Unter den Kriegsbedingungen wäre solch ein „Dienstausweis" von höchstem Wert gewesen: Denn wer solch einen unbegrenzten Dienstausweis hatte, konnte theoretisch spurlos verschwinden. Er brauchte mit eigener Hand nur einzutragen, wohin er angeblich abkommandiert war — und konnte dann mit einem solchen „Dokument" von Ortschaft zu Ortschaft reisen: bis nach Berlin oder Hamburg. Da die sowjetischen Kriegsgefangenen, die sich den Deutschen als Hilfswillige zur Verfügung stellten, bei den Reichsbehörden im Verdacht standen, möglicherweise sowjetische Agenten oder Saboteure zu sein, hätte keine deutsche Behörde irgendeinem Ukrainer einen solchen Dienstausweis ausgestellt.

Drittens mußte ein Dienstausweis die Unterschrift nicht nur des Ausstellers, sondern auch des Empfängers enthalten. Zwar enthält der „Dienstausweis", der als Beweis gegen Demjanjuk verwendet wird, auch seine Unterschrift; aber mit dieser Unterschrift bestätigt er nicht den Empfang des Ausweises, sondern die Entgegennahme von Socken und anderen Ausrüstungsgegenständen. Jeder deutsche Dienstausweis enthält aber einen besonderen Platz, auf dem der Empfang des Ausweises bestätigt wird. Jeder deutsche Soldat mußte in seinem Wehrpaß die Entgegennahme des Passes und eine Formel unterschreiben, in der es hieß: *„Von den Bestimmungen auf Seite 54, 55 und 56 habe ich Kenntnis genommen."* Denn ein Dienstausweis enthielt immer auch Bestimmungen darüber, wo, wann und wie der Ausweis benutzt werden durfte. Im sogenannten „Dienstausweis" fehlen solche Bestimmungen.

Natürlich wurden Ausweise, mit denen sich verdächtige Ausländer bewegen konnten, im Hitlerreich mit besonderer Vorsicht ausgegeben. So gab der *Chef der Sicherheitspolizei und des Sicherheitsdienstes* einen besonderen Befehl heraus, wie *„Ausweise für fremdvölkische Bewachungskräfte der Sicherheitspolizei"* auszusehen hatten. Damit es nicht zuviele unterschiedliche Ausweisformulare gab, wurde im *„Befehlsblatt"* sogar der Entwurf eines einheitlichen Ausweises für *„fremdvölkische Wachmänner"* abgedruckt; wie er aussah, zeigt die Abbildung auf der nächsten Seite.

Ausdrücklich hieß es, die Gültigkeit eines solchen Ausweises sei *„jeweils auf drei Monate zu begrenzen"*. Dagegen weist der völlig anders geartete „Dienstausweis", den die Sowjets präsentierten, diese Merkmale nicht auf und enthält, wie gesagt, überhaupt keine zeitliche Begrenzung. Sogar das Ausgabedatum fehlt. Damit stellt dieses Dokument einen Verstoß gegen verschiedene deutsche Vorschriften dar. Ein solches Dokument kann damit als Ausweis nie existiert haben.

Der Verwaltungschef von Trawniki: „Solch ein Dokument habe ich nie gesehen"

Am 13. Juni 1987 wurde der in Mannheim lebende ehemalige Verwaltungschef des Ausbildungslagers Trawniki, Rudi Bittner, befragt, ob er jemals ein solches Dokument gesehen habe. Bittner, der ein Jahr Chef der Verwaltung in Trawniki war:

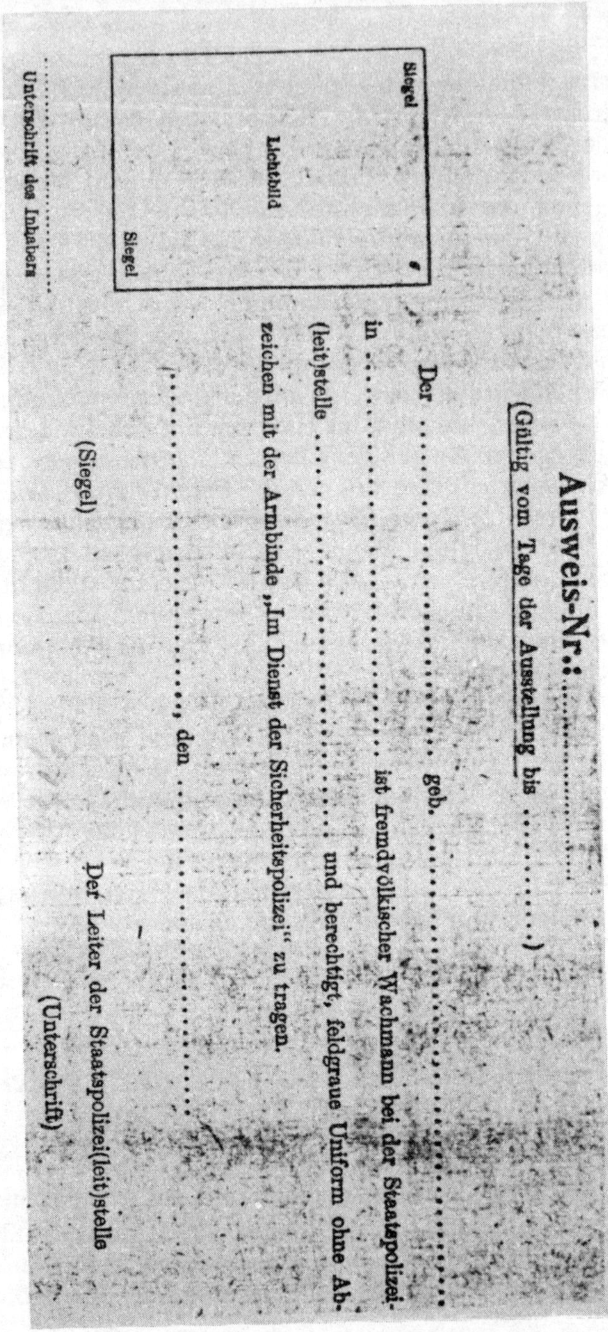

Ausweis-Nr.: ....

(Gültig vom Tage der Ausstellung bis ....)

Der .... geb. ....

in .... ist fremdvölkischer Wachmann bei der Staatspolizei-
(leit)stelle .... und berechtigt, feldgraue Uniform ohne Abzeichen mit der Armbinde „Im Dienst der Sicherheitspolizei" zu tragen.

...................., den ....

(Siegel)

Der Leiter der Staatspolizei(leit)stelle

(Unterschrift)

Siegel
Lichtbild
Siegel

....
Unterschrift des Inhabers

Dok. 7: So sahen deutsche Dienstausweise für Ukrainer aus.

„Niemals." Bittner erinnerte sich, daß an die Ukrainer SS-Soldbücher ausgegeben wurden. Bittner war sehr erstaunt, auf der Seite 2 des sogenannten Dienstausweises auf dem Photo den Abdruck seines Dienstsiegels wiederzufinden: *„Mein Dienstsiegel ist niemals auf irgendwelche Photos in irgendwelchen Dokumenten der Ukrainer gestempelt worden."* Denn das Dienstsiegel mit der Inschrift *„SS-Standortverwaltung Lublin, Zweigstelle Trawniki"* wäre von ihm wie ein Heiligtum aufbewahrt worden. Schon als Bittner im Januar 1943 von Lublin nach Trawniki kam, mußte er die Übernahme dieses Dienstsiegels besonders bestätigen. Das Dienstsiegel wurde in einem Panzerschrank untergebracht, damit jeder Mißbrauch ausgeschlossen war. Im Falle eines Mißbrauchs des Dienstsiegels mußte der jeweilige Chef der Verwaltung von Trawniki mit schwersten Folgen rechnen: *„In Dachau gab es eine besondere Gefangenenabteilung für Angehörige der SS, die sich solcher Dienstvergehen schuldig gemacht hatten."* Wollte man nicht ins KZ kommen, mußte man solche Dienstsiegel wie das eigene Auge hüten.

Bittner erinnerte sich: *„Wir hatten im Ausbildungslager Trawniki eine Angora-Kaninchenfarm. Die Felle wurden an die deutsche Luftwaffe abgegeben. Wenn eine solche Fellsendung abgefertigt wurde, hatte ich den Begleitbrief mit dem Dienststempel abzustempeln. In einem solchen Fall öffnete ich den Panzerschrank, untersiegelte den Brief und legte das Siegel sofort in den Safe zurück, den ich dann wieder sorgfältig verschloß. Es wäre mir nicht im Traum eingefallen, dieses Siegel einer anderen Dienststelle im Lager anzuvertrauen, die damit serienweise Photos in irgendwelchen „Dienstausweisen" abstempeln könnte. Es gab nur ein Exemplar dieses Dienstsiegels. Weder ich noch meine Vorgänger Struck und Nitzschke hätten es jemals erlaubt, damit Photos abzustempeln. In unserer Dienststelle sind überhaupt niemals Photos abgestempelt worden. Dies wäre Aufgabe der Dienststelle von Drechsel gewesen, zu dem ich ein außerordentlich schlechtes Verhältnis hatte — und der niemals im Besitz des Siegels war."*

Interessanterweise hat die israelische Anklagebehörde darauf verzichtet, diesen wichtigen Zeugen jemals zu befragen: Denn er bestätigt, daß es solch einen „Dienstausweis" nie gegeben hat.

War Demjanjuk Wächter in einem Konzentrationslager?

In der oben zitierten Vorschrift heißt es übrigens, daß *„die fremdvölkischen Wachmänner nur zur Bewachung von fremdländischen Häftlingen verwendet werden dürfen."* Dies weist auf den niederen Status hin, den jene Wachmänner bei den Deutschen hatten: sie sollten keinen deutschen Häftling bewachen dürfen, weil damit die deutsche Ehre beschmutzt würde. In den Konzentrationslagern auf polnischem Gebiet gab es keine deutschen Gefangenen, sondern nur Juden, Polen und andere „Fremdvölkische". Also hätte auch Iwan Demjanjuk einen Ausweis wie oben abgebildet besitzen müssen — wenn er je in einem solchen Konzentrationslager tätig war.

Wenn Ausweise gedruckt wurden, mußten sie einen zusätzlichen Eindruck erhalten: Jeder deutsche Ausweis trägt — meist am unteren Rande — eine Nummer, die darauf schließen läßt, wer den Ausweis gedruckt hat. Aber der sogenannte Dienstausweis, der Demjanjuk gehört haben soll, enthält kein solches Drucker- oder Formularzeichen.

Sogar Ausweise für deutsche SS-Unterführer mußten eine „Beglaubigungsmarke" enthalten, aus der hervorging, wo sich der SS-Mann zu welchem Zeitpunkt aufhalten durfte. Solch ein Ausweis mußte immer wieder vom Vorgesetzten beglaubigt werden. Um zu verhindern, daß sich der SS-Mann durch handschriftliche Eintragung in seinen Ausweis irgendetwas „selbst beglaubigte", verbot der Reichsführer SS, Heinrich Himmler, deutschen Polizeidienststellen nachträgliche Eintragungen mit der Hand. Aber der sogenannte Dienstausweis Iwan Demjanjuks enthält solche handschriftlichen Eintragungen.

Um den Mißbrauch von Dienstausweisen zu verhindern, befahl Himmler, alle Ausweise nach dem Ende ihrer Gültigkeit *„sofort einzuziehen und zu vernichten"*; daß Demjanjuks „Ausweis" nicht vernichtet wurde, sondern auf wunderbare Weise beim KGB landete, spricht nicht unbedingt für seine Echtheit. Für fremdländische Hilfswillige, die in einer Truppe Dienst taten, galt weiter die Vorschrift, daß sie mit einem *„Kennbuch"* ausgestattet werden mußten. Diese „Kennbücher" mußten zweisprachig sein, denn auch der Inhaber sollte wissen, was in seinem Kennbuch stand. Iwan Demjanjuk, der nie Deutsch sprach, hätte seinem „Dienstausweis" überhaupt nichts entnehmen können — denn er verstand ja nur Ukrainisch. Außerdem wurden solche Hilfswilligen, die in einer Truppe Dienst taten, mit einer „Erkennungsmarke mit Schnur" ausgerüstet, die sie um den Hals tragen mußten. Diese Erkennungsmarke mußte in der Ausrüstungsliste mit aufgeführt werden. Aber die Ausrüstungsliste im sogenannten „Dienstausweis" von Demjanjuk enthält keinen Hinweis auf solch eine Erkennungsmarke. Natürlich ließe sich einwenden, daß die Männer in Trawniki keiner Erkennungsmarke bedurften, weil sie nicht für den Fronteinsatz ausgebildet wurden. Aber sie wurden sehr wohl für den Einsatz gegen Partisanen trainiert, daher waren auch sie Waffenträger, wie übrigens auch in der Ausrüstungsliste in dem sogenannten Dokument dargestellt wird.

Wie der mysteriöse sowjetische Zeuge Daniltschenko, mit dem eigentlich alles begann, ausgesagt haben soll, war Demjanjuk *„wie ein SS-Mann"* ausgerüstet. Aber die in dem sogenannten Dienstausweis vorhandene Ausrüstungsliste enthält keine einzige Eintragung, die darauf schließen läßt, daß der Besitzer dieser Karte mit einer Waffe ausgerüstet wurde: nicht einmal die Nummer des einfachen Karabiners, den die Männer von Trawniki bei Außeneinsätzen erhielten. Daraus müßte man folgern, daß ukrainische Wachmänner Waffen tragen durften, die in ihren Ausweisen gar nicht registriert waren. Ein fremdländischer Wachmann, der diesen „Dienstausweis" besaß, durfte entweder überhaupt keine — oder eine genau bezeichnete Waffe mit sich führen. Aber aus der Ausrüstungsliste ist nicht zu entnehmen, welche Waffe er überhaupt besitzen durfte. Auch diese Unvorsichtigkeit hätten die Deutschen unter den damaligen Umständen kaum begangen.

Demjanjuk, so heißt es im „Dienstausweis", sei 1,75 m groß. Aber in Wirklichkeit mißt der Iwan Demjanjuk, der in Israel vor Gericht steht, 1,80 m: als hätten die Deutschen ihre Gefangenen und Helfer nicht einmal richtig gemessen — oder als sei Demjanjuk, inzwischen 67 Jahre alt, um 5 cm gewachsen.

Jahrelang mußten sich alle technischen Untersuchungen des einzigen Beweisstückes auf eine Kopie stützen. Der deutsche

Sachverständige Erich Schock kam im März 1986 zu folgendem Ergebnis:

Untersuchungsbefunde und Bewertung

Der zur Untersuchung vorliegende Ausweis ist abgebildet in einer auf elektrostatischem Weg mit Trockentoner hergestellten Kopie. (Blatt 1 mit 4 und Blatt 2 mit 3)

Die mitabgebildete Maßeinheit in Zoll läßt davon ausgehen, daß es sich um eine Bildwiedergabe in Original-Größe handelt.

Formular:

Über das Druckverfahren des Formulars und der Schrifteinfärbung lassen sich anhand der mangelhaften Bildwiedergabe keine beweiserheblichen Aussagen machen.

Hinsichtlich des Druckbildes kann eine Aussage hinsichtlich echt/nachgeahmt grundsätzlich nur dann gemacht werden, wenn zum Vergleich ein authentisches Formular verwendet werden kann, und ein solches Formular liegt hier nicht vor.

Der Formulardruck weist jedoch folgende Besonderheiten auf:

- *Zusammenstellung verschiedener Schriftarten mit unterschiedlichen Schriftcharakteristiken,*
- *fehlende und offensichlich auf andere Weise ersetzte Umlautzeichen bei dem Buchstaben „ä",*
- *die Schriftzeichenlinien, insbesondere auf der Ausweisseite 1, sind nicht parallel,*
- *die Sonderzeichen für Schutzstaffel „SS" haben unterschiedliche Formen und Größen; sie sind möglicherweise nachträglich handschriftlich eingetragen worden.*
- *Schreibweise des Wortes „Größe" auf der Ausweisseite 2 mit „ss" anstatt „ß".*

Ausfüllschriften:

Die maschinenschriftlichen Eintragungen zeigen eine „Pica"-Druckschrift. Nach meinen Unterlagen handelt es sich um eine Schriftart, deren Typen seit 1928 von den AEG-Werken in Erfurt hergestellt wurden.

Über die Handschriften, die wahrscheinlich mit einem flüssigen Schreibmittel (Tinte) eingetragen wurden, können keine weiteren Bewertungen vorgenommen werden.

Zusammenfassende Bewertung:

Das vorliegende Untersuchungsmaterial läßt grundsätzlich keine beweiserhebliche Aussage darüber zu, ob mit dieser Kopie ein authentischer oder nachgeahmter Ausweis abgebildet wurde.

Verschiedene Mängel in der Druckbildgestaltung lassen jedoch vermuten, daß der der Kopie zugrundeliegende „Dienstausweis" nachgeahmt worden ist.

Erich Schock
Kriminaltechnischer Sachverständiger

„Schnurschuhe"

Prof. F. Winterberg, Professor für theoretische Physik an der Universität von Nevada, wies im übrigen darauf hin, daß der Dienstausweis auch interessante Schreib- und Druckfehler aufweist — auf einem offiziellen Ausweis beispielsweise „Schnurschuhe" und „fest zu nehmen". (092)

Es gibt nur zwei Möglichkeiten, über die Echtheit dieses eigenartigen „Dokuments" ein Urteil abzugeben, das zur Grundlage für eine Verurteilung Iwan Demjanjuks werden könnte: Erstens käme man in der Echtheits-Frage weiter, wenn es weitere Dokumente dieser Art gäbe, mit denen man dieses Beweisstück vergleichen könnte. Zweitens gibt es noch lebende Zeugen, die während des Krieges in der Verwaltung des Ausbildungslagers Trawniki gearbeitet haben. Sie müssen sich erinnern können, ob sie solche Dokumente ausgegeben haben. Denn in Trawniki wurden insgesamt 3500 bis 5000 Mann ausgebildet, so daß es Tausende solcher „Dokumente" gegeben haben muß.

Aber selbst der deutsche Holocaust-Sachverständige Dr. Scheffler aus Westberlin, der vor dem amerikanischen Gericht und später dem Gericht in Israel die „Echtheit" dieses Dokuments beschwor, mußte auf Fragen zugeben, *„niemals eine identische Karte"* gesehen zu haben. Er gründete sein Urteil auf *„Indizien"*, beispielsweise auf die auf dem „Dienstausweis" befindliche Unterschrift des Lagerkommandanten von Trawniki, Streibel. Doch daß man eine Unterschrift, die sich auf hunderten Dokumenten befindet, sehr leicht „transplantieren" kann, weiß jeder Dokumentensachverständige; aber Dr. Scheffler ist kein Dokumentensachverständiger. Offenkundige Feh-

Untersuchungsbefunde und Bewertung

Der zu Untersuchung vorliegende Ausweis ist abgebildet in einer auf elektrostatischem Weg mit Trockentoner hergestellten Kopie. (Blatt 1 mit 4 und Blatt 2 mit 3)

Die mitabgebildete Maßeinheit in Zoll läßt davon ausgehen, daß es sich um eine Bildwiedergabe in Original-Größe handelt

Formular:
Über das Druckverfahren des Formulars und der Schrifteinfärbung lassen sich anhand der mangelhaften Bildwiedergabe keine beweiserheblichen Aussagen machen.

Hinsichtlich des Druckbildes kann eine Aussage hinsichtlich echt/nachgeahmt grundsätzlich nur dann gemacht werden, wenn zum Vergleich ein authentisches Formular verwendet werden kann und ein solches Formular liegt hier nicht vor.

Der Formularvordruck weist jedoch folgende Besonderheiten auf:

- Zusammenstellung verschiedener Schriftarten mit unterschiedlichen Schriftcharakteristiken,
- fehlende und offensichtlich auf andere Weise ersetzte Umlautzeichen bei den Buchstaben "ü"
- Die Schriftzeichenlinien, insbesondere auf der Ausweisseite 1, sind nicht parallel,

- Die Sonderzeichen für Schutzstaffel "ϟϟ" haben

Dok. 8: Kriminaltechnisches Gutachten

unterschiedliche Formen und Größen. Sie sind möglicher Weise nachträglich handschriftlich eingetragen worden,

- Schreibweise des Wortes "Größe" auf der Ausweisseite 2 mit "ss" anstatt "ß".

Ausfüllschriften:
Die maschinenschriftlichen Eintragungen zeigen eine "Pica"-Druckschrift. Nach meinen Unterlagen handelt es sich um eine Schriftart deren Typen seit 1928 von den AEG-Werken in Erfurt hergestellt wurden.

;"+%&()_§/:
123456789-ß
QWERTZUIOPÜ
qwertzuiopü
ASDFGHJKLÖÄ
asdfghjklöä
YXCVBNM?!'
yxcvbnm,.-

Über die Handschriften, die wahrscheinlich mit einem flüssigen Schreibmittel (Tinte) eingetragen wurden, können keine weiteren Bewertungen vorgenommen werden.

<u>Zusammenfassende Bewertung</u>
Das vorliegende Untersuchungsmaterial läßt grundsätzlich keine beweiserhebliche Aussage darüber zu, ob mit dieser Kopie ein authentischer oder nachgeahmter Ausweis abgebildet wurde.

Verschiedene Mängel in der Druckbildgestaltung lassen jedoch vermuten, daß der der Kopie zugrundeliegende "Dienstausweis" nachgeahmt worden ist.

Schock

Erich Schock
kriminaltechnischer Sachverständiger

ler in dem sogenannten „Dienstausweis" wurden von Scheffler deshalb gar nicht erkannt; später, vor dem Gericht in Israel, als man ihm dies vorhielt, gab er die Fehler zu, aber mit der einschränkenden Bemerkung, damals seien die Verhältnisse vielleicht zu turbulent gewesen, um ein einwandfreies Dokument herausgeben zu können ...

Schon der *United States District Court* in Cleveland/Ohio, der die Auslieferung Demjanjuks verhandelte, kam zum Schluß: *„Keine Prozeßpartei konnte ein exakt gleiches Dokument vorlegen, und die Regierung weiß nichts über die Existenz eines anderen Dokumentes, das der Trawniki-Karte ähnlich wäre."* (071) Mit anderen Worten: man ging von der „Echtheit" dieses angeblichen Dokuments aus, obgleich es kein einziges Vergleichsstück gab.

Die Verteidigung Demjanjuks hat sich weitaus mehr Mühe gegeben, die Echtheit oder Fälschung dieses sogenannten Dokuments nachzuweisen. Doch das für alle Militärdokumente zuständige westdeutsche *Militärarchiv* in Freiburg, Teil des staatlichen *Bundesarchivs* in Koblenz, teilte schließlich nach intensiven Forschungen mit, *„daß ein vergleichbares Dokument hier bislang nicht in Erscheinung getreten ist."* (072)

Die Sachverständigen dieses Archivs weisen darauf hin, daß selbst dann, wenn dieses offenbar einmalige Dokument echt sein sollte, daraus nicht der Schluß gezogen werden kann, daß Demjanjuk auch in einem Konzentrationslager gewesen war. Zwar wurde in der Presse der Eindruck vermittelt, Trawniki sei ein „berüchtigtes" Lager gewesen, in dem Männer für den Dienst in Konzentrationslagern ausgebildet wurden. Die osteuropäische kommunistische Presse berichtete — wie die Belgrader Zeitung *Politika Ekspres* — über *„ein nazistisches Zentrum zur Ausbildung von KZ-Wächtern"*. Aber nicht einmal die Lagerverwaltung von Trawniki, an der Spitze der Kommandant Streibel, wußte etwas davon, daß einige wenige Männer, die hier ausgebildet wurden, später auch in Konzentrationslagern Dienst taten: dies war der Grund dafür, daß Lagerkommandant Streibel nach jahrelangen Verhandlungen in Hamburg schließlich freigesprochen wurde. Die meisten fremdländischen Wachmänner, die in Trawniki gedrillt wurden, haben niemals ein Konzentationslager gesehen und erfuhren von deren Existenz erst nach Kriegsende.

Bei der weiteren Analyse des angeblichen Dokuments kamen die unabhängigen Sachverständigen des deutschen *Militärarchivs* zu folgenden Schlüssen:

Wie sich aus der vierten Seite dieses angeblichen Dokuments ergibt, hatte der Besitzer eines solchen Dokuments eine „Residenzpflicht": Er durfte sich nur dort aufhalten, wohin er abkommandiert war. Aber wie sich aus dem Ausweispapier ergibt, war der Besitzer dieses Dokuments — wenn es überhaupt echt ist — zunächst Wächter auf einem deutschen Liegenschaftsgut namens Okzow, um erst dann nach Sobibor abkommandiert zu werden. Hier fehlt die Angabe, daß er ins Konzentrationslager Sobibor abkommandiert wurde, was nicht ausschließt, daß er im Raum von Sobibor, wo es viele Lager und schutzbedürftige Objekte gab, Wachmann war — und das Konzentrationslager nie gesehen hat. Und am wichtigsten: wenn dieses Dokument echt sein soll, ergibt sich aus ihm gerade nicht, daß Demjanjuk im Konzentrationslager von Treblinka gewesen ist — wie es die Anklage behauptet. Somit beweist dieses Dokument selbst dann, wenn es echt sein sollte, nicht, daß der Inhaber jemals *„zu Bewachungsaufgaben in einem Konzentrationslager herangezogen wurde."*

Hingegen, so meint das deutsche *Militärarchiv* in Freiburg, *„brauchen die Einlassungen Demjanjuks, der Waffen-SS angehört zu haben, nicht wahrheitswidrig zu sein. Er kann nach dem Juli 1943 durchaus noch zur Waffen-SS gekommen sein."* Denn im September 1943 hatten die Deutschen damit begonnen, auch kriegsgefangene Ukrainer für den Wehrdienst zu rekrutieren.

Ähnliche Auskünfte erhielt man von allen Seiten: niemand hatte jemals ein solches oder ein ähnliches Dokument gesehen. Der Leiter der *Zentralstelle zur Verfolgung nationalsozialistischer Gewaltverbrechen* in Ludwigsburg, Staatsanwalt Streim, erklärte dies sogar schriftlich (073). Auch die Amerikaner und später die Israelis wurden nicht fündig, obgleich ihnen beispielsweise das *Berlin Documentation Center* offenstand — das der Verteidigung verschlossen blieb: Auf Anfragen stellte diese Sammelstelle nationalsozialistischer Dokumente zwar mehrere Kilogramm Material zur Verfügung — aber kein einziges Dokument ähnelte dem, auf das sich die Anklage in Jerusalem stützt, und in keinem einzigen Dokument ist die Rede von Iwan Demjanjuk.

Die Verteidigung informierte sich auch bei der Düsseldorfer Staatsanwaltschaft; denn dort waren vor einem deutschen Gericht jahrelang Prozesse gegen KZ-Wächter geführt worden. Die Staatsanwaltschaft, die gegen diese KZ-Wächter Beweise zusammentrug, gilt also als äußerst sachkundige Einrichtung für alles, was mit Konzentrationslagern der Deutschen in Polen zusammenhängt. Der zuständige Staatsanwalt Spieß erklärte zunächst, *„er glaube"*, schon einmal ein solches Dokument gesehen zu haben. Aber bei weiteren Nachforschungen stellte er fest, daß das Dokument, an das er sich erinnerte, völlig anders aussieht. Das Dokument, das sich im Besitz der Staatsanwaltschaft Düsseldorf befindet, gehörte einem gewissen Swidersky. Der Staatsanwalt am Ende seiner Nachforschungen: *„Bei den Unterlagen des Verfahrens gegen Swidersky befindet sich kein dem „Dokument Demjanjuk" ähnliches Ausweisdokument." (074)*

„Nie gesehen"

Die *Deutsche Dienststelle in Berlin*, die sich vor allem mit der *„Benachrichtigung der nächsten Angehörigen von Gefallenen der ehemaligen deutschen Wehrmacht"* befaßt, konnte nur *„feststellen, daß ausländische Freiwillige im Rahmen der Wehrmacht Soldbücher und auch Erkennungszeichen erhielten. Sie glichen denen der deutschen Soldaten bzw. denen der Angehörigen der Waffen-SS."* Auch das amerikanische *Office of Spezial Investigations* hatte offenbar schon die Auskünfte dieser deutschen Dienststelle bemüht — nachdem man im amerikanisch kontrollierten *Berlin Documentation Center* nicht fündig geworden war. Deshalb die weitere Auskunft der *Deutschen Dienststelle in Berlin: „Wir sind in der Angelegenheit des Herrn Iwan Demjanjuk bereits verschiedentlich tätig geworden. Unsere Nachforschungen über etwaige Dienstleistungen für die deutsche Wehrmacht sind leider ergebnislos verlaufen"* (075). Ein gleiches oder nur ähnliches „Dokument" hatte man auch dort nie gesehen.

„Darauf ist keine Anklage zu bauen"

Als Dr. Rückerl, der Leitende Staatsanwalt der Ludwigsburger Zentralstelle, dieses „Dokument“ sah, erklärte er, als Staatsanwalt würde er, nur auf ein solches Dokument gestützt, keine Anklage erheben. Auch bei ihm befindet sich kein gleiches oder ähnliches Dokument, nicht einmal ein Hinweis auf „Iwan den Schrecklichen“: *„Die Frage, ob und auf welche Weise Zeugen gesehen haben können, daß ein Ukrainer den Motor der Gaskammer bedient hat, und ob Demjanjuk die Person war, die man als „Iwan der Schreckliche“ bezeichnete, kann nur durch eine Vernehmung dieser Zeugen geklärt werden. Ich selbst kann dazu keine Stellung nehmen.“*

Zeuge: Niemand konnte irgendetwas sehen

Nachdem Dr. Rückerl, der als führender juristischer Fachmann auf diesem Gebiet gilt, pensioniert worden war, erkundigte man sich bei seinem Nachfolger, ob es vielleicht inzwischen neue Erkenntnisse gebe. An seiner Stelle erklärte Staatsanwalt Dressen: *„Neue Erkenntnisse zur eventuellen Mitwirkung von Hiwis bei Vergasungen in Treblinka haben sich nicht ergeben.“* (093) Sie können sich auch nicht ergeben, denn der in Berlin lebende Zeuge Otto Horn hatte schon erklärt, er selbst habe niemals sehen können, wer den Gasmotor wirklich bediente — obgleich er laut Prozeß den Abtransport der Leichen beaufsichtigt und kommandiert hatte.

Der „Sachverständige“

Eine Anfrage bei Dr. Scheffler, der vor den amerikanischen Behörden die Echtheit des sogenannten Dokuments beschworen hatte, ergab, *„daß er kein Vergleichsstück kenne. Als ich“*, so heißt es in einer eidesstattlichen Erklärung des Gesprächspartners, *„Herrn Scheffler darauf hinwies, daß alle meine Bemühungen, in deutschen Archiven, in deutschen Gerichtsakten usw., ein gleiches oder ähnliches Dokument zu finden, fruchtlos geblieben seien, erklärte mir Herr Scheffler, daß es gleiche oder ähnliche Dokumente in Deutschland auch gar nicht gebe. Ich wies Herrn Scheffler darauf hin, daß aus dem Dokument gar nicht hervorge-*

he, daß Demjanjuk in Treblinka gewesen sein soll. Herr Scheffler erklärte, dies sei „ein Fehler" im Dokument, aber er könne mir nicht erklären, wie es zu diesem Fehler gekommen sei. " (076) Dr. Scheffler, ein Historiker im Bereich der politischen Wissenschaft aber kein Dokumenten-Sachverständiger, hat auch in der Sowjetunion nie ein gleiches oder ähnliches Dokument gesehen.

Doch zum Glück gibt es noch lebende Zeugen, die in der Verwaltung des Ausbildungslagers Trawniki tätig waren:

Unter ihnen befindet sich Heinrich Schäfer, ein Volksdeutscher aus der Sowjetunion, der zwischen 1941 und 1944 in Trawniki weilte, also das Lager unmittelbar nach seiner Gründung kennenlernte und nicht eher verließ, bis es aufgelassen wurde. Heinrich Schäfer lebt heute auf einem Dorf unweit der deutschen Stadt Kassel.

Schon Anfang 1980 erhielt Schäfer nach telefonischem Anruf überraschenden Besuch von einem Herrn, der sich als Angestellter des amerikanischen Generalkonsulats vorstellte. In Wirklichkeit handelte es sich um einen gewissen Charig, Beamter der Überseeabteilung des amerikanischen Justizministeriums. Charig begehrte, mit Schäfer über dessen Zeit im Lager Trawniki zu sprechen, und brachte eine Fotokopie des „Dienstausweises" gleich mit. Es gehe, so erklärte Charig, darum, den darauf abgebildeten Demjanjuk zu entlasten. Nach wenigen Wochen erhielt Schäfer noch einen Hausbesuch, diesmal von drei Herren: Herrn Charig, einem Vertreter der amerikanischen Generalstaatsanwaltschaft und einem Beamten des *Office of Spezial Investigations.* Von ihnen gründlich vorbereitet, wurde Schäfer schließlich ins amerikanische Generalkonsulat in Frankfurt am Main geladen, wo er seine Aussage machte — diesmal auch in Anwesenheit eines Vertreters der Verteidigung Demjanjuks.

Noch einmal mit dem „Dienstausweis" konfrontiert, erklärte Schäfer zwar zunächst, er erinnere sich, *„daß alle Männer, die in Trawniki ausgebildet wurden, solch eine offizielle Identitätskarte erhielten. Auch ich hatte eine solche Identitätskarte, ja."* Aber dies war nicht die Wahrheit, denn in Schäfers Besitz befindet sich noch das Ausweispapier, das ihm ausgestellt wurde — und das sieht ganz anders aus!

Im weiteren Verlauf des Verhörs in Anwesenheit des Vertei-

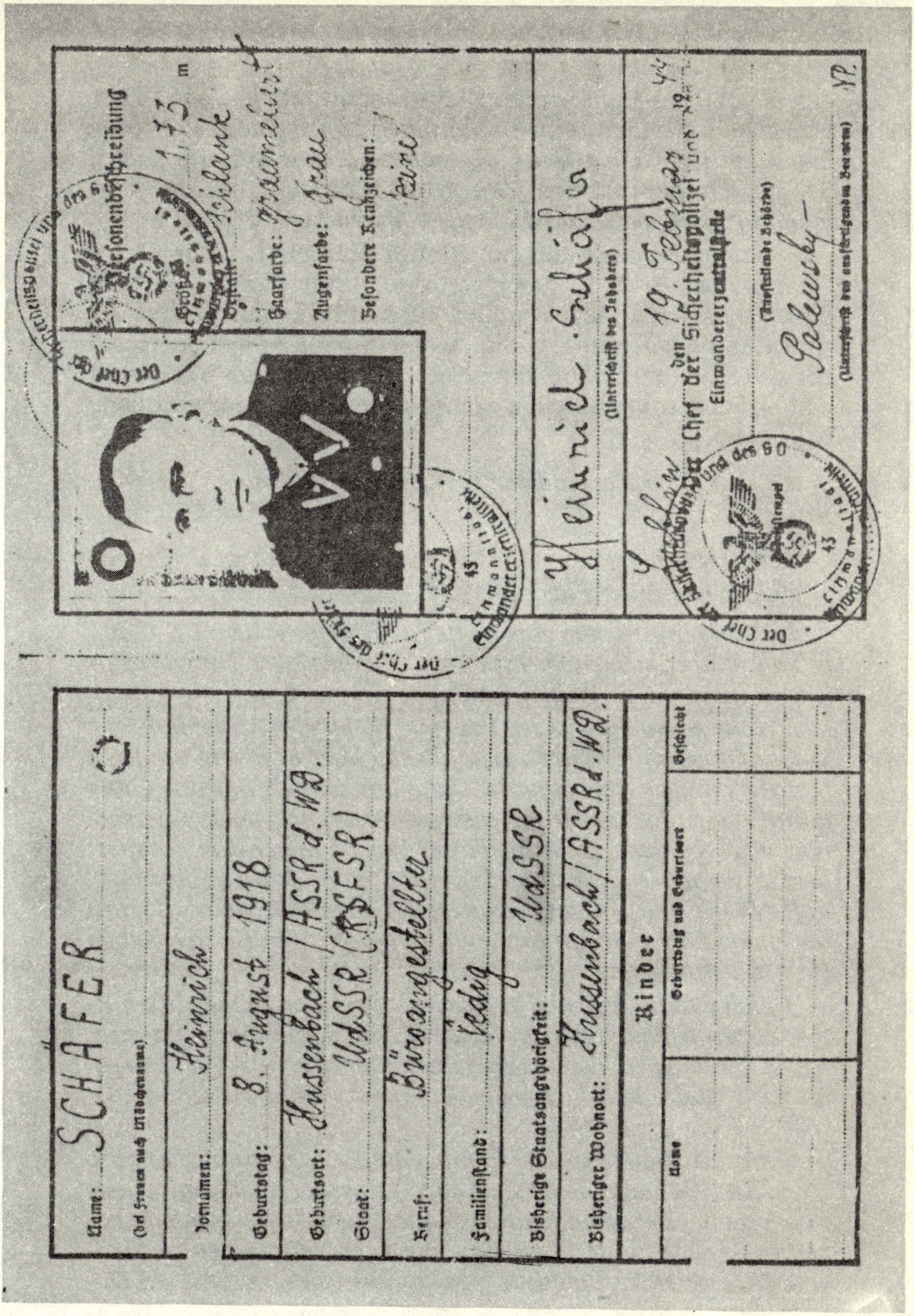

Name: SCHÄFER
(bei Frauen auch Mädchenname)
Vornamen: Heinrich
Geburtstag: 8. August 1918
Geburtsort: Kussenbach / ASSR d. WD.
Staat: UdSSR (RSFSR)
Beruf: Büroangestellter
Familienstand: ledig
Bisherige Staatsangehörigkeit: UdSSR
Bisheriger Wohnort: Kussenbach / ASSR d. WD.

Kinder

Name	Geburtstag und Geburtsort	Geschlecht

Personenbeschreibung
Größe: 1,73 m
Gestalt: schlank
Augenfarbe: grau
Besondere Kennzeichen: keine

Heinrich Schäfer
(Unterschrift des Inhabers)

den 19. Februar
Der Chef der Sicherheitspolizei
Einwandererzentralstelle
(Ausstellende Behörde)
Palewsky
(Unterschrift des ausfertigenden Beamten)

Dok. 9: Der Dienstausweis des Zeugen Schäfer

digers von Demjanjuk geriet alles ins Schwanken, was Schäfer zunächst erklärt hatte: *„Ich weiß nicht, ob ich eine solche Karte hatte. Ich weiß auch nicht, ob ich eine ähnliche Karte hatte."* Schließlich wußte dieser Zeuge nicht einmal, *„ob irgend jemand in Trawniki solche Karten erhalten hat."*

Unmittelbar nach diesem Verhör schrieb Schäfer Herrn Charig einen Brief: Er beschwerte sich bitter darüber, daß ihn dieser aufs Kreuz legen wollte. Er hätte niemals in ein Gespräch mit Charig eingewilligt, wenn ihm dieser nicht eingeredet hätte, Schäfer könne mit seiner Aussage einem Verfolgten helfen. Schäfer verfaßte die nachfolgend zitierte eidesstattliche Erklärung:

Eidesstattliche Erklärung/Affidavit

Ich,
Heinrich Schäfer,
erkläre hier unter Eid:

1.) Von mir ist schon zuvor eine Erklärung vor dem US-Generalkonsul über meinen Dienst im Ausbildungslager Trawniki/Polen während des 2. Weltkriegs abgegeben worden.

2.) Das Ausbildungslager Trawniki diente der Ausbildung von Wachmännern für landwirtschaftliche Güter in Polen, an deren Spitze Volksdeutsche standen. Diese landwirtschaftlichen Güter hatten die Aufgabe, zur Lebensmittelversorgung unter Kriegsbedingungen beizutragen. Aufgabe der Wachmänner war es außerdem, Eisenbahnbrücken und Lagerhäuser, in denen Lebensmittel aufbewahrt wurden, zu bewachen. Einige von ihnen wurden auch zum Dienst in den Konzentrationslagern im Bereich Lublin (Polen) verpflichtet.

3.) Ich war in Trawniki in jenem Teil der Verwaltung beschäftigt, dessen Aufgabe es war, die dem Ausbildungsbataillon zugeteilten Ukrainer zu identifizieren und kontrollieren. Außerdem gehörten Finanz- und allgemeine Lagerverwaltung zu diesem Bereich.

4.) In den Jahren meiner kontinuierlichen Diensttätigkeit, also zwischen 1941 und 1944 im Lager Trawniki, ist niemals einem Wachmann ein Identifikationspapier ausgestellt worden, das gleichzeitig eine Liste über empfangene Ausrüstungsgegenstände enthielt. Die Ausrüstungsliste bestand aus einem besonderen Do-

kument, das in der Lagerverwaltung, in der ich arbeitete, aufbewahrt wurde.

5.) Die Ausrüstungsliste für Wachmänner enthielt auch immer den Karabiner, der an den Wachmann ausgegeben wurde, und dessen Nummer. Die Munition für diese Waffe wurde dort ausgegeben, wo der Wachmann eingesetzt war. Es ist völlig unvorstellbar, daß an einen Wachmann kein Karabiner ausgegeben wurde, denn dieser war gewissermaßen seine rechte Hand, ohne die er seinen Dienst nicht ausführen konnte.

6.) Die Kopie der Identifikationskarte, die mir durch den Vertreter der US-Regierung gezeigt wurde, enthält neben einer Ausrüstungsliste auch Hinweise auf dienstliche Versetzungen zu einem landwirtschaftlichen Gut in Okzow sowie Sobibor. Dieses Dokument kann nicht in Trawniki herausgegeben worden sein.

7.) Dienstliche Versetzungen wurden niemals auf Identifikationsdokumenten verzeichnet. Solche Informationen wurden nur in den Akten der jeweils zuständigen Kommandostelle aufbewahrt. Auch mußte auf jeder Identifikationskarte das Datum der Herausgabe stehen; andernfalls war ein solches Papier automatisch ungültig.

8.) Jeder Wachmann in Trawniki, ich eingeschlossen, hatte ein Identifikationspapier, auf dem sein Name nur einmal erschien. Eine solche Karte wie jene, die mir gezeigt wurde und die zweimal den Namen Iwan Demjanjuk ausweist, ist von mir nie ausgegeben worden. Ich kenne solche Karten nicht.

9.) Bei meiner vorangegangenen Befragung vor dem US-Konsul wurde ich niemals zu meiner Meinung über die Authentität der „Demjanjuk-Karte" gefragt. Ich erklärte, daß ich niemals eine Karte wie diese während meiner Dienstzeit in Trawniki gesehen hatte, und nahm an, daß diese Zeugenaussage ausreichend sei.

Natürlich reichte dies der Anklage nicht. Kaum war Demjanjuk an Israel ausgeliefert worden, wurde der Zeuge Heinrich Schäfer erneut belästigt. Schäfer wurde, diesmal von zwei Israelis, abermals vernommen, fünf Stunden lang, in Anwesenheit zweier deutscher Polizeibeamter. Als das Verhör auch noch am nächsten Tag fortgesetzt wurde, besann sich Schäfer plötzlich anders: Jetzt „erinnerte" er sich an die Identitätskarte, obgleich er auch weiter *„keine Details"* eines solchen Dienstausweises beschreiben konnte. Den Vertretern der is-

tionsdokumenten verzeichnet. Solche Informationen wurden nur in den Akten der jeweils zuständigen Kommandostelle aufbewahrt. Auch mußte auf jeder Identifikationskarte das Datum der Herausgabe stehen; andernfalls war ein solches Papier automatisch ungültig.

8.) Jeder Wachmann in Trawniki, ich eingeschlossen, hatte ein Identifikationspapier, auf dem sein Name nur einmal erschien. Eine solche Karte wie jene, die mir gezeigt wurde und die zweimal den Namen Ivan Demjanuk ausweist, ist von mir nie ausgegeben worden. Ich kenne solche Karten nicht.

9.)Bei meiner vorangegangenen Befragung vor dem US-Konsul wurde ich niemals zu meiner Meinung über die Authentität der "Demjanuk-Karte" abfragt.Ich erklärte, daß ich niemals eine Karte wie diese während meiner Dienstzeit in Trawniki gesehen hatte und nahm an, daß diese Zeugenaussage ausreichend sei.

(Heinrich Schäfer)

Die eigenhändige Unterschrift des Heinrich Schäfer wh. in 3527 Calden Harter Weg 24 wird hiermit amtlich beglaubigt.

Calden, d. 13.09.1983

Dok. 10: Schäfers eidesstattliche Erklärung

raelischen Anklage genügte es, daß Schäfer plötzlich erklärte, *„die Karte sieht authentisch aus."*

Auf ähnliche Weise wurden alle Zeugen „bearbeitet", bis sie erklärten, was eher ins Bild der Anklage paßte. Eine Ausnahme machte ein anderer Angehöriger der Verwaltung in Trawniki, denn seine Aussage war von Anfang an so, daß sie von der Anklage nicht verwendet werden konnte.

Dieser Zeuge erklärte vor einem deutschen Notar:

— Während des 2. Weltkrieges wurde ich zur Waffen-SS eingezogen. Nachdem ich 1941 verwundet war, wurde ich zur SS-Standortverwaltung Lublin versetzt. Diese kommandierte mich zur Außenstelle Trawniki ab.

— In Trawniki war ich als Rechnungsführer tätig, mir oblag die Besoldung der Angehörigen der SS und der Wachmannschaften, die sowohl im Lager als auch auf Außenstellen (Liegenschaftsgütern) eingesetzt waren.

Das Dokument, das mir in einer Fotokopie gezeigt wurde, ist mir nicht bekannt und m. E. nicht in Trawniki ausgestellt.

— Für die Rekrutierung, Verwaltung, Ausrüstung und den Einsatz der Wachmänner war die Lagerkommandantur zuständig. Sie unterstand dem Meister der Schutzpolizei Drechsel und war auch räumlich getrennt von uns.

— Das Lager Trawniki unterstand dem SS- und Polizeiführer in Lublin.

— Die Außenstelle der Standortverwaltung hatte lediglich die Aufgabe, die wirtschaftliche Versorgung des Lagers zu betreiben (Wehrsold, Verpflegung, Bekleidung).

— Das Dienstsiegel der Standortverwaltung durfte nur vom Leiter der Außenstelle für Angehörige der Standortverwaltung verwendet werden.

— Das Dienstsiegel der Lagerkommandantur war anders als auf der vorgezeigten Fotokopie. Abdrücke hiervon befinden sich in meinem Besitz.

— Nach Belehrung über die Bedeutung einer eidesstattlichen Versicherung und auf die strafrechtlichen Folgen einer vorsätzlich oder fahrlässig falsch abgegebenen Erklärung an Eides Statt hingewiesen, versichere ich hierdurch vor dem Notar an Eides Statt, daß mir nichts bekannt ist, was der Richtigkeit meiner Angaben entgegensteht.

— Vorstehendes Protokoll wurde dem Erschienenen von dem Notar vorgelesen, von ihm genehmigt und eigenhändig, wie folgt, unterschrieben:

(Es folgen die Unterschriften des Zeugen und des Notars in Bargteheide/Holstein. Die Erklärung an Eides Statt erfolgte laut Deckblatt am 7. Dezember 1983).

Dieser Zeuge, der heute in Hamburg lebt, war sogar bereit, vor dem Gericht in Cleveland/Ohio auszusagen, das über die Auslieferung Demjanjuks an Israel befinden mußte. Er erschien dort — und wurde von den Vertretern der Anklage wie ein Schuldiger behandelt. Die Presse stellte ihn als „Nazi" dar, der nichts anderes vorhabe, als den „Naziverbrecher" Demjanjuk zu schützen. Inzwischen hat dieser Zeuge weitere Fehler an dem sogenannten Dokument festgestellt. Er ist auch bereit, vor dem israelischen Gericht auszusagen — wenn dieses auf seine Aussage Wert legen sollte. Doch die Anklage gegen Demjanjuk will diesen Zeugen gar nicht hören. Zwar ist er der einzige Zeuge, der völlig eindeutig weiß, daß dieses Dokument niemals in Trawniki ausgegeben wurde — wer sollte es sonst wissen? Aber obgleich er zweifellos ein wichtiger Zeuge ist, wird er nicht gehört. Stattdessen lud die Staatsanwaltschaft in Jerusalem die ehemalige Hamburger Staatsanwältin Grabert vor, die natürlich niemals in Trawniki war und alles nur aus dem jahrelangen Trawniki-Verfahren gegen den ehemaligen Kommandanten dieses Lagers, Streibel, weiß: nur ist in diesem Verfahren weder solch ein Ausweis noch natürlich der Name Iwan Demjanjuk vorgekommen. Sie konnte in Jerusalem nur bestätigen, daß sie die Unterschrift des ehemaligen Lagerleiters von Trawniki, Streibel, auf der sogenannten Identitätskarte wiedererkennt.

Dies tat auch Streibel selbst. Denn Streibel, von der Anklage freigesprochen, lebte bis 1986, dem Jahr seines Todes, gleichfalls in Hamburg. Er erklärte zu dem „Dokument" folgendes:

Eidesstattliche Versicherung.

Ich versichere hierdurch an Eides Statt, nachdem ich zuvor auf die Bedeutung einer eidesstattlichen Versicherung und auf die

Strafbarkeit unrichtiger eidesstattlicher Versicherungen hingewiesen worden bin, was folgt:

Ich bin mit der Fotokopie einer Urkunde bekannt gemacht worden, welche meine Unterschrift trägt.

Diese Urkunde wurde — laut Fotokopie — vom „Beauftragten des Reichsführers-SS für die Errichtung der SS- oder Polizeistützpunkte/Dienstsitz Lublin/Ausbildungslager Trawniki" auf den Namen eines gewissen Iwan Demjanjuk ausgestellt und trägt, was mir auffällt, kein Ausstellungsdatum, obgleich Dokumente in aller Regel mit einem Datum versehen werden.

Bei näherer Betrachtung der Fotokopie bin ich zu folgendem Schluß gekommen:

Meine Unterschrift als „SS-Hauptsturmführer", die auf der Fotokopie sichtbar ist, ist offenbar echt, aber ich kann mich nicht erinnern, solch eine Unterschrift jemals auf dieses oder ein ähnliches Dokument gesetzt zu haben. Ich wäre nur dann in der Lage, die Echtheit des Dokuments bzw. meiner Unterschrift auf diesem Dokument zu bestätigen oder eindeutig abzuleugnen, wenn mir ein Original vorgelegt würde.

Ich kann auch nicht mit Sicherheit sagen, ob solche Dokumente überhaupt von meiner damaligen Dienststelle ausgegeben wurden.

Herr Demjanjuk ist mir unbekannt. Es gab in Trawniki Ukrainer. Diese wurden vor allem eingesetzt, um Landgüter zu bewachen. Endete eine Kommandierung, kamen sie in der Regel nach Trawniki zurück, ehe sie woandershin kommandiert wurden.

Ich bin der damalige SS-Hauptsturmführer Karl Streibel, leitete das Lager Trawniki und wurde nach einer Hauptverhandlung, die von 1972 bis 1976 dauerte, freigesprochen. Ich war also, wie das deutsche Gericht durch Urteil bestätigte, als Leiter des Lagers Trawniki niemals an irgendwelchen Verbrechen oder deren Vorbereitung beteiligt.

Ich versichere an Eides Statt, daß meine vorstehenden Angaben voll und ganz der Wahrheit entsprechen.

Ich gebe diese Erklärung gegenüber einem US-amerikanischen Gericht zur Glaubhaftmachung einer Aussage ab.

Hierüber ist dieses in Urschrift bei mir verbleibende Protokoll aufgenommen, vorgelesen, von dem Beteiligten genehmigt und eigenhändig, wie folgt, unterschrieben, auch von mir, dem Notarvertreter, unterschrieben und besiegelt worden.

erschien heute in meinen Amtsräumen, Gänsemarkt 50:

Herr Karl Streibel,
geb. am 11. Oktober 1903,
wohnhaft: Rotenhäuser Straße 38, 2000 Hamburg-Wilhelmsburg,
ausgewiesen durch Bundespersonalausweis Nr. L 2853710,

und erklärte zu meinem Protokoll die nachfolgende

EIDESSTATTLICHE VERSICHERUNG.

Ich versichere hierdurch an Eides Statt, nachdem ich zuvor auf die Bedeutung einer eidesstattlichen Versicherung und auf die Strafbarkeit unrichtiger eidesstattlicher Versicherungen hingewiesen worden bin, was folgt:

Ich bin mit der Fotokopie einer Urkunde bekannt gemacht worden, welche meine Unterschrift trägt.

Diese Urkunde wurde -laut Fotokopievom "Beauftragten des Reichsführers-SS für die Errichtung der SS= und Polizeistützpunkte/Dienstsitz Lublin/Ausbildungslager Trawniki" auf den Namen eines gewissen Iwan Demjanuk ausgestellt und trägt, was mir auffällt, kein Ausstellungsdatum, obgleich Dokumente in aller Regel mit einem Datum versehen werden.

Bei näherer Betrachtung der Fotokopie bin ich zu folgendem Schluß gekommen:

Meine Unterschrift als "SS=Hauptsturmführer", die auf der Fotokopie sichtbar ist, ist offenbar echt, aber ich kann mich nicht erinnern, solch eine Unterschrift jemals auf dieses oder ein ähnliches Dokument gesetzt zu haben. Ich wäre nur dann in der Lage, die Echtheit des Dokuments bzw. meiner Unterschrift auf diesem Dokument zu bestätigen oder eindeutig abzuleugnen, wenn mir ein Original vorgelegt würde.

Ich kann auch nicht mit Sicherheit sagen, ob solche Dokumente überhaupt von meiner damaligen Dienststelle ausgegeben wurden.

Herr Demjanuk ist mir unbekannt. Es gab in Trawniki Ukrainer. Diese wurden vor allem eingesetzt, um Landgüter zu bewachen. Endete eine Kommandierung, kamen sie in der Regel nach Trawniki zurück, ehe sie woanders hin kommandiert wurden.

Dok. 11: Eidesstattliche Versicherung des früheren Kommandanten von Trawniki – ist seine Unterschrift auf Demjanjuks „Ausweis" echt?

Ich bin der damalige SS=Hauptsturmführer Karl Streibel, leitete das Lager Trawniki und wurde nach einer Hauptverhandlung, die von 1972 bis 1976 dauerte, freigesprochen. Ich war also, wie das deutsche Gericht durch Urteil bestätigte, als Leiter des Lagers Trawniki niemals an irgendwelchen Verbrechen oder deren Vorbereitung beteiligt.

Ich versichere an Eides Statt, daß meine vorstehenden Angaben voll und ganz der Wahrheit entsprechen.

Ich gebe diese Erklärungen gegenüber einem US-Amerikanischen Gericht zur Glaubhaftmachung einer Aussage ab.

Hierüber ist dieses, in Urschrift bei mir verbleibende Protokoll aufgenommen, vorgelesen, von dem Beteiligten genehmigt, und eigenhändig, wie folgt, unterschrieben, auch von mir, dem Notarvertreter, unterschrieben und besiegelt worden.

gez. Karl Streibel
(Siegel) gez. Heinrich, Notarassessorin

Notarvertreterin

Kosten-Berechnung
gem. Kostenordnung vom 20.08.1975
Wert: DM 5.000,--

Gebühr §§ 141,32,49 KostO	DM 45,--
Umsatzsteuer 14 %	DM 6,30
	DM 51,30
	========

Notarvertreterin: gez. H.

Die Anklage gegen Demjanjuk bemühte natürlich auch die Sowjetunion. Dort waren Sowjetsoldaten, die nach dem Sommer 1941 in deutsche Kriegsgefangenschaft geraten und anschließend ins Ausbildungslager Trawniki gekommen waren, verhört und strafrechtlich verfolgt worden. Doch keiner dieser Trawniki-Männer erinnerte sich an einen Ausweis, und natürlich konnte keiner von ihnen auf einem der ihnen gezeigten Bilder Demjanjuk wiedererkennen.

So gibt es nicht nur kein gleiches oder ähnliches Dokument — weder in der Sowjetunion noch in Deutschland oder anderswo. Es gibt auch keinen einzigen Zeugen — weder aus den Reihen der ehemaligen Mannschaft noch der deutschen Verwaltung von Trawniki —, der sich erinnern konnte, solch ein Dokument je gesehen zu haben. 1973 war im Rahmen des Strafverfahrens gegen Lagerkommandant Streibel auch Helmut Leonhardt als Zeuge befragt worden. Der Polizist hatte im Lager von Trawniki die Mannschaftskartei geführt. Er erinnerte sich sehr genau an diese Kartei, aber an keinen Ausweis, den man den Angehörigen der Lagermannschaft ausgegeben hätte. Erst im Jahre 1986, als gegen Demjanjuk immer noch keine Zeugen gefunden worden waren, erinnerte man sich in Jerusalem an diesen Mann. Anfang 1986 erhielt das Bundeskriminalamt in Wiesbaden einen Anruf. Es erschien ein Herr Horowitz, der einen englisch verfaßten Brief des israelischen Staatsanwalts bei sich hatte. Darin wurde das BKA um „Rechtshilfe" gebeten. Dies war ein sehr ungewöhnlicher Vorgang, denn normalerweise hätte das Bonner Auswärtige Amt von einem israelischen Rechtshilfebegehren informiert werden müssen. So aber umging man die normalen Kanäle: das BKA bat die Staatsanwaltschaft in Köln, den Israelis bei der Suche nach Zeugen gegen Demjanjuk behilflich zu sein. Im Juli 1986 wurde dann der Zeuge Leonhardt erneut vernommen, mit erstaunlichem Erfolg. Denn woran er sich als Zeuge dreizehn Jahre zuvor nicht erinnern konnte, wurde ihm plötzlich klarer: die Angehörigen der Lagermannschaft besaßen eine Identitätskarte.

Leonhardt: *„Ich bekam solche Identitätskarten nur selten in meine Finger, denn ich hatte mit ihnen nichts zu tun. Aber sie sind mir nicht unbekannt. Ich kann genau die Unterschrift von Streibel erkennen."*

Es war ihm passiert, was für viele Zeugen in vergleichbaren Fällen typisch ist: die unverkennbare Unterschrift Streibels dient dem Zeugen, das ganze Dokument für richtig zu halten. Der israelischen Anklage genügte dies. Doch ist diese Aussage von Leonhardt zweifellos falsch. Denn einem anderen Angehörigen der Lagerverwaltung fiel sofort auf, daß niemand anders als Leonhardt selbst solche Ausweispapiere ausgegeben haben muß — wenn es überhaupt solche Identitätskarten gab. Die Erklärung Leonhardts, er habe *„mit ihnen nichts zu tun gehabt"* und habe *„solche Identitätskarten nur selten in meine Finger bekommen"*, widerspricht dem Umstand, daß nur er selbst berechtigt war, die Lagerkartei zu führen und auch Ausweise auszugeben. Alle anderen Verwaltungsangestellten von Trawniki hatten andere Aufgaben.

Fassen wir zusammen: Von dieser, vom KGB vorgelegten Ausführung des Dienstausweises gibt es kein zweites Exemplar, obgleich tausende Trawniki-Männer mit solchen Dokumenten ausgerüstet worden sein müßten — wenn es sie wirklich gab. Außerdem erinnert sich kein glaubwürdiger Zeuge an ein solches Dokument. Darüberhinaus weist dieser angebliche Dienstausweis etliche Fehler auf, die ihn als Fälschung erscheinen lassen; und als einziges materielles Beweisstück ist dies „Dokument" nicht geeignet nachzuweisen, daß Demjanjuk jemals in Treblinka war.

Treblinka

Doch selbst, wenn dieses Dokument echt wäre, beweist es nichts: denn Trawniki war ein einfaches Ausbildungslager, und die in den Dienstausweis handschriftlich eingetragenen Abkommandierungen beweisen nicht, daß Demjanjuk jemals im Konzentrationslager von Treblinka gewesen wäre — wo er die schrecklichen Verbrechen verübt haben soll. Im Gegenteil: wenn dieses Dokument echt ist, hatte Demjanjuk nur die Abkommandierung nach Sobibor und durfte gar nicht in Treblinka gewesen sein. Doch gerade das behauptet die Anklage, und sie kann sich dabei nur auf wenige und zudem wiedersprüchliche Zeugen stützen.

Als das Strafverfahren gegen Iwan Demjanjuk in Jerusalem begann, trat als erster und wichtigster Zeuge gegen ihn der ehemalige Hafenarbeiter Elias Rosenberg, geboren am 10. Mai 1924 in Warschau, auf. Rosenberg lieferte den Fernsehkameras dramatische Szenen und brach schließlich in hemmungsloses Weinen aus, nachdem er in Iwan Demjanjuk eindeutig jenen Mann wiedererkannt hatte, der in Treblinka den Vergasungsmotor an der Gaskammer bedient hatte.

Doch dies war nicht die erste Aussage Rosenbergs. Denn schon am 24. Dezember 1947 war er in Wien bei der *Jüdischen Historischen Dokumentation* erschienen, um als einer der ersten Zeugen die „Wahrheit über das Vernichtungslager von Treblinka" zu sagen.

Das war für unsere Meinungsbildung über den Holocaust überaus bedeutsam — Rosenberg wurde zur historischen Person. Denn das Lager Treblinka war, seiner Darstellung entsprechend, nach einem Häftlingsaufstand im August 1943 von den Deutschen dem Erdboden gleichgemacht worden. Als dort sowjetische Truppen eintrafen, fanden sie nur noch einen Acker, mit Getreide bewachsen; keine einzige Leiche und natürlich kein einziges Lagergebäude mehr.

Offenbar gab es auch keine Zeugen, die Genaueres über den Tod von einer Million Menschen allein in diesem Lager wußten. Zwar war schon 1943 in den Vereinigten Staaten ein *Schwarzbuch über die polnischen Juden* erschienen. Darin bezog man sich auf einen *East London Observer,* in welchem gestanden habe: in Treblinka gebe es ein Lager, in dem Juden durch heißen Wasserdampf getötet würden. Der Dieselmotor, der in späteren Schilderungen als Vergasungsapparat bezeichnet wird, erscheint hier gleichfalls schon: aber in dieser früheren Darstellung scheint er eine Rolle beim „Ausheben von Gräbern" zu spielen, nicht als Vernichtungsapparat.

Sehr ernst wurde das *Schwarzbuch* damals in den USA nicht genommen, zumal spätere Nachforschungen ergeben haben sollen, daß es die zitierte Quelle, den *East London Observer,* offenbar nie gegeben hat.

Nach Kriegsende, im Dezember 1945, klagte die polnische Regierung, auf deren Territorium Treblinka lag, den ehemaligen deutschen Generalgouverneur von Polen, Dr. Hans Frank, auch wegen der Ereignisse im Lager Treblinka an, ohne Genaueres zu wissen. Denn in der Anklageschrift hieß es unter anderem, man habe in Treblinka Juden getötet, indem man *„Dampf einließ."* Als entscheidender Mann an der Wasserdampfkammer wurde in dieser Anklage ein *„SS-Hauptmann Sauer"* genannt. Die Schilderungen, die hier auf Sauer zutreffen sollen, wurden viel später auf „Iwan den Schrecklichen" und Iwan Demjanjuk übertragen.

1946 legte die Regierung der Vereinigten Staaten dem internationalen Militärgericht in Nürnberg unter der Nr. USA-293 ein Dokument vor, in dem gleichfalls beschrieben wurde, wie in Treblinka Menschen durch heißen Wasserdampf getötet worden seien: von Vergasung war keine Rede.

Andere Berichte erschienen, von nahem betrachtet, höchst zweifelhaft: etwa der sogenannte „Höss-Bericht", in dem von Menschenvernichtung in Treblinka schon Anfang 1941 die Rede ist — obgleich es das Lager damals noch gar nicht gab. Oder der sogenannte „Gerstein-Bericht", in dem von Kleiderbergen ermordeter Juden in Treblinka die Rede ist, „ungefähr 35 bis 40 Meter hoch". Später sind diese Kleider-Himalayas nie wieder erwähnt worden, um nicht den gesamten Gerstein-Bericht in Frage zu stellen. Denn auf ihm beruht wesentlich, was wir heute unter Holocaust verstehen.

Besonders begierig, genaueres über Treblinka zu erfahren, war Tuviah Friedman, der schon seit 1943 Material über Nazi-Kriegsverbrechen sammelte. Friedman gehörte zu den „Hunters", den ersten Nazijägern, kommandierte schon unmittelbar nach Kriegsende jüdische Spezialteams, die verdächtige Personen entführten und oft an Ort und Stelle liquidierten, und suchte 15 Jahre lang nach Adolf Eichmann, bis er ihn endlich fand.

Tuviah Friedman war nach dem Kriege Leiter der historischen Dokumentenabteilung und Direktor der jüdischen Agentur in Wien. Später leitete er das Dokumentationszentrum in Haifa/Israel.

Man kann sich vorstellen, mit welchem Interesse er 1947

den Zeugen Eliah Rosenberg vernahm, der damals als erster genaueres über Treblinka zu schildern wußte.

Auf Rosenbergs damaliger Schilderung beruht fast alles, was wir über Treblinka wissen. Rosenberg reiste von Prozeß zu Prozeß und spielte auch in den deutschen Treblinka-Verfahren eine bedeutende Rolle, zumal die deutschen Gerichtsbehörden erst sehr spät, rein zufällig, von der Existenz dieses mysteriösen Konzentrations- und Vernichtungslagers erfahren hatten, in dem doch eine Million oder sogar mehr Menschen ums Leben gekommen sein sollen, ohne daß man von ihnen auch nur eine Spur wiederfand.

Da Eliah Rosenberg für unsere Kenntnisse über den Holocaust und besonders das Lager Treblinka eine so entscheidende Rolle spielt und jetzt als wichtigster Belastungszeuge gegen Iwan Demjanjuk angetreten ist, der von ihm beschuldigt wird, persönlich den Gasmotor von Treblinka bedient und andere Scheußlichkeiten begangen zu haben, wollen wir es uns nicht nehmen lassen, den 1947 abgegebenen Bericht Rosenbergs Wort für Wort wiederzugeben — der jahrelang in einem Gerichtsarchiv spurlos verschwunden war.

Auf den folgenden Seiten geben wir die wörtliche Aussage Eliah Rosenbergs von damals wieder.

Für den „Fall Iwan Demjanjuk" ist nur bedeutsam, was Rosenberg 1947 über jenen schrecklichen Ukrainer namens Iwan wußte:

Iwan ist tot

„Daraufhin stürzten einige Leute in die Baracken der ukrainischen Wache, wo unter anderem auch der Ukrainer Iwan schlief, und erschlugen die Ukrainer mit Schaufeln."

Natürlich fragt man sich, wieso dieser selbe Zeuge vierzig Jahre später plötzlich in Iwan Demjanjuk jenen Iwan wiedererkennt, an dessen Tötung er — so seine Aussage 1947 — selbst mitgewirkt hatte? Rosenberg erklärte dies in Jerusalem mit einem „Irrtum": Er habe seinerzeit vom Tod jenes Iwan nur von Kameraden gehört. Außerdem, so deutete Rosenberg

III

583

Tatsachenbericht.

Wien, am 24.12.1947

Aufgenommen mit:
Elias Rosenberg
geb. 1o. Mai 1924 in Warschau
Name des Vaters; Chaim, der Mutter: Rifka, geb. Ausländer
Vorkriegsadresse: Warschau, Geszia 25
dzt.: Auf dem Wege nach Palästina

224

Das Todeslager Treblinka.

Ich war bis zum Jahre 1942 in Warschau, wo die ersten Aussiedlungen am 15. Juli 1942 begannen. Auch ich kam mit meiner Mutter und drei Schwestern am 20. August zum Transport- wohin wussten wir vorläufig noch nicht. Mit diesem Transport fuhren 6000 Menschen u.zw. bestand die Zugsganitur aus 60 Waggons, so dass in einen Waggon hundert Menschen hinein mussten. Der Transport ging, wie wir im Verlaufe der Fahrt merkten, in das berüchtigte Todeslager Treblinka. Es war dies ein Lager ca. 83 km von Warschau entfernt, mitten in einem Wald. Das Lager bedeckte anfangs eine Fläche von ungef. 4 Quadrat km und lag ganz einsam. Das nächste Dorf war ca. 1 km vom Lager entfernt, es hiess Kutaski Vulka Wiginowska. Das Lager wurde im Jahre 1941 von Juden errichtet die die dazu nötige Fläche ausroden mussten. Die Juden wurden später getötet.

Obwohl der Ort zu dem wir erst fuhren-er hiess Malkin nur 80 km von Warschau, unserem Ausgangspunkt entfernt war, dauerte die Fahrt ca. 11 Stunden, da wir einen riesigen Umweg machten, wahrscheinlich, damit die Leute nicht wüssten wohin sie befördert würden. Wie erwähnt, fuhren wir zuerst nach dem Ort Malkin, 2 bis 3 km vom eigentlichen Lager Treblinka entfernt und wurden dann zu je zwanzig Waggons auf einem Nebengeleise nach dem Hauptlager befördert.

Kaum waren wir im Lager angekommen, als uns SS-Männer und ukrainische Polizisten mit Peitschen aus den Waggons jagten und wir uns, in Reihen geordnet, Männer und Frauen getrennt mit unserem Gepäck auf die Erde setzen mussten. Vor unserem Eintreffen war bereits eine unübersehbare Menschenmenge versammelt die ebenso wie wir warten mussten. Wie wir später erfuhren, auf den Tod. Nach einiger Zeit kamen zwei SS-Leute, der eine hiess Franz, ein SS-Oberscharführer, auf den Namen des zweiten kann ich nicht mehr besinnen, ich erinnere mich, dass er "Lalke"/Puppe/ genannt, da er sehr hübsch war. Dieselben deuteten mit ihren Peitschenstielen auf einzelne Männer, die sich in eine besondere Gruppe stellen mussten. Ich möchte erwähnen, dass es strenge verboten war, auch nur ein Wort zu reden. Um so mehr wunderte es mich, als mir plötzlich jemand zuflüsterte: "Nimm einen Besen und rette Dich ." Ich wusste anfangs nicht was das bedeuten sollte, doch fasste ich instinktiv einen in meiner Nähe stehenden Besen und begann die Waggons, aus denen wir ausgeladen wurden, zu kehren. Auch meinen neben mir sitzenden Onkel veranlasste ich, das Gleiche zu tun, obwohl er sich anfangs weigerte. Inzwischen hatte die SS Leute ihre Sortierung beendet und hatten etwa dreissig Mann aus dem ganzen Transport ausgesucht. Wir stellten uns nun unbemerkt dazu. Als sich nun herausstellte, dass zwei Mann zu viel bei der Gruppe waren, begannen die SS-Leute zu brüllen und wild mit der Peitsche um sich zu schlagen. ./.

Elias Rosenberg

Dok. 12: Die beachtenswerte Schilderung des Hauptbelastungzeugen Elias Rosenberg: „Iwan den Schrecklichen" kannte bzw. nannte er 1947 nicht, und der Iwan vom Todeslager wurde beim Aufstand getötet.

Plötzlich riefen sie:"Im Laufschritt ins Lager."Wir setzen uns in Bewegung und liefen,so schnell wir konnten,den uns gewiesenen Weg.Dies alles geschah,ohne dass von einen von uns ein Wort gesprochen wurde.Währen wir so ins Lager liefen,sah ich Berge von Gold und Geld auf einem Haufen zusammengeschlichtet,weiters grosse Mengen von Schuhen und Kleidern jeder Grösse.An einer Wand war ein riesiges Plakat angebracht,auf dem ungeführ folgendes stand:"Achtung Warschauer Wenn man ankommt,geht man ins Bad,erhählt dort frische Wäsche und kommt in ein anderes Lager"-Wir wurden zu einem Haufen Schuhe gejagt und hatten die Aufgabe dieselben zu sortieren,da sich darunter Männer-Frauen und Kinderschuhe befanden und gleichzeitig nachzusehen,ob darin nicht Irgendwelche Wertsachen verstect seien.Ich hatte damals keine Ahnung woher diese Sachen stammen.Ich hatte mit meiner Mutter und meinen Schwestern verabredet,dass wenn wir von einander getrennt werden würden,wir zu demselben Mann in Warschau schreiben würden,der uns jeden dann verständigen sollte,dass und wo wir lebten.Ich fragte daher einen Mann, den ich im Vorbeigehen sah,wo meine Mutter und Schwestern seien könnten.Er machte eine wegwerfende Handbewegung und bedeutete mir,dass sie in den Tod gingen.Ich konnte nicht weiter fragen,da ich sonst Gefahr lief,von einen der ukrainischen Polizisten die das ganze Lager überwachten,erschossen zu werden.Wir mussten von 8 bis 12 Uhr arbeiten,dann wurden wir wieder in das Lager gejagt,wo wir uns bei einer Küche um Essen anstellen mussten.Die meisten von uns hatten keinen Hunger,da wir uns im Laufe des Vormittages,natürlich ohne Wissen der Ukrainer,an weggeworfenen Lebensmittel sattgegessen hatten.Wir wollten nur trinken und stellten uns daher bei einen Brunnen an,der auf dem Platz vor der Küche stand. Der Brunnen war ca.dreissig Meter tief und stark bestialisch. Wie wir von Lagerinsassen,die schon einige Zeit in Treblinka waren,erfuhren,hatten sich in diesen Brunnen Menschen gestürzt deren Leichen natürlich im Wasser verwesten und diesem ekelhaften Geruch verursachten.Nicht weit von diesem Ort bemerkte ich eine Grube,ca sechzig Meter lang,sieben bis acht Meter breit und vier Meter tief die halbvoll mit Leichen war.Diese Grube führte,wie ich später erfuhr,den Namen "Lazarett" und es wurden jene Leute dort erschossen,die nicht aebeiten konnten,oder krank waren.Zu diesem Zwecke kam ein SS-Mann in weissen Kittel und sagte,dass sich die Kranken melden sollten, da sie in ein"Lazarett" kämen.Tatsächlich meldeten sich eine Anzahl Menschen,die natürlich annahmen,dass sie in ein Spital geschickt werden würden.Der SS-Mann führte sie dann abseits und horchte sie mit einen Steteoskop ab,während ein zweiter die Opfer in den Kopf schoss.Auch wenn man bemerkte,dass während der Arbeit zwei Juden miteinander sprachen,kamen dieselben ins Lazarett.Dies alles erfuhr ich jedoch erst am Abend des selben Tages.Ich hatte inzwischen noch immer keine Ahnung,was mit den vielen Menschen geschah,die nach Treblinka kamen.In der Nähe unseres Platzes,waren Baracken eingerichtet,in dennen sich die Menschen Männer und Frauen in eigenen Baracken,vollständig entkleiden mussten.Aus diesen Baracken führte je ein schmaler Weg,die sich zum sogenannten Schlauch vereinigten,wo dann Frauen und Männer gemeinsam durch ein grosses Tor in das Gebäude geführt wurden,dass die "Badeanstalt" genannt wurde.Bis zu diesem Tor reichte das sogenannte erste Lager.Was sich im zweiten Lager abspielte,davon hatten die Menschen des ersten Lagers keine Ahnung,da es streng verboten war,in die Nähe der Abgrenzungen zu kommen.

Elias Rosenberg

224

Ich sah ebenfalls Menschen in die "Badeanstalt" gehen und beobachtete sie eine Weile, ob ich nicht Bekannte darunter sehen würde. Es war ein drückend heisser Tag und als einige der Frauen nach Wasser riefen, ging ich mit einer Menageschale voll Wasser auf sie zu um ihnen etwas Erleichterung zu verschaffen. Plötzlich hörte ich hinter mir einen erschrockten Ausruf: "Er geht in den Tod." und schon sah ich einen Ukrainer auf mich zukommen, ich entging mit knapper Not einem Hieb über den Kopf. Ich hatte keine Zeit mehr, zu fragen was es eigentlich für Bewandtnis mit der ganzen Angelegenheit hätte, da wir gleich wieder zur Arbeit getrieben wurden. Ich musste wieder Kleidungsstücke sortieren und auf Wertsachen achten. Ein Bekannter, der schon längere Zeit im Lager war, führte mich zur Lagergrenze, die aus einer Hecke von gepflanzten Bäumen bestand und so dicht war, dass man nicht sehen konnte, was ausserhalb derselben geschah und führte mich zu einer versteckt gelegenen Lücke, wo sich uns ein eigenartiges Bild bot; Wir sahen hunderte Menschen vollkommen nackt in einem Kreis gehen, wohin sahen wir nicht. Als ich meinen Kameraden fragend anblickte, flüsterte er mir zu, dass diese Menschen alle in den Tod gingen. Mehr konnte er mir nicht sagen, da er das selbst nicht wusste. Wir mussten am ersten Tage unseres Aufenthaltes bis sechs Uhr Abends arbeiten, dann kehrten wir wieder ins Lager zurück. Von dem Transport, mit welchen wir kamen, waren schon keine Menschen mehr zu sehen, ich wusste auch nicht, wohin sie gekommen waren da wir ja nicht sprechen durften. Plötzlich, als die Arbeiter versammelt waren, hiess es: "Alles antreten." Ein genauer Stand war damals nicht bekannt, da ständig neue Menschen ankamen und in das zweite LAger geschickt wurden, sowie auch zahlreiche einfach niedergeschossen wurden. Als wir angetreten waren, stürzte plötzlich aus unseren Reihen ein ca. fünfundzwanzig jähriger Mensch heraus und stiess einem vor uns stehenden SS-Mann namens "Max", ein Messer in die Brust. Wie wir später erfuhren, war der Jude ein argentinischer Staatsbürger, der sich beim Einmarsch der Deutschen zufällig in Warschau befand und so auch in unseren Transport eingeteilt wurde. Er wurde sofort überwältigt und von einem SS-Mann in die Augen geschossen, er starb bald darauf unter furchtbaren Schmerzen. Sofort entstand ein ungeheurer Tumult im Lager und wir wurden im schnellstem Tempo auf einen grossen Platz gejagt. Manche die nicht so schnell laufen konnten, wurden von den anderen die von den Kolbenschlägen der SS angetrieben, einfach niedergetreten. SS-Mann "Lalke" befahl, dass sich alles in einer Reihe aufstellen müsse, dann liess er den Ober-Capo namens Galeski vortreten und begann, ihn wild mit Schlägen zu traktieren. Er schrie dass im Lager Verbrecher wären und dies ihm nicht gemeldet würde. Wenn etwas derartiges nochmals vorkomme, würde auch der Ober-Capo erschossen werden. Darauf suchte er sich 10 Männer aus und tötete sie vor den angetretenen Lagerinsassen durch Schüsse in die Augen. Die Leichen blieben auf dem Platze liegen. Wir mussten dann in die Baracken gehen, die über Nacht versperrt wurden. In den Baracken befanden sich keine Betten, nur Sand war aufgestreut, auf den sich die Menschen hinwarfen, müde und schmutzig wie sie waren. An diesem Tage war der Vorabend des Versöhnungsfestes und einige fromme Juden fingen an, zu beten und zu weinen. Ich hörte noch, während ich in tiefen traumlosen Schlaf verfiel, lange ihr Gebet-murmeln. Dies war mein erster Tag im Lager Treblinka....

Gewöhnlich war um vier Uhr Früh Morgenappel und die Menschen wurden sofort zur Arbeit getrieben. Dies erwarteten wir auch am nächsten Tage, doch nichts dergleichen geschah. Es

Elias Rosenberg

Max fiuler ?

224

Es wurde sieben Uhr und die Menschen, die bei den schmalen Luken der Baracken hinaussahen bemerkten, wie ihnen die Ukrainer die ausserhalb Wache hielten, bedeuteten, dass sie erschossen würden. In der Baracke herrschte begreiflicherweise eine furchtbar schlechte Luft, da man die Fenster nicht öffnen konnte und viele besonders ältere Menschen, wurden ohnmächtig. Dieser Zustand dauerte bis ungefähr halb zehn Uhr vormittags. Plötzlich der ganze Stab der SS Leute und die ukrainischen Bewachungsmannschaften in unser Lager. Wir mussten sämtlich in einer Reihe antreten, die Leute die zum persönlichen Dienst der SS zur Verfügung standen, wie Stiefelputzer, Pferdeknechte und dgl., dies waren ca. sechzig Mann standen abseits. Um unsere Gruppe herum waren Ukrainer mit schussbereiten Gewehren postiert. Auf dem Platze des Lagers standen ca. 800 Mann, stramm in einer Reihe ausgerichtet. Der SS-Mann Lalke trat vor und rief den Ober-Capo Galeski. Er suchte genau zweihundert Mann heraus, die zur Seite treten mussten, knapp vor mir machte er mit dem Zählen halt, sodas ich- wie sich später herausstellte zu meinem Glück-nicht mehr dabei war. Er führte die Menschen hinter das Lager und kurze Zeit darauf hörte man schiessen. Der "Racheakt" war beendet. Da der SS-Mann Max an (BIALA) diesem Tage starb, erhielt ausserdem das ganze Lager drei Tage lang kein Essen. Nach dem Morgenapell mussten wir sofort wieder an die Arbeit.

Als ich wieder beim Sortieren der Kleider beschäftigt war kam ein SS-Scharführer, namens "Mathias" und verlangte "dreissig Freiwillige für eine leichte Arbeit". Da ich fürchtete, dass wir bestraft werden würden, wenn wir und nicht meldeten, stellte ich mich zu der Gruppe der Freiwilligen und veranlasste auch meinen Onkel dazu, das Gleiche zu tun. Wir wurden im Laufschritt in die Richtung gejagt, in der die zum Tode Bestimmten gegangen waren. Da wir nun der Meinung sein mussten dass uns das selbe Schicksal bevorstand, wie denen die vor uns den gleichen Weg gegangen waren, erfasste uns ein eisiger Schreck und einige von und zögerten, weiterzulaufen. Doch von den Kolbenhieben der SS vorwärts getrieben stürzten wir weiter bis zu einer grünen Hecke. Plötzlich wurde vor uns, ein bisher verborgenes ca-zwei Meter hohes Tor geöffnet, durch das wir hindurch liefen. Wir standen im Lager II, dem sogenannten Todeslager.

Das erste was sich unseren Blicken bot, war ein Gebäude, erbaut aus rohen Ziegeln, etwa in der Form einer hohen Scheune. Wie ich später erfuhr waren das die Gaskammern, in denen ungezählte Menschen eines schrecklichen Todes starben. In diesem Gebäude waren drei Abteilungen, ungefähr so gross, wie ein normales Wohnzimmer. Die Erde und die Hälfte der Wände waren von Roten Steinfliessen bedeckt, damit das Blut nicht sehen sollte, das öfters an den Wänden klebte. An der Decke war ein kleines Fenster angebracht, luftdicht verschlossen, dass man nicht öffnen konnte und durch das der Mann blicken konnte, der die Gaszufuhr regelte. An der Decke war ausserdem noch eine Brause, zu der jedoch keine Wasserleitung führte. Da es in den Kammern sehr dunkel war, konnte man nicht sehen, dass entlang den Wänden einige Röhren mit einem Durchschnitt von etwa fünf Zentimeter liefen, durch die Gas-es handelte sich um die Auspuffgasse eines einzigen Dieselmotores-in die Kabine geleitet wurde. In eine Kammer wurden vierhundert Menschen gepresst. Da sie wegen des furchtbaren Raummangels sich nicht einmal bewegen konnten., war es nicht möglich, dass sie umfielen, oder sich irgendwie zur Wehr setzten. Die Ukrainer waren interessiert, soviel Menschen als möglich bei einer "Partie" in die Gaskammer zu jagen, da sie

Eljan Rozenberg ./.

224

 557

dann weniger Gas benötigten und die Opfer auch früher erstickten. In der Regel wurde das Gas durch ca. 20 Minuten hindurch in die Kammern geleitet und dann noch eine Viertelstunde gewartet, bis das letzte Röcheln der Sterbenden nicht mehr zu hören war. Zu den Kammern führte der schon erwähnte "Schlauch" aus dem ersten Lager, der links und rechts von Bäumen umzäunt war, so dass man ausserhalb nicht sehen konnte, was in dem schmalen Gang vorging. Auf dem Wege zur Badeanstalt war eine kleine Bude in der ein SS-Mann und ein Ukrainer standen. Dieselben befahlen den vorübergehenden Menschen, die Hände in die Höhe zu heben und sahen nach, ob sie doch noch nicht irgendwelche Wertsachen bei sich hätten. Es wurde ihnen versprochen, dass sie dieselben nach dem Bad wieder zurückerhielten. An einem Tischchen in dieser Bude sass ein Ukrainer namens "Iwan" der durch seine ganz besondere Bestialität gefürchtet war. Seine Aufgabe war es, das Gas aufzudrehen, sowie die elektrischen Turbinen zu überwachen. Nachdem die Menschen in die einzelnen Kabinen hineingedrängt wurden, so dass unmöglich ein Mensch Platz darin gehabt hätte, wurde eine schwere eichene Türe, die mit Filzeinlagen hermetisch abgedichtet war, zugedrückt und mit zwei Balken, die quer davor gehängt wurden, versperrt, so dass es unmöglich war, sie aufzubringen. Dann liess Iwan das Gas ein. Dieser Ukrainer hatte eine besondere Freude daran, Menschen zu verletzen, besonders auf Frauen hatte er es abgesehen. Er pflegte alte 1 Juden die ihm nicht gefielen Nase und Ohren abzuschneiden stach Frauen mit einem Säbel in die Schenkel und in die Geschlechtsteile, vergewaltigte junge Frauen und hübsche Frauen oder Mädchen. Wenn jemand von uns nicht nicht ganz so arbeitete, wie es ihm passte, fiel er mit einem grossen Eisenrohr über ihn her und spaltete ihm den Schädel, oder verstümmelte ihn mit einem Messer. Er liebte es 2 ? Menschen mit dem Kopf zwischen zwei enggespannte Drähte zu zwängen und sie dann zu schlagen, sodass die Unglücklichen, die sich unter Schmerzen wanden, die seine Schläge verursachten, sich dabei selbst erwürgten. Iwan war der einzige Ukrainer, dem es gestattet war, ohne besondere Bewilligung in das naheliegende Dorf zu gehen, von wo er sich Schnapps und Esswaren holte. Er hatte einen Mithelfer namens Nikolai welcher ebenfalls viel Unheil anrichtete.

Da man durch das Echster, das an der Decke der Gaskammer angebracht war, nicht sehen konnte ob die Menschen schon tot wären, stellten sich bei jeder Vergasung zwei Deutsche an eine nur von aussen sichtbare Falltüre und horchten solange, bis man drinnen keinen Laut mehr vernehmen konnte. Dann wurden die Falltüren schnell geöffnet und die Leichen der Vergasten herausgeholt. Da wir ziemlich nahe den Falltüren standen, wurden einige von uns durch den herausströmenden Rauch vorübergehend betäubt und drohten auch teilweise vor Entsetzen über das sich ihnen bietende Bild ohnmächtig zu werden. Sie wurden jedoch durch die Peitschenhiebe der wachhabenden SS rasch wieder zum Bewusstsein gebracht. Die Leichen der Ermordeten waren furchtbar anzusehen. Die Körper waren stark aufgedunsen, die Haut grauweisslich und löste sich leicht, so dass sie oft in Fetzen herunterhing. Die Augen waren herabgequollen und die Zunge hing aus dem Mund.

224

Unsere Aufgabe war es nun, die Toten auf Holztragen im Laufschritt zu einer etwa hundertzwanzig Meter langen, fünfzehn Meter breiten und sechs Meter tiefen Grube zu schleppen.

Eliasz Rosenberg

 588

in der schon, als ich in das Todeslager kam, Zehntausende von Leichen lagen. Die normale Last für zwei Mann, d.h. für eine Trage, war ein erwachsener Toter. War der Tote besonders leicht, oder ein Kind so musste man zwei nehmen. Wenn einer der bewachenden SS-Leute bemerkte, dass man dies nicht tat, so mussten die zwei Mann, die dieses "Verbrechen" begingen, zurückgehen, die doppelte Last nehmen und im Laufschritt zur Grube zurückkehren, wo sie erschossen wurden und gleich gemeinsam mit den Toten in die Grube kamen. Auf dem Wege von der Gaskammer zur Grube mussten wir ein Spalier von SS-Leuten und Ukrainern durchlaufen, von denen jeder, mit einer Peitsche bewaffnet, wild auf uns einschlug. Man musste stramm gehen, um nicht unter der Wucht der Schläge umzufallen, sonst wäre es um einen geschehen. Am Rande der Grube stand ein Deutscher, ca. 32 Jahre alt, mit einem weissen Rock bekleidet der darauf achtete, dass man die Leichen richtig in die Grube warf. Das heisst, die Toten mussten, wenn sie auffielen, ausgestreckt liegen bleiben und durften nicht etwa herumkollern oder weiterrollen. Fielen sie nicht gut auf, dann bekamen sie T Träger fünfundzwanzig Peitschenhiebe. Hatten die Träger ihr Werk gut beendet, mussten sie, zum grössten Gaudium der zusehenden Wachen, wie Pferde zurückgallopieren.

Hinter der Rampe, die von den Falltür n aus der Gaskammer führte, standen in Abständen von ungefähr 10 Schritten "Dentisten" die die Aufgabe hatten, den Leichen Goldzähne oder Zahnbrücken mit einem kleinen Hammer aus dem Munde zu schlagen. Diese wurden in eine bereitstehende Schüssel mit Wasser geworfen. Wenn die Schüssel voll war, wurde das Gold in Pakete geordnet und in das erste Lager geschickt. Diese Arbeit mussten wir wenn ein Transport kam, von vier Uhr Früh bis zwölf Uhr Nachts machen, meistens ohne Pause, von denen Schlägen der Ukrainer und der SS angetrieben. Viele besonders ältere Personen, brachen zusammen, doch mussten sie, wollten sie nicht das Schicksal derer teilen, die sie trugen sich aufraffen und weiterarbeiten.

Wenn ein besonders grosser Transport kam, musste die ganze Lagermannschaft, also auch die jenigen, die nicht ständig mit dem Leichentragen beschäftigt waren, ausrücken und sich an der Arbeit beteiligten. Da nicht genügend Tragen vorhanden waren, mussten wir die Leichen oft auf der Schulter schleppen was natürlich doppelt anstrengend war. Zu der Grube die damals ca. dreihundert Meter von den Kammern entfernt war es wurden später noch andere Gruben ausgehoben liefen wir ebenso wie mit den Holztragen. Wenn wir mit unserer Arbeit fertig waren, mussten wir, so wie wir waren, in die Baracken und wurden dort über die Nacht eingesperrt. Während er ersten drei Monate meines Aufenthaltes in Treblinka begingen jede Nacht fünfzehn bis zwanzig Menschen Selbstmord durch Erhängen, weil sie das furchtbare Leben und die ständige Ungewissheit nicht mehr ertragen zu können glaubten. Die Menschen pflegten sich auf eine Bank zu stellen, ihren Lederriemen mit einer Schlinge an einem Querbalken der Decke zu befestigen, ihren Kopf durch die Schlinge zu stecken und dann einen Kameraden zu ersuchen die Bank wegzustossen, um sich nicht selbst töten zu müssen. Wenn jemad bei Nacht aufstehen musste, um auszutreten, musste er sich vorsichtig, die Hände vors Gesicht haltend, durch die Hütte tasten, um nicht an einen der Aufgehängten zu stossen. Später wurde beim Frühapell von einem Deutschen verordnet dass diese Selbstmorde aufhören müssten und es wurden zwei Juden dafür eingesetzt, die für die Einhaltung dieses Befehles verantwortlich gemacht wurden. Sie wurden von der Tagesarbeit befreit und mussten als Nachts Wache halten, um die Menschen

477

Elias Rosenberg

zu verhindern, Selbstmord zu begehen. Wenn sie ihrer Pflicht nicht nachkamen, wurden sie entweder fürchterlich geschlagen und dann ihres Amtes enthoben, oder sie wurden selbst gehenkt.

Es gab sehr viele fromme Juden im Lager, merkwürdigerweise zeigten die Deutschen kein Interesse daran, die Leute beim Beten zu stören, im Gegenteil, sie ermöglichten ihnen sogar die Errichtung einer koscheren Küche. Einer der SS-Leute, ein Unterscharführer, der "Rascho" gerufen wurde, pflegte die Betenden zu verspotten: "Warum betet ihr; Euer Gott wird Euch nichthelfen, ihr seht doch, was hier vorgeht."

Die Lagermannschaften des Lagers I und II in Treblinka bestanden aus ca. dreissig deutschen SS-Männern und hundertzehn Ukrainern. In der Zeit von September bis November 1942 kam jeden Tag ein Transport /4-11.000 Mann/ von Warschau und Czenstochau an. Ausserdem erinnere ich mich an folgende Transporte: zwei Transporte von bulgarischen Juden im Sommer 1943 à 3.000 Mann, zwei Transporte mit Österreichischen Juden a 1.000 bis 1.500 Mann, welchen man erzählt hatte sie würden zur Arbeit geschickt /sie erhielten Lebensmittel und wurden überhaupt während der Fahrt besser behandelt/ in Treblinka angekommen, wurden sie alle vergast und in ein Massengrab geworfen, ein Transport holländischer Juden 1.000 Mann, 3 tschechische Transporte zu je 4.000 Mann, von denen man eine Gruppe zur Arbeit herausnahm, vier deutsche Transporte im Jahr 1942 a 1.000 Mann und ungefähr zehn Transporte rusischer Juden aus Weissrussland und der Ukraine. Von Warschau allein sind eine Viertel Million, vom Distrikt Czenstochau 150.000 Juden in Treblinka ums Leben gekommen. Nach Angaben der SS-Wachen in Treblinka sind insgesamt zweieinviertel bis zweieinhalb Millionen Juden dort vergast worden.

Unter den angekommenden waren zwei zu je siebzieg Zigeunern. Während bei einem Transport von 5-6.000 Juden eine normale Besatzung von 50 Ukrainern notwendig war, um die nötige Ruhe aufrechtzuerhalten, rückten bei diesem Transporten sämtliche Wachposten der SS und Ukrainer aus, um die Zigeuner zu überwältigen. Dieselben wehrten sich mit allen Kräften die ihnen zugefügten Misshandlungen und beinahe wäre es ihnen geglückt, aus dem Lager auszubrechen. Ihr Tod war furchtbar, es dauerte fast eine volle Stunde, bis sie in den Gaskammern erstickten.

Ich erinnere mich an einen Vorfall, der kurz nachher passierte. Aus Grodek kam im März 1943 ein Transport von 6.000 Menschen, die grösstenteils bereits wussten, was ihnen bevorstand. Von diesem Transport fassten ca. dreissig junge Menschen den Entschluss, zu flüchten. Sie zerissen den Schlauch und verstreuten sich im ganzen Lager. Ihre Verfolgung wurde natürlich sofort aufgenommen und die Wachposten schossen wie wild hinter ihnen her.. Zehn Mann wurden erschossen: den übrigen zwanzig gelang es der SS einzufangen. Sie wurden in die Gaskammern gestossen, doch wurde ihnen strafweise kein Gas eingelassen, sondern Chlorokalk in die Kammer geworfen, der sich nur langsam zersetzte. Es dauerte volle vierundzwanzig Stunden bis man ihr Röcheln nicht mehr hörte.

Kurze Zeit darauf wurden neue Gaskammern gebaut, in denen bis zu 12.000 Menschen Platz hatten. Um möglichst wenig Gas zu verbrauchen, wurden die Kabinen sehr niederig gebaut, so dass ein grösserer Mensch nur gebückt in ihnen stehen konnte. Es kam manchmal vor, dass die in den grösseren Kabinen, wo die leichten Gase grösstenteils an die Decke strömten,

Elias Rosenberg

einzelne Kinder am Leben blieben. Die kleinen wurden zur Grube geführt und von den Wachposten erbarmungslos niedergeknallt. Es kam dabei des öfteren vor, dass der wachthabende Deutsche einfach zu faul war, seine Pistole herauszuziehen. Er rief daher einen ukrainischen Wachposten zu sich und befahl diesem, die Juden zu erschiessen. Im Sommer 1943 geschah es einmal, dass einer der Leichenträger beim öffnen der Gaskammer seine Cousine, ein fünfzehnjähriges Mädchen erkannte, die noch am Leben war. Das Mädchen war ganz ruhig, sie war sich vollkommen bewusst, was ihr bevorstand. Der Leichenträger meldete diesen Vorfall seinem Vorarbeiter und ersuchte ihn, irgend etwas zu unternehmen, dass das Mädchen am Leben bleibe. Der Vorarbeiter meldete dies dem Ober-Capo des Lagers, einem Wiener namens Singer, der seinerseits dem Chef, SS-Scharführer Karl Pötzinger darüber Bericht erstattete. Der Scharführer führte d das Mädchen weg und erschoss es eigenhändig. Er sagte, dass er ihr nicht helfen könnte.

Während der Zeit meines Aufenthaltes in Treblinka fanden vereinzelte Fluchtversuche statt, die jedoch gewöhnlich mit Misserfolgen endeten. Im November 1942 organisierte man einen grösseren Flucht versuch. Mann begann in unserer Baracke in der 250 Mann auf grossen Pritschen, 12 für die Gesunden und zwei Krankenpritschen schliefen, in einer Ecke den Boden aufzureissen und einen Graben auszuschaufeln. Man führte von diesem weg einen unterirdischen Gang bis zur Umzäunung des Lagers, der an dieser Stelle ca. fünf Meter entfernt war. Der Plan wurde anfangs von einer kleinen Gruppe erdacht und durchgeführt, ohne dass die anderen davon Kenntnis hatten, später aber wussten es abeinahe alle Barackeninsassen und hatten die Absicht, ebenfalls die Gelegenheit auszunützen. Es war geplant um 12 Uhr nachts zu gehen. Gerade an diesem Tag fiel der erste Schnee. Ich schlief gerade über dem Loch, ohne jedoch o etwas von der Sache zu wissen. Man ersuchte mich, meinen Schlafplatz zu wechseln und erst später kam ich darauf, warum. Um zwölf Uhr waren alle bereit und die ersten Menschen stiegen in den Gang ein. Wir anderen schickten uns an, ihnen zu folgen, als wir plötzlich draussen Schüsse hörten und annehmen mussten, dass etwas fehlgegangen sei. Wir erfuhren später, dass einer der Flüchtlinge, ein gewisser Moische mit seinem Mantel an dem Stacheldraht hängengeblieben war. Das Geräusch des zerreissenden Mantels hatte ein in der Nähe befindlichen Ukrainer auf den Fliehenden aufmerksam gemacht und er feuerte einen Schuss auf sie ab, der das ganze Lager alarmierte. Den fünf Menschen die aus dem Lager geflohen waren, gelang es jedoch fürs erste, zu entkommen. Wir anderen beeilten uns unser Lager aufzusuchen und uns schlafend zu stellen. Nach kurzer Zeit wurde zum Apell gerufen, alle Leute von uns wurden von einem SS-Hauptsturmführer /Ein langer Mensch mit Brillen/ aus den Baracken geholt und abgezählt. Es stellte sich heraus, dass fünf Häftlinge fehlten und es wurde eine Streife ausgeschickt, sie zurückzubringen.

Um neun Uhr am nächsten Tage kehrte diese Streife mit vieren der Flüchtlinge zurück, die auf einen Wagen verladen waren. Einer war tot, die anderen drei wiesen Spuren schwerer Misshandlungen auf und waren an Händen und Beinen auf das Grausamste gefesselt. Die Lebenden ebenso wie die Tote wurden vom Wagen herab in den Schnee gelegt und zwei Ukrainer zur Bewachung neben sie gestellt. Nachdem die Deutschen weggegangen waren, erlaubten uns die Ukrainer, den Gefesselten Wasser zu bringen und dabei erzählten uns diese die Geschichte ihrer

Elias Rosenberg

477

Flucht und Festnahme. Es war ihnen gelungen, das nahe Dorf zu erreichen. Dort beabsichtigten sie einen Wagen zu kaufen und mit diesem als Bauern getarnt, die Umgebung des Lagers zu verlassen. Im Dorf angekommen gelang es ihnen einen Wagen zu verschaffen, so beschlossen sie dort zu übernachten. Sie kauften sich etwas Branntwein und da sie durch die lange Enthaltsamkeit im Lager an das Trinken nicht mehr gewohnt waren, befanden sie sich alle in leicht angetrunkenem Zu stande. Sie gingen in eine Scheune schlafen. Dort wurden sie von den Deutschen gefunden die einfach ihren Spuren im Schnee gefolgt waren. Als sich die Deutschen der Scheune näherten, versuchten die Juden nochmals zu fliehen, aber nur einem einzigen gelang es zu entkommen, die anderen wurden von den Deutschen gestellt. Einer der sich besonders energisch zur Wehr gesetzt hatte, wurde erschossen, einer namens Moische kämpfte ebenfalls tapfer um sein Leben und riss einen deutschen Zugführer vom Pferd herunter, wurde aber dann von den Ukrainern überwältigt. Die anderen beiden ergaben sich kampflos. So wurden alle ins Lager zurückgebracht und in den Schnee gelegt. Dann wurden sie auf Befehl der Deutschen, die fürchteten, dass sie noch vor ihrer Hinrichtung sterben würden, in die Gaskammern getragen und dort auf den Boden gelegt. Dann wurde zum Apell befohlen. Die drei Flüchtlinge wurden vor unseren Augen gehenkt. Moische, der als letzter gehenkt wurde, rief noch unter dem Galgen stehend: "Es lebe das jüdische Volk." Als Mechale in die Grube geworfen wurde fiel aus seiner Tasche ein kleines Gebetbuch. Jemand hob es auf und gab es dem Vorarbeiter/ein gewisser Salamon/, der später immer nach dem Buche vorbetete. Nach diesem Versuche gab es kein Entlaufen mehr.

Anfangs 1943 kam der Reichsführer der SS, Himmler, zu uns auf Besuch. Wir wurden damals alle in die Baracken gesperrt und konnten nur durch die Fensterlucken beobachten, wie Himmler dessen Namen wir von den ukrainischen Wachposten erfuhren, von einem Stab höherer SS-Leute umgeben, durch das Lager schritt. Die SS-Leute hatten alle ihre Maschinenpistolen schussbereit in den Händen. Nachdem Himmler das Lager besichtigt hatte, gab er den Befehl, sämtliche Leichen die in der Grube lagen zu verbrennen. Es wurden nun verschiedene Versuche gemacht, diese Arbeit rationell durchzuführen. Zu diesem Zweck legte man zwei Schienen paralell nebeneinander auf die Erde und schlichtete nun die Leichen, die mit Baggern aus der Grube gehoben wurden, dieselben wie Holzscheiter übereinander. Es kam dabei öfters vor, dass die Leichen, besonders von frischen Toten nicht gut brannten und wir sie daher mit Benzin überschütten mussten. Neben den Feuern standen Juden mit Heugabeln die die herabfallenden Leichenstücke in das Feuer werfen mussten.

Einmal ereignete es sich, das bei einer Vergasung eine Mutter mit drei Kindern, drei an der Zahl, am Leben blieben. Man schleppte die Frau heraus und der wachhabende Scharführer machte Anstalten, die Frau zu erschiessen, doch die Kinder wollten dies nicht zulassen und schrien dass man sie vor ihrer Mutter töten solle. Es war ein furchtbarer Anblick, obwohl wir an furchtbares gewöhnt waren, kamen uns die Tränen in die Augen. Sogar einige der umstehenden Wachposten zeigten so etwas wie menschliche Rührung. Der Scharführer stand unschlüssig mit der Pistole in der Hand und wusste nicht was er tun solle. Instinktiv drückte er die Waffe ab und traf zuerst die Mutter, dann ihre Kinder. Sie wurden gleich ins Feuer geworfen.

Ein SS-Mann namens Hermann, sein Zuname ist mir nicht mehr in Erinnerung, hatte eine besondere Lieblingsbeschäftigung.

224

Eliau Rosenberg

Er zündete sich ein Feuer an und suchte sich eine Besonders dicke Frau unter den Leichen heraus, die man dann zu seinem Standort tragen musste. Er warf die Leichex ins Feuer und konnte nun stundenlang zusehen, wie sie langsam verkohlte.

Wir hatten zu jener Zeit nur eine Feuerstelle und das war natürlich zu wenig, da wir nicht mehr als hundert Leichen täglich verbrennen konnten. Man holte aus dem Nachbarlager Sabibo einen SS-Oberscharführer namens Hebert F l o s s, der die Arbeit neu organisierte. Er errichtete fünf bis sechs Feuerstellen ein und führte auch eine neue Art des Schlichtens durch. Er erwähnte kurze Zeit nach seiner Ankunft bei einem Apell, dass, wenn wir den ersten Tag tausend Leichen, den zweiten zweitausend, und den dritten dreitausend Leichen verbrennen würden wir den kommenden Sonntag arbeitsfrei hätten und auch mehr zu essen bekämen./Unsere Tagesration bestand damals aus einem Viertellaib Brot, einem Löffel Marmelade und Rübensuppe zu Mittag. Wenn grössere Transporte ankamenerhielten wir jeweils noch Zuteilungen aus den gefundenen Lebensmitteln./Da die Vorarbeiter die Aufgabe hatten, die Leichen zu zählen und die Zahl an den Ober-Capo weiterzuleiten, veranlassten wir diese, jedesmal eine grössere anzugeben, als wir tatsächlich verbrannten. Gezählt wurden nur die Köpfe, die meist von den Rümpfen getrennt waren. So arbeiteten wir 10 Tage lang. Nach dieser Z Zeit kamen zwei neue Bagger ins Lager und zu ihrer Bedienung zwei SS-Leute, die sich durch besonderen Sadismus auszeichneten. So liessen sie, als sich die Schaufeln des Baggers in ungefähr dreissig Meter Höhe befanden, Leichenteile auf die Köpfe der arbeitenden Juden fallen. Sie unterhielten sich glänzend dabei, wenn einer der Getroffenen bewusstlos zu Boden fiel. Kam er nicht bald zu sich so musste er ins Feuer geworfen werden.

Um diese Zeit kamen dreizehn Mädchen ins Lager, von denen sechs in einer Wäscherei beschäftigt waren, drei in einer Küche wo bisher nur ein Bursche arbeitete, eine nahm sich der Lagerarzt als "Asistentin" und die anderen wurden unter den verschiedenen Capos zum "Privatgebrauch" aufgeteilt. Die Deutschen erlaubten überdies jedem Capo, die Mädchen von sechs bis zehn Uhr Abends zu "besuchen".

Im März oder April 1943 kam in unser Lager ein Tschechischer Jude namens Zielo, der vor dem Kriege Tschechischer Offizier gewesen war. Bevor er zu uns kam war er im ersten Lager als Vorarbeiter beschäftigt gewesen, mit ihm kam auch noch ein polnischer Jude, namens Adolf, der in Palästina gewesen war und auch in der französischen Fremdenlegion gedient hatte. Diese beiden brachten uns die Nachricht, dass im ersten Lager ein Aufstand organisiert würde. Später wurden beide auch bei uns Vorarbeiter und begannen, in unserem Lager ebenfalls die Menschen für einen Massenaufstand vorzubereiten. Durch Arbeiter, die den Schlauch saubermachen mussten, wurde die Verbindung mit dem ersten Lager aufgenommen. Jede Nacht wurde in den Baracken über die Organisation des Aufstandes gesprochen. Beinahe die gesamte Lagermannschaft mit Ausnahme der Capos und der Mädchen wussten davon.

Als Tag des Aufstandes wurde der zweite August 1943 festgesetzt. Wir alle wurden in Gruppen zu je fünf Mann mit einem Verantwortlichen eingeteilt. Jede Gruppe hatte ihre besondere Aufgabe, die entweder darin bestand, einen bestimmtenx

SS-Mann oder Ukrainer zu überwältigen und zu töten, oder den Draht der Umzäunung aufzuschneiden, die Baracken zu verbrennen, die Gaskammern zu zerstören etc. Als Zeit war sechzehn Uhr festgelegt worden, das Signal sollte aus dem ersten Lager kommen und sollte in der Explosion einer Handgranate bestehen die um punkt 16 Uhr in die deutsche Messe des ersten Lagers geworfen werden sollte. Im Lager II befanden sich ca. fünfzehn SS-Leute und acht Ukrainer. Die acht Ukrainer waren Posten, die um das Lager und auf Türmen aufgestellt waren. Je eine Fünfergruppe wurde dazu bestimmt, sich zu einem Turm zu begeben und den Ukrainer herunterzulocken, und zwar so dass man ihnen wie dies öfters geschah, ein zwanzig Dollarstück zeigten sollte, worauf er gewöhnlich herunterkam, um mit den Juden über Geschäfte zu verhandeln. /Für den Preis von zwanzig Dollar erhielt man etwas Wurst, hundert Zigaretten, einen Laib Brot und etwas Schnaps./ Andere wieder hatten die Aufgabe die Drähte zu zerschneiden, die um das Lager gezogen waren und sich in den Besitz sämtlicher Waffen und Munition zu setzen Es war, wie schon erwähnt geplant, dass beide Lager das Zeichen der um 16 Uhr im ersten Lager explodierenden Granate losschlagen sollten. Die ganze Aktion konnte maximal eine halbe Stunde dauern. Nach dieser Zeit, d.h. von sechzehn Uhr dreissig bis einundzwanzig Uhr Abends sollten die gut deutschsprechenden Lagerinsassen die Telephone besetzt halten und die nötigen Weisungen an die nächstliegenden Lager geben, damit kein Argwohn unter den SS-Leuten erregt würde. In der Dunkelheit sollte dann die gesamte Lagerbesatzung, bekleidet mit deutschen Uniformen, wie ein Regiment geschlossen aus dem Lager marschieren und auf deutschen Wehrmachtsautos, die in der Nähe stationiert waren, in eindrittes Lager in Treblinka, dass ein Straflager war und ca. 1.000 Sträflinge hatte fahren um dieses zu befreien.

Es war um diese Zeit drückend heiss und wegen der Hitze und des ekelerregenden Geruches, den die vielen Leichen, die bereits in Verwesung waren, verbreiten, wurde von drei Uhr morgens bis zwei Uhr nachmittags gearbeitet und wir dann in unsere Barakken eingesperrt, sodass es nicht mehr möglich gewesen wäre, um vier Uhr nachmittags den Aufstand durchzuführen. Zu diesem Zwecke gab uns einer der Organisatoren des Aufstandes den Auftrag, nicht sämtliche Leichen in unserer Arbeitsschicht zu verbrennen, sondern sie neben dem Feuer liegen zu lassen. Der Auftrag wurde ausgeführt, trotzdem wir von den Capos furchtbare Schläge erdulden mussten. Nachdem alles in die Baracken gegangen war, ging der Mann, der uns den Auftrag gegeben hatte, zu einem SS-Mann namens Pötzinger und ersuchte ihn, dass er mit einer Gruppe von dreissig Mann im Laufe des Nachmittags die restlichen Leichen verbrennen dürfe, wenn er und seine Gruppe dafür doppelte Brotrationen erhielten. Der SS-Mann stimmte dem sehr erfreut zu und gab den Befehl, dass sämtliche Leute dieser Gruppe doppeltes Mittagessen erhalten sollten. So war es möglich, dass dreissig Mann sich ausserhalb des Lagers befanden und ausserdem die Baracken am Nachmittag offen blieben. Wir erhielten dazu noch die Erlaubnis zum Brunnen zu gehen und uns Wasser zu holen. Beim Brunnen stand als Bewachung ein Ukrainer.

Um halb vier Uhr nachmittags bereitete sich alles zum Aufstand vor, das heisst die Leute packten, soweit sie im Besitze derselben waren, ihre Habseligkeiten zusammen. Nachdem dies geschehen war, legten sich alle nieder und stellten sich schlafend. Im Lager herrschte vollkommende Stille, die Nerven waren zum Zerreissen gespannt, alles wartete auf das Signal zum Aufstand.

Elias Rosenberg

594

So wurde es dreiviertel vier Uhr. Plötzlich hörten wir durch die Stille einen Schuss und kurz darauf die Explosion einer Handgranate vom ersten Lager. Wir wussten nicht was wir im Anfang tun sollten, da es noch eine Viertelstunde vor der verabredeten Zeit war. Da stürzte auch schon einer der Wasserträger zur Baracke und schrie; "Revolution in Berlin." dies war das Zeichen. Es erhob sich ein ungeheurer Tumult, die Leute stürzten aus den Baracken heraus und wussten nicht was sie im Anfang tun sollten, da die Führer des Aufstandes momentan nicht zu sehen waren. Der Ukrainer, der beim Brunnen stand versuchte zu schiessen, doch kam er nicht mehr dazu, daher vorher im Brunnen verschwand. Daraufhin stürzten einige Leute in die Baracken der ukrainischen Wache, wo unter anderen auch der Ukrainer Iwan schlief und erschlugen die Ukrainer mit Schaufeln. Diese hatten Nachtdienst gehabt und waren deshalb besonders müde, sodass sie nicht schnell genug erwachten. Andere Leute liefen, nur mit Schaufeln und Gabeln bewaffnet, zu den andern Deutschen und Ukrainern, die noch an einigen Punkten des Lagers stationiert waren und überwältigten diese nach kurzem Handgemenge. Dies geschah alles in sehr kurzer Zeit während man aus dem ersten Lager ununterbrochenes Schiessen hörte. Es war

nicht der Plan gewesen, alle Besatzungsmannschaften auf einfache Weise zu töten, doch herrschte zu diesem Zeitpunkt eine derartige Verwirrung, dass die Leute eigentlich nicht mehr wussten, was sie tun sollten. Nachdem dies vollbracht war, liefen alle Leute zu den Lagergrenzen, die mit Drahtfallen umzäunt waren. Dies wussten wir jedoch vorher nicht, da wir nur die Tarnung, d.h. Bäume und Sträucher in zwei Reihen angeordnet sahen. Dreihundert von der Lagergrenze entfernt, war bereits der Wald. Die meisten Leute versuchten in diesen zu gelangen und gerieten dabei in die Drahtfallen aus denen sie nicht befreit werden konnten und durch die heranrückenden Deutschen aus dem dritten Lager, dem Straflager, einzeln abgeschossen wurden. Aus dem zweiten Lager, dem sogenannten "Totenlager" gelang es nur mir und zwei anderen Kameraden, lebend in den Wald zu gelangen. Aus dem ersten Lager retteten sich ungefähr zwanzig Menschen, alle anderen wurden erschossen. Das war das Ende des Aufstandes. Wie sich später herausstellte, war das verfehlte Signal auf folgende Ursache zurückzuführen; Der Chef des ersten Lagers, ein SS-Mann namens Kiwe bemerkte, wie die Leute, die beim Sortieren der Goldsachen beschäftigt waren, sich Gold in einem Säckchen versteckten. Er rief einen Mann zu sich, zog seinen Revolver und tötete ihn durch einen Schuss. Dies sah der Mann, der die Handgranate zu werfen hatte und verlor die Nerven. Er warf die Granate auf den Mörder, der durch die Explosion in Stücke gerissen wurde. Dies geschah um dreiviertel vier Uhr. Wäre es um eine Viertelstunde später gewesen, so wären 1.500 Menschen am Leben geblieben.

Aufgenommen; [signature]

Unterschrift;

Eliau Rozenberg

JEWISH HISTORICAL DOCUMENTATION – JÜDISCHE HISTORISCHE DOKUMENTATION – VIENNA – AUSTRIA

an, handele es sich möglicherweise um ein „Mißverständnis"; denn das Gespräch im Jahre 1947 sei von der einen Seite auf Jiddisch, von der anderen auf Polnisch geführt worden.

Doch da jener Iwan im sogenannten „Totenlager", einem nur fußballfeldgroßen Komplex des Lagers von Treblinka, aktiv war, zu dem die anderen Häftlinge keinen Zutritt hatten, kann Rosenberg die „falsche Todesmeldung" nur von einem jener zwei anderen Kameraden erfahren haben, die mit ihm aus dem „Totenlager" fliehen konnten; aber Rosenberg kann diesen falschen Berichterstatter nicht nennen. Auch wirft dies die Frage auf, weshalb sich jetzt plötzlich sechs oder sieben ehemalige Häftlinge aus Treblinka an Iwan erinnern können — wenn doch nur insgesamt drei aus dem „Totenlager" geflohen sind? Und wie das Vernehmungsprotokoll von 1947 eindeutig beweist, wurde das Gespräch zwischen Rosenberg und Tuviah Friedmann auch nicht auf Polnisch oder Jiddisch geführt, sondern zumindest in deutscher Sprache protokolliert — und so auch von Rosenberg unterschrieben.

Der Kronzeuge Rosenberg ist offenbar ein problematischer Zeuge, sowohl für die Anklage — als auch für die Verteidigung. Denn während die Verteidigung in ihm einen Zeugen sieht, der sich *heute* falsch erinnert, muß die Anklage beweisen, daß sich dieser Zeuge 1947 geirrt hat. Die Verteidigung ist im Vorteil, denn noch lebt Tuviah Friedmann. Doch als Friedmann davon erfuhr, daß er als Zeuge für das 1947 geführte Gespräch auftreten soll, erklärte er, er werde dann lieber in die USA auswandern. Zur Erläuterung gab Friedmann an, er werde von jüdischen Glaubensgenossen sogar bei seinem Leben bedroht, sollte er bestätigen, was Rosenberg 1947 eindeutig ausgesagt hat — daß nämlich jener Iwan von Treblinka schon seit 1943 nicht mehr am Leben ist. (077)

Das Problem mit Rosenberg ist, daß er möglicherweise nie die Wahrheit gesagt hat. Denn *„neue Gaskammern, in denen bis zu 12 000 Menschen Platz hatten"*, hat es in Treblinka nie gegeben. Die Bagger, die zeitweise in Treblinka stationiert waren, sind im Fotoalbum des ehemaligen Treblinka-Kommandanten Kurt Franz zu sehen. Daß ihre *„Schaufeln an die dreißig Meter* [das entspricht der Höhe eines zwölfstöckigen Hochhauses] *in den verrauchten Himmel von Treblinka ragten"*, ist gewiß eine nicht geringe Übertreibung, wenn man sich diese Photos betrachtet. Aber was bleibt dann von der Behauptung Rosenbergs aus dem Jahre 1947, die Baggerführer von der SS *„unterhielten sich glänzend dabei“*, wenn sie aus *„ungefähr 30 Meter Höhe Leichenteile auf die Köpfe der arbeitenden Juden fallen“* ließen und *„wenn einer der Getroffenen“* davon *„bewußtlos zu Boden fiel.“*

Aus anderen Darstellungen geht hervor, daß es die Deutschen sehr darauf abgesehen hatten, den Todesgang in die Gaskammern möglichst ruhig zu organisieren. In einer Zeugenaussage ist sogar von Blumen die Rede, die die Deutschen in den sogenannten „Schlauch“ gepflanzt hatten, um die Todeskandidaten von der Harmlosigkeit dessen zu überzeugen, was sie am Ende des Ganges erwartete. Wieso passen zu diesem Vorhaben dann *„Vergewaltigungen junger Frauen und hübscher Mädchen“* durch *„Iwan, der das Gas einließ“?* Wieso durfte ein Ukrainer Panik stiften, wenn die Deutschen doch einen möglichst reibungslosen Massenmord begehen wollten?

Der „Holocaust“ wird durch seine eigenen Zeugen erschüttert

Rosenberg ist eine Gefahr sowohl für die Anklage als auch für die Verteidigung, je nachdem, welche Aussage man ihm glaubt. Aber er wird natürlich zur Gefahr für alles, was man über den Holocaust weiß: Seine Aussagen, die wesentlich aus Unwahrheiten, Übertreibungen und Widersprüchen bestehen, sind allzu geeignet, Zweifel am ganzen Holocaust zu erwekken.

Andere Zeugen, die in Jerusalem behaupteten, „Iwan den Schrecklichen“ in John Demjanjuk wiederzuerkennen, trugen noch dazu bei: so ein Zeuge, der lebhaft schilderte, wie Iwan Demjanjuk vor der Gaskammer Frauen mit seinem Bajonett noch Fleischstücke abgeschnitten habe — denn jeder Soldat weiß, daß man mit einem Bajonett nicht einmal ein Stück Brot abschneiden kann. Zudem besaßen die Männer von Trawniki, die in Treblinka eingesetzt wurden, überhaupt keine Bajonette.

Lange bevor John Demjanjuk unter dem Verdacht, „Iwan der Schreckliche" zu sein, von den USA an Israel ausgeliefert wurde, versuchten seine amerikanischen Verteidiger, diesen offenkundigen Widerspruch in den Aussagen Rosenbergs durch ein persönliches Gespräch mit dem Zeugen aufzulösen. Aber Rosenberg, der nach seiner ersten Aussage nach Palästina ausgewandert war, ließ erklären, er dürfe mit keinem Verteidiger Demjanjuks sprechen.

Obgleich von Treblinka, dem KZ, buchstäblich nichts übriggeblieben ist, nicht einmal ein Gramm Asche jener mehr als einer Million Menschen, die hier, nach Aussagen Rosenbergs, stündlich zu Zehntausenden vergast worden sind, gibt es drei mögliche Zeugenkreise: Die überlebenden Opfer, die überlebenden Täter und schließlich die polnische Zivilbevölkerung, die in unmittelbarer Nähe des Lagers wohnte.

Ein Zeuge aus Katalonien

Am 7. März 1986, unmittelbar nachdem das Bild des an Israel ausgelieferten John Demjanjuk weltweit verbreitet und auch im spanischen Fernsehen gezeigt worden war, verbreitete die Nachrichtenagentur UPI: *„Ein 85jähriger Überlebender des Konzentrationslager von Treblinka erklärte, er sei sicher, daß John Demjanjuk nicht mit dem todbringenden „Iwan der Schreckliche" identisch sei."*

„Ich habe dieses Gesicht noch nie gesehen"

Joaquin Garcia Ribes hatte während des spanischen Bürgerkrieges auf Seiten der Republikaner gekämpft, war nach der Niederlage seiner Kriegspartei nach Frankreich geflohen, dort interniert und beim Einmarsch der Deutschen in deutschen Gewahrsam übernommen worden. Man transportierte ihn schließlich, im Februar 1943, nach Treblinka, wo er nach eigenen Angaben beim Bau der offenen Leichenverbrennungsanlagen beteiligt war. So hatte er natürlich auch Gelegenheit, die ukrainischen Wachmänner im KZ kennenzulernen, aber das Bild von John Demjanjuk, das Anfang 1986 weltweit verbreitet wurde, erinnert ihn an keinen von ihnen: *„Ich habe dieses Gesicht"*, sagte er, *„noch nie gesehen."* Sollte John Demjanjuk aus Cleveland/Ohio in den Vereinigten Staaten tatsächlich von einem israelischen Gericht verurteilt werden, weil er „Iwan der Schreckliche“ von Treblinka sei, will sich der inzwischen 85jährige Joaquin Garcia Ribes, wie er androhte, selbst das Leben nehmen, denn er habe Treblinka — durch Flucht aus dem Lager — nicht überlebt, nur, um neue Ungerechtigkeiten zuzulassen.

Es steht sogar in Büchern

Seit Kriegsende befaßt sich übrigens der alte Herr immer wieder und eingehend mit den Schrecken der Vergangenheit, vor allem mit Treblinka. Er sammelt möglichst alle Publikationen, die über Treblinka erschienen sind und findet sich in fünf Büchern bestätigt. Denn auch dort heißt es, „Iwan der Schreckliche“ sei in Treblinka von Häftlingen umgebracht worden. Joaquin Garcia Ribes ist sich in diesem Punkt mit allen Buchautoren und auch dem Kronzeugen Rosenberg aus dem Jahre 1947 völlig einig: *„Er starb am 2. August 1943, als die Juden im Lager rebellierten.“* Doch als einer dieser Buchautoren, Berger, nach der „Aufdeckung“ John Demjanjuks gefragt wurde, erklärte er plötzlich, was aus seinem Buch nicht hervorgeht: es handele sich bei seinem Buch mehr um eine „romanhafte Darstellung“ als um Dokumentation.

Schwierigkeiten mit der Objektivität

Die Vermischung freier Phantasie mit Tatsachen spielt in allen Verfahren gegen NS-Gewaltverbrecher eine Rolle. Dr. Albert Rückerl, jahrelang Leitender Staatsanwalt bei der *Zentralstelle der deutschen Landesjustizverwaltungen zur Aufklärung nationalsozialistischer Verbrechen* in Ludwigsburg, in seinem Buch über *NS-Vernichtungslager im Spiegel deutscher Strafprozesse*:

Für die Vernichtung von Millionen Menschen in Todeslagern wie Treblinka, Belzec und Sobibor gebe es unter den Opfern kaum noch Zeugen. So kam aus dem Lager Belzec *„nur ein Überlebender“* heraus. Aus dem Lager Chelmo waren es nur *„vier Überlebende.“* Rückerl: *„Bei einem Aufstand in Sobibor gelang etwa hundert von ihnen die Flucht. Das Kriegsende erlebten etwa fünfzig. Von den Häftlingen des Vernichtungslagers Treblinka, die sich ebenfalls bei einem Aufstand befreien konnten, überlebten etwa vierzig.“* (078) Wenn es wirklich *„etwa vier-*

zig" waren, kann Rosenberg, der als Kronzeuge der Anklage im Prozeß gegen Demjanjuk antreten soll, 1947 nicht die Wahrheit gesagt haben, denn er spricht von nur drei Überlebenden. Aber wie viele dieser Überlebenden leben auch heute noch?

„Tötungsvorgang nicht beobachtet"

Dabei ist zu berücksichtigen, daß das sogenannte „Totenlager" nur ein Teil des Gesamtkomplexes von Treblinka war. Wer im Lager I lebte, konnte die Vorgänge im sogenannten Lager II, wo die Gaskammern und Leichenvernichtungsanlagen waren, gar nicht beobachten. Das sogenannte „Totenlager" war durch einen Erdwall, den sogenannten „Schlauch", außerdem durch Stacheldraht mit dichtem Blattwerk und Geflecht bewußt und hermetisch gegen Einblick von außen geschützt.

Bis heute gibt es nicht einmal übereinstimmende Skizzen des Lagers. Die auf der folgenden Seite abgebildete Skizze wurde einer polnischen Publikation entnommen.

Gar keine Vergasungsanlagen?

So erklärten später vor deutschen Gerichten einige Zeugen sogar, sie hätten in Treblinka weder eine Gaskammer gesehen, noch überhaupt von ihrer Existenz gewußt. Die deutsche Justiz erklärte sich diese Aussagen mit dem Umstand, daß es neben dem KZ Treblinka seit Herbst 1941 auch noch ein Zwangsarbeitslager Treblinka gab, in dem zeitweise bis zu 1800 Polen und Juden inhaftiert waren. Es war offenbar ein reines Arbeitslager, von dem aus Arbeitseinsätze durchgeführt wurden, auch im KZ, denn beide Lager lagen nur wenige Kilometer voneinander entfernt, so daß es, so Rückerl, *„zwischen beiden Lagern eine gewisse Wechselbeziehung gab"*. Häftlinge hingegen, *„die an den Vernichtungsanlagen arbeiteten, wurden selbst vernichtet"* — so daß einige Zeugen, die als Treblinka-Überlebende auftreten, niemals im KZ Treblinka gewesen waren und andere, die dort waren, nie einen Blick in das eigentliche „Totenlager" werfen konnten.

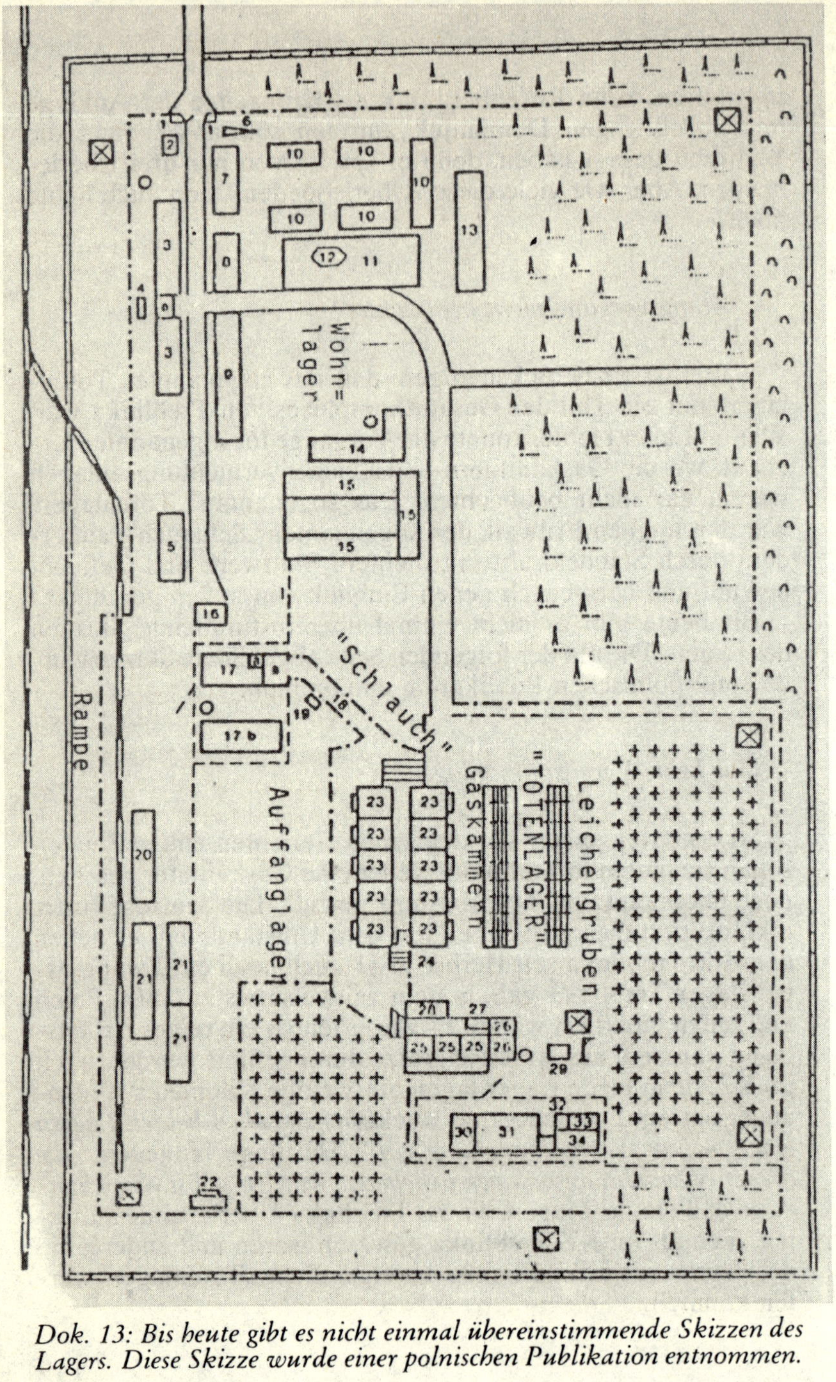

Dok. 13: Bis heute gibt es nicht einmal übereinstimmende Skizzen des Lagers. Diese Skizze wurde einer polnischen Publikation entnommen.

„Durch Wasserdampf getötet"

Der Mangel an wirklichen Zeugen führte dazu, daß das Vernichtungslager Sobibor beispielsweise dem Nürnberger Kriegsverbrechertribunal überhaupt nicht bekannt war. Als Polen den Versuch machte, den „Komplex Sobibor" in das Verfahren einzuführen, wurde dies zurückgewiesen, weil man von der Existenz eines solchen Lagers nicht überzeugt war — und die polnischen Angaben erwiesen sich auch noch als falsch, was Treblinka anbelangte. So hieß es im polnischen Bericht auf Grund einer Zeugenaussage, dort seien Juden *„sowohl durch Gas als auch heißen Wasserdampf"* getötet worden, aber dafür gab es *„keine Bestätigung"*. Laut Staatsanwalt Rückerl beruhte die These vom Einsatz von Wasserdampf auf der Aussage eines Zeugen, der *„den eigentlichen Tötungsvorgang nicht beobachtete."* (079)

Der Einfluß von Wiedergutmachungsverfahren

Als 1966 das Schwurgericht in Hagen den sogenannten „Sobibor-Prozeß" abschloß, bei dem 127 Zeugen, auch aus Israel und den USA, auftraten, hieß es in der Urteilsbegründung, man habe bei der Bewertung der vielen Zeugenaussagen *„erhebliche Schwierigkeiten"* gehabt, die sich vor allem daraus ergaben, *„daß die Vorgänge über 22 Jahre zurückliegen und daß das Erinnerungsvermögen der meisten Zeugen dadurch beeinträchtigt war."* Es sei schon *„an sich schwierig, Einzelheiten einer Fülle von leidvollem und schrecklichem Geschehen über fast ein Vierteljahrhundert noch sicher in Erinnerung zu tragen"*, aber dies treffe ganz besonders auf Zeugen zu, die selbst keine *„unbeteiligten Beobachter"* waren: *„Schließlich war zu berücksichtigen, daß viele der jüdischen Zeugen in eigenen oder fremden Wiedergutmachungsverfahren Affidavits oder eidesstattliche Versicherungen abgegeben haben und daß sich dadurch einige Zeugen in einigen Fällen auf unwahre Behauptungen festgelegt haben könnten, an deren Korrektur ihnen nicht gelegen war"*. (080)

Zeugentourismus?

„Hinzu kommt", so heißt es in der Hagener Urteilsbegründung, *„daß sich die meisten in Israel lebenden Zeugen dort gele-*

gentlich treffen und Erinnerungen austauschen. Dadurch kann es möglich sein, daß sie später Selbsterlebtes und Gehörtes vermischen." Beobachter anderer Kriegsverbrecherprozesse haben auch festgestellt, daß sich bestimmte Zeugen immer wieder zu Wort melden. Es hat sich ein regelrechter „Zeugentourismus" entwickelt: Gruppen von Zeugen haben sich gebildet, die mehrfach in immer derselben Zusammensetzung um die Welt reisen, dabei gemeinsam in Hotels wohnen und sich durch ständigen Meinungsaustausch in ihren Aussagen aneinander angleichen und dabei die Annehmlichkeiten derartiger Gratisreisen mitnehmen. In einem deutschen Strafverfahren gegen den ehemaligen Leiter der Gestapo-Dienststelle im jugoslawischen Jesenice, Clemens Druschke, weigerten sich viele Zeugen, sogar das gemeinsam bewohnte Hotel in Heidelberg zu verlassen, denn in der Heimat hatte man sie vor der Möglichkeit gewarnt, sie könnten als lästige Zeugen gegen die Verbrechen des Faschismus in der Bundesrepublik Deutschland vergiftet oder auf andere Weise getötet werden. Wie sich dann während des langen Gerichtsverfahrens herausstellte, hatten sich die Zeugen, wahrscheinlich unbewußt, auf die These geeinigt, daß Druschke in Slowenien eine ähnliche Rolle wie Adolf Eichmann gespielt hatte. Doch am Schluß konnte dem „Eichmann Sloweniens" kein einziger Mord nachgewiesen werden, was zu seinem Freispruch führte. (081)

Der „Treblinka-Prozeß"

Mit solchen Schwierigkeiten hatte die deutsche Justiz auch zu kämpfen, als man 1959 mit der Bearbeitung des „Treblinka-Komplexes" begann. Wie während dieses sehr langen Verfahrens vom Gericht festgestellt wurde, gab es in Treblinka *„neunzig bis einhundertundzwanzig Ukrainer, die in der Hauptsache Aufgaben beim Wachdienst wahrzunehmen hatten, aber auch in einem gewissen Umfang bei den Tötungsaktionen.*" Sie standen, wie die „Arbeitsjuden" im Lager, natürlich unter deutscher Aufsicht; an der Spitze eines jeden Zuges stand ein Volksdeutscher

— eine Maßnahme, die erforderlich war, weil Reichsdeutsche sich mit den fremdvölkischen Wachmännern kaum verständigen konnten. Wie das Gericht weiterhin feststellte, versahen die Ukrainer vornehmlich Wachdienst, auch bei Kommandos außerhalb des Lagers, und wirkten bei der Ankunft der Gefangenen an der Eisenbahnrampe mit — Vorgänge, die alle außerhalb des sogenannten „Totenlagers“ stattfanden. Bis auf „wenige Ausnahmen“ beschränkte sich die Aufgabe dieser ukrainischen Wachmänner auf solche Aufsichts- und Wachfunktionen außerhalb des „Totenlagers“.

Die deutsche Justiz zeigte wenig Interesse an diesen „Ukrainern“, aber sie wurden mehrfach von jüdischen Zeugen erwähnt. Bis heute ist nicht einmal geklärt, ob die fremdländischen Wachleute in den Konzentrationslagern auf polnischem Boden wirklich Ukrainer waren: in Auschwitz gab es mit Sicherheit keine Ukrainer, dafür aber einige Polen.

Wenn man davon ausgeht, daß eine kleine Minderheit der Wachmänner, die in Trawniki ausgebildet wurden, später in die Konzentrationslager von Belzec, Sobibor und Treblinka abkommandiert wurden, ist interessant, was zu dieser Frage der ehemalige Kommandant von Trawniki, Streibel, aussagte:

In Trawniki habe es Weißrussen, Letten, Esten und Ukrainer gegeben. Während die Angehörigen baltischer Nationen in Trawniki eigene Einheiten hatten, seien die Ukrainer mit Leuten aus Weißrußland vermischt gewesen, denn die Deutschen machten keine großen Unterschiede. Die Dienstverpflichtungen, die die Wachmänner in Trawniki unterschreiben mußten, seien in Russisch und Deutsch, aber nicht in Ukrainisch verfaßt gewesen. Man habe auch Listen von *„Russen, Ukrainern, Esten und anderen“* verfaßt. Man kann dieser Aussage entnehmen, daß es in Trawniki Wachmänner aus vielen Ostnationen — und sehr viele Dokumente gab, auf denen ihre Namen verzeichnet waren. Leider legt die Anklage gegen Demjanjuk kein einziges dieser Dokumente vor, von denen man weiß, daß sie existiert haben, sondern mit dem angeblichen Dienstausweis nur ein Dokument, an dessen Art sich überhaupt keiner erinnern kann.

Die bunte nationale Zusammensetzung von Trawniki war kein Zufall, denn man warb die Wachmänner überwiegend aus Kriegsgefangenenlagern ab. Einige wurden aus der Zivilbevölkerung rekrutiert. In Lagern, in denen Männer für Trawniki angeworben wurden, befanden sich Angehörige aller *„Sowjet-Nationen“*, und wie Streibel auch bekundete, meldete sich in manchen Kriegsgefangenenlagern die ganze Mannschaft. Zwar wußte keiner, wohin es gehen würde und für welche Zwecke sie von den Deutschen angeworben wurden, aber alle hatten die Hoffnung, so schnell wie möglich der Kriegsgefangenschaft entgehen zu können.

Bei der Auswahl folgten die Deutschen gewissen Kriterien. Sie bevorzugten, wie Streibel auch angab, *„deutschsprachige Männer“*, mit denen man sich schnell verständigen konnte. Das waren in der Regel Volksdeutsche aus der Sowjetunion, die in der Sowjetarmee Dienst getan hatten. Sie erhielten in Trawniki auch leitende Aufgaben und höhere Ränge als die Ukrainer, die meist kein Wort Deutsch verstanden und einfache Wachmänner blieben. Verächtlich nannte man sie „Askaris“ oder sogar „Kalmücken“ — obgleich es Angehörige asiatischer Völker in Trawniki nicht gegeben zu haben scheint. Darin kommt die Verachtung zum Ausdruck, die viele Deutsche für ihre Hilfswilligen an den Tag legten.

Das zweite Kriterium war, daß man Männer bevorzugte, die irgendeinen besonderen Grund hatten, Stalin und die Sowjetunion zu hassen; denn die Männer in Trawniki wurden ja nicht für Wachdienste in Konzentrationslagern, sondern zur Partisanenbekämpfung ausgebildet. So zog man Sowjetbürger vor, deren Verwandte in der Sowjetunion umgekommen oder nach Sibirien verschleppt worden waren. Wer Stalins GULAG-System haßte, war in Trawniki besonders willkommen.

Drittens bevorzugten die Deutschen aus praktischen Gründen Männer, die bereits einen Dienstrang in der Sowjetarmee gehabt hatten; denn sie waren es gewöhnt, auf Kommandos zu hören. Wer mehrere Kriterien erfüllte, hatte die größten Chancen — beispielsweise Karl Schäfer, ein Volksdeutscher, der in der Sowjetarmee schon Unteroffizier gewesen war.

Die nationale Zugehörigkeit spielte eine untergeordnete Rolle. Natürlich gab es viele Ukrainer in Trawniki, denn die Ukraine war das erste Opfer des deutschen Angriffs auf die Sowjetunion, so daß überdurchschnittlich viele Ukrainer in deutsche Gefangenschaft geraten waren. Außerdem haßten die Ukrainer fast alle das Sowjetregime. Aber sie galten bei den Deutschen auch als äußerst unzuverlässig, weil sie *„oft desertierten"*, wie Streibel angab: eine Folge des Umstandes, daß sie sich befreit fühlten, von den Deutschen aber als „Askaris" behandelt wurden.

In Trawniki gehörten sie zur untersten Kategorie. Der Zeuge Schäfer: Volksdeutsche durften gemeinsam mit den deutschen Offizieren in einer Kantine essen, aber nur, wenn sie in der Lagerverwaltung arbeiteten wie er selbst. Andere Volksdeutsche kommandierten die fremdländischen Wachleute, durften die Kantine der deutschen Lageroberschicht aber nicht betreten. Die ersten fremdländischen Wachmänner, die in Trawniki ankamen, mußten ihre Schuhe noch selbst aus Stroh flechten; ihre Unterkünfte waren zunächst kaum besser als im Kriegsgefangenenlager.

Wie ein anderer deutscher Zeuge angibt, der in Trawniki in der Verwaltung arbeitete, waren die fremdländischen Wachmänner für die Deutschen „alle Russen", ganz gleich, welcher Nation sie wirklich angehörten. Zwar nannte sich Kurt Franz, der einige diese Wachmänner im Konzentrationslager von Treblinka kommandierte, Chef „der Ukrainer", aber er sagt heute, er habe nie gewußt, ob es wirklich Ukrainer oder vielleicht Russen waren. Er erinnert sich nur, daß die Unterführer weder Russen noch Ukrainer, sondern Volksdeutsche waren, von denen einige rein deutsche Namen trugen. Andere trugen russische Vor- oder Spitznamen. Mehrere Zeugen bestätigen: *„Für uns hießen sie alle Iwan."*

Wer ist Iwan?

Während des Treblinka-Verfahrens, das sich naturgemäß mit dem Hauptverbrechen, nämlich der Vergasung von *„mindestens 700 000"* Menschen in Treblinka beschäftigte, wurden auch einige wenige Ukrainer erwähnt, die offenbar im sogenannten „Totenlager" tätig waren. Wurden Häftlinge in das Gebäude getrieben, in dem sich die Gaskammern befanden, standen, so ein Zeuge, an beiden Seiten des Einganges je ein Ukrainer. Ein Zeuge meinte, daß auch im Motorenraum, in dem der Panzermotor stand, ein Ukrainer gearbeitet hätte, denn er hörte den deutschen Zuruf: „Iwan, gib Wasser!", was für den Ukrainer der Befehl gewesen sei, den Motor anzuwerfen, der die tödlichen Gase ausströmte. Aber für die deutschen Wachmänner und Kommandoführer waren alle Ukrainer „Iwan", ganz gleich, wie sie hießen — und wie dieser Iwan aussah, der in der Gaskammer arbeitete, konnte auch dieser Zeuge nicht sagen. Übrigens wurden die Angaben dieser Zeugen über die Zahl der Gaskammern vom deutschen Gericht nicht akzeptiert — die Zeugen berichteten von zehn Gaskammern, aber das Gericht legte sich schließlich auf sechs fest — und natürlich war keine Gaskammer so groß, daß sie, wie der Kronzeuge Rosenberg gegen Demjanjuk behauptet, 12 000 Menschen fassen konnte. Das Gericht ging von höchstens 700 aus.

Obgleich viele der in den zwei Treblinka-Verfahren Angeklagten nur der *Beihilfe* zum Mord für schuldig befunden wurden, blieb die Frage nach dem eigentlichen Massenmörder, nämlich jener Person, die den Gasmotor bedient hatte, völlig offen, und sie wurde auch eher am Rande behandelt. Zu den *„beschworenen und glaubhaften"* Zeugen gehörte auch, laut Urteil, der *„Hafenlagerist Ros."*, eine im schriftlichen Urteil benutzte Abkürzung, die auf den heutigen Kronzeugen gegen Demjanjuk, Elias Rosenberg, hinweist. Wie schon 1947 wußte Zeuge Rosenberg auch in den deutschen Treblinka-Verfahren offenbar nichts über einen „Iwan den Schrecklichen" oder gar über Iwan Demjanjuk. Da viele bezichtigte Personen nicht vor dem deutschen Gericht erschienen und stattdessen untergetaucht waren, wurde und wird nach ihnen weiter gefahndet. Aber zu diesen Verdächtigen, nach denen weiter gefahndet wurde, gehört kein Ukrainer. Die vielen Zeugenaussagen wiesen den ukrainischen Wachmännern zwar oft grausame Neben-, aber keine Schlüsselrollen in Treblinka zu. Vor allem konnte keiner der Zeugen eine Beschreibung dieser Ukrainer liefern.

„Wissenschaftliche Erkenntnisse" — je nach Standpunkt

Erst viel später erschien unter dem Titel *Nationalsozialistische Massentötung durch Giftgas* ein Buch, dessen gemeinsame

Autoren der Leitende Staatsanwalt Dr. Rückerl, Eugen Kogon *(Der SS-Staat)* und H. Langbein sind. Zum Mitautor Langbein ist zu sagen, daß er als Sekretär eines *Komitees der Lagerinternierten* mit Sitz in Wien als Zeuge und Sachverständiger selbst an mehreren Kriegsverbrecherprozessen teilgenommen hat; viele Erkenntnisse über die deutschen KZ, die inzwischen weltweit akzeptiert werden, gehen auf seine Schilderungen zurück. Er war vor dem Kriege Kommunist geworden und gab nach 1945 eine Zeitschrift im Auftrag der sowjetischen Besatzungstruppen in Österreich heraus. Wie er nach seinem Bruch mit dem Kommunismus erklärte, glaubte Langbein bis zu seiner politischen Gesinnungswandlung daran, daß die polnischen Offiziere, die im Wald von Katyn ermordet wurden, Opfer des deutschen Faschismus seien, und er verteidigte diese These mit „wissenschaftlichen Argumenten" auch gegen andere ehemalige Lagerkameraden, die schon sehr früh der Ansicht waren, der Massenmord von Katyn gehe auf sowjetisches Konto. Heute ist er ihrer Ansicht, aber dies ändert nichts daran, daß sich sein Urteil erst änderte, als sich seine politische Gesinnung änderte — nur einer von mehreren Gründen, solchen Quellen über die Ereignisse im Zweiten Weltkrieg mit etwas Vorsicht zu begegnen.

„Subjektive Einstellung"

Langbein gibt — in seinem Buch über *Menschen in Auschwitz* — sogar selbst zu, daß er zu den Ereignissen, die er schildert, eine *„subjektive Einstellung"* hat und daß er sogar Gründe habe, sich zu *„rechtfertigen"*. Denn Langbein gehörte nach eigenem Bekenntnis im KZ zu den *„privilegierten"* Gefangenen. Als *„Sekretär eines SS-Führers"* gehörte er zur „Oberschicht der Lagerprominenz", der Hunger beispielsweise unbekannt war.

Die „Lagerprominenz" und die SS

Da Langbein *„während der ganzen Zeit, in der Menschen massenweise ermordet wurden"*, Schreiber des Standortarztes von Auschwitz, Dr. Eduard Wirths, war, der sich an Selektionen beteiligte, also darüber entschied, wer als arbeitsfähig galt und deshalb nicht ins Gas geschickt werden sollte und der *„auch nicht der Versuchung widerstehen konnte, das für den Tod be-*

stimmte Menschenmaterial für Versuche zu mißbrauchen", ist Langbein bei ehemaligen Haftkameraden offenbar in Verdacht geraten, als Angehöriger der Lagerprominenz selbst an dessen Verbrechen beteiligt gewesen zu sein. Deshalb versucht Langbein, seinen KZ-Vorgesetzten Dr. Wirths in eher günstigem Licht erscheinen zu lassen: Er schildert ihn als eine tragische und sogar sympathische Persönlichkeit. Dr. Wirths, so Langbein, habe sein Amt *„widerwillig"* ausgeübt, sei gegenüber Häftlingen menschlich und sogar *„freundlich"* gewesen und habe sogar versucht, sich mit kranken Polen auf Polnisch zu unterhalten. Wirths — der sich nach Kriegsende in britischer Haft erhängte — sei, so Langbein, äußerst pflichtbewußt, aber immer darum bemüht gewesen, *„das Schlimmste zu verhindern"*. (082)

„Gut" und „böse"

Dies sind einige Gründe, weshalb man auch sogenannten Sachverständigen mit Skepsis entgegentreten muß, vor allem, wenn diese „subjektive Gründe" haben, die Ereignisse in den KZ so oder so zu schildern.

Zur „Lagerprominenz" gehörte übrigens auch der andere Autor des Buches über *Nationalsozialistische Massentötungen durch Giftgas,* Eugen Kogon. Auch er war Sekretär eines KZ-Lagerarztes. Auf der einen Seite hatten solche „Lagerprominenten" natürlich mehr Einblick als gewöhnliche Häftlinge. Aber auf der anderen Seite war dies mit Funktionen verbunden, in denen man, wenn auch aus Not, selbst mitschuldig werden konnte. Vor allem bei Langbein ist die Tendenz erkennbar, Personen, zu denen man nicht in direktem Kontakt stand, als besonders böse und schrecklich, aber SS-Männer, denen man selbst diente, als eher sympathisch erscheinen zu lassen.

„Gerüchte", „Irrtümer" und „Fehler"

Langbein weiß selbst um die Schwierigkeiten einer objektiven Darstellung subjektiv durchlebter Erfahrungen und kritisiert deshalb — andere Autoren, die vielfach Falsches über die KZ in die Welt gesetzt hätten: Vieles, was in KZ-Darstellungen steht, sei nur *„Gerücht“*, *„Irrtum“* oder *„falsch“*. Er zitiert Zeugen, die in Kriegsverbrecherprozessen auftraten, die sich nicht einmal darüber schlüssig werden konnten, wann sie verhaftet oder ins KZ eingeliefert wurden — wenn überhaupt. Außerdem komme es immer wieder zu *„fanatischen politischen Fixierungen“*: Kommunisten, so meint jetzt der Exkommunist Langbein, seien besonders *„subjektiv“*; er bezichtigt den polnischen Untersuchungsrichter Jan Sehn, der die großen Auschwitz-Prozesse vorbereiten half, schwerer Irrtümer. Nur sind alle jene Gerüchte, Irrtümer, Fehler und sogar Lügen inzwischen in die Weltliteratur über die KZ eingegangen, zum „Allgemeinwissen“ geworden, das sich dann in amerikanischen Fernsehfilmen über die „German Nazis“ niederschlägt — die mit der Wahrheit kaum mehr zu tun haben.

Langbein geht in seinen Büchern über die deutschen KZ gleichfalls nur am Rande auf die Rolle der ukrainischen Wachmannschaften in diesen Lagern ein: in seinem umfassenden Buch *Bericht aus Auschwitz und anderen Konzentrationslagern* werden die Ukrainer gar nicht erwähnt. In seinem Buch *Nicht wie die Schafe zur Schlachtbank* zitiert er den anderen Autor, Eugen Kogon: *„Frechheit, Faulheit und Unkameradschaftlichkeit“* der Ukrainer in den Lagern habe es ihnen *„nicht mehr ermöglicht, in führende Stellungen zu gelangen.“*

Verdächtige Ukrainer

„Ukrainische Hilfswachen“ waren so korrupt, daß sie sogar Waffen an Häftlinge verkauften — mit denen die Insassen von Treblinka dann den Aufstand durchführen konnten. Langbein zitiert auch den Autor Stanislaw Nogaj, der in seinem „Tagebuch“ beschreibt, wie sich in einem anderen Lager ukrainische Wachen mit den Häftlingen zu einem riskanten Aufstandsplan verbündeten. Auch dies wirft Zweifel auf die Behauptung, die deutsche SS in Treblinka habe es einem solchen Ukrainer überlassen, den Gasmotor zu bedienen: Zumindest hätten die Deutschen dann dafür gesorgt, daß dieser wichtigste Zeuge bei der Vergasung von Hunderttausenden Menschen das Lager nicht überlebt hätte.

Ein Zeuge nennt „Iwan Demjanjuk“

Auch der von Langbein zitierte jüdische Zeuge Goldfarb beschreibt die Ukrainer als Wachen, die beim Entladen der Güterwaggons halfen: *„Auf dem Weg zu den Gaskammern standen an beiden Seiten des Zaunes Deutsche mit Hunden. Die Deutschen schlugen mit Peitschen und Eisenstangen auf die Menschen ein. Die Deutschen trieben die rennenden Opfer mit Rufen an.“* Von den Ukrainern ist auch hier nicht die Rede — wie in anderen Zeugenaussagen, allerdings mit einer für den „Fall Demjanjuk“ sehr wichtigen Ausnahme. Denn auf Seite 180 des zitierten Buches von Langbein wird der Zeuge Goldfarb mit folgenden Worten zitiert:

„Mit einem Schwert bewaffnet“

„Am Eingang der Gaskammer standen die zwei Ukrainer Iwan Demjanjuk und Nikolai, der eine mit einer Eisenstange, der andere mit einem Schwert bewaffnet. Auch sie trieben die Menschen mit Schlägen hinein ... Sobald die Gaskammern voll waren, schlossen die Ukrainer die Türen und starteten die Maschine.“ (083)

Woher solche Erkenntnisse?

Sieht man von der Skepsis gegenüber subjektiven Zeugenaussagen ab, zu der Langbein selbst rät, stellen sich in Zusammenhang mit dieser Behauptung viele Fragen. Denn auf Seite 162 desselben Buches heißt es: *„Die Eingänge waren hinter einer speziellen Trennwand angelegt.“* Wie konnte der Zeuge Goldfarb dann sehen, wer die Menschen in die Gaskammern trieb? Wieso kam ein ukrainischer Wachmann, dessen Bewaffnung streng vorgeschrieben war, in den Besitz eines „Schwertes“? Und vor allem: ukrainische Wachmänner pflegten sich den Häftlingen nicht mit Visitenkarte oder Namen vorzustellen. Wie konnte der Zeuge Goldfarb schon im KZ erfahren haben, daß der „mit einem Schwert bewaffnete Ukrainer“ den Nachnamen Demjanjuk trug?

In der Zeitung gelesen

Wir könnten selbst die Antwort auf diese Frage geben: Der

Zeuge Goldfarb hat den Namen Demjanjuk nicht im KZ, sondern viele Jahre nach Kriegsende erfahren — als John Demjanjuk in Cleveland/Ohio bereits öffentlich bezichtigt wurde, „Iwan der Schreckliche“ gewesen zu sein. Da konnte man den Namen Demjanjuk in allen Zeitungen lesen — so auch der Zeuge Goldfarb, der einfach verwechselte, woran er sich wirklich erinnerte — und was er zusätzlich in Zeitungen gelesen hatte. Jeder Richter kennt dieses Problem der „Synthese“ zwischen Eigenerlebtem und später Erfahrenem.

Der einzige Zeuge widerruft

Aber der Zeuge Avraham Goldfarb enthebt uns der Mühe. Denn am 29. März 1986, nachdem John Demjanjuk bereits als vermeintlicher „Iwan von Treblinka“ an Israel ausgeliefert worden war, erschien in der *Jerusalem Post* ein Artikel unter der Frage: *„War Demjanjuk „Iwan der Schreckliche“?“*, ein Artikel, in dem nicht nur die Zeugenaussage von Elias Rosenberg aus dem Jahre 1947 zitiert wird — derzufolge „Iwan der Schreckliche“ nämlich längst tot ist. Hier heißt es auch:

„Letzte Woche erreichte das Holocaust-Forschungszentrum der Bar-Ilan-Universität eine weitere Zeugenaussage, derzufolge „Iwan der Schreckliche“ schon beim Häftlingsaufstand getötet wurde. Diese Aussage stammt von Avraham Goldfarb aus den späten sechziger Jahren; inzwischen ist er gestorben.“

Der Verteidigung längst bekannt

Somit hat der einzige Zeuge, der jemals den Namen Iwan Demjanjuk in Zusammenhang mit „Iwan dem Schrecklichen“ erwähnt hatte (oder haben soll!), selbst erklärt, daß „Iwan der Schreckliche“ von Treblinka den Häftlingsaufstand von 1943 nicht überlebt hat. Die *Jerusalem Post* nach dieser Enthüllung: *„Die in Haifa und an der Bar-Ilan-Universität entdeckten Zeugenaussagen erwecken den Eindruck, daß Demjanjuk nicht der wahre »Iwan der Schreckliche« ist.“* Was die *Jerusalem Post* entweder nicht weiß oder einfach verschweigt: Die Verteidigung Demjanjuks hatte die Zeugenaussage des Elias Rosenberg aus dem Jahre 1947 längst in Händen und wies schon während der langen Auslieferungsprozeduren in den USA darauf hin, daß der Belastungszeuge Rosenberg in Wirklichkeit einer der wichtigsten Entlastungszeugen für John Demjanjuk war. Aber mit ungewöhnlicher Großzügigkeit ging das mit der Auslieferung befaßte US-Gericht über solche Hinweise hinweg — und half dadurch, vollendete Tatsachen zu schaffen, die John Demjanjuk zum Unheil gereichen können, ganz unabhängig davon, ob er „Iwan der Schreckliche" war oder einfach das Opfer einer Verwechslung oder sogar einer reinen Erfindung geworden ist. Denn wie will man mit Anstand einen „Fall" wieder aus der Welt schaffen, in den von Anfang an sehr viel Propaganda und politische Absichten investiert wurden, die mit dem ehemaligen Arbeiter bei den Ford-Werken von Ohio, John Demjanjuk, offenbar nicht das geringste zu tun haben?

Widerrufen und gestorben

Der Zeuge Goldfarb ist, wie andere Zeugen in dieser Sache, längst tot und wird nicht mehr erläutern können, ob er in Zusammenhang mit Treblinka jemals den Namen „Demjanjuk" erwähnt hat und wie dieser Name in das Buch Langbeins kam — wenn Goldfarb doch schriftlich erklärt hat, „Iwan der Schreckliche" sei seit 1943 nicht mehr am Leben.

Aber auch von den wenigen noch lebenden jüdischen Zeugen wird es keine Aufklärung geben. Der deutsche Rechtsanwalt Rudolf Stratmann in Düsseldorf, der als Verteidiger eines der Angeklagten den Treblinkaprozeß intensiv verfolgte und *„die Aussagen der jüdischen Zeugen durchweg vollständig mitgeschrieben hat"*, hat seine Aufzeichnungen *„noch einmal alle durchgesehen. In diesen Aufzeichnungen habe ich von keinem Zeugen mögliche Aussagen über Iwan oder Nikolai gefunden."* (084) Der Name „Iwan der Schreckliche", das wird immer deutlicher, existierte zur Zeit der deutschen Treblinkaprozesse noch gar nicht; er wurde erst später von der amerikanischen Presse erfunden. Und erst, als man John Demjanjuk in Cleveland/Ohio mit jenem „schrecklichen Iwan" zu identifizieren begann, setzte auch in den Hirnen einiger Zeugen jener Prozeß ein, bei dem sich völlig verschollene Erinnerungen unter dem

Eindruck immer neuer Enthüllungen in der Presse zu völlig neuartigen Zeugenaussagen formierten: Plötzlich waren nicht mehr die längst abgeurteilten oder nicht mehr erreichbaren Deutschen im KZ Treblinka die Hauptpersonen, sondern der Ukrainer „Iwan der Schreckliche" alias John Demjanjuk aus Ohio.

Nach Rosenberg, dessen Aussage wir schon erwähnt haben, trat als zweiter Zeuge gegen John Demjanjuk ein gewisser Pinchas Epstein auf, auch er belastete Demjanjuk schwer. Er habe selbst gesehen, wie „Iwan der Schreckliche" zu einer Gruppe jüdischer Gefangener ging und ihnen *„einem nach dem anderen die Schädel spaltete."* Bei anderen Gefangenengruppen habe er mit einem Eisenrohr die Füße zerschmettert: *„Ich finde keine Worte, dies zu beschreiben."* Während der Hauptverhandlung in Jerusalem rief Epstein gellend aus: *„Das ist der Mann, der da. Natürlich hat ihn das Alter etwas verändert, aber man kann ihn wieder erkennen."* Epstein sah Demjanjuk nicht das erstemal wieder. Er hatte Demjanjuk schon beobachtet, als dieser nach seiner Auslieferung an Israel das Flugzeug verließ: *„Da sah ich, wie er geht. Ich erkannte dieselben Bewegungen wieder, die er schon in Treblinka an sich hatte."*

Eine besonders erschütternde Erzählung von Epstein ging mit Hilfe der Medien rund um die Welt und muß Millionen Herzen erweicht haben. Denn Epstein erzählte auch: *„Einmal kam ein kleines Mädchen, nicht älter als 12 Jahre alt, lebendig wieder aus der Gaskammer. Es schrie nach seiner Mutter."* Epstein brauchte einige Zeit, ehe er diese teuflische Handlung schilderte, denn er war deutlich erschüttert: *„Iwan befahl einem Gefangenen, das Kind zu vergewaltigen und dann zu erschießen."* Nach dieser Aussage versank der Zeuge Epstein hinter einem großen Taschentuch, in das er hineinweinte.

Das Problem mit dem Zeugen Epstein besteht nur darin, daß er schon oft als Zeuge in Treblinkaprozessen gedient hatte. So liegt eine eidesstattliche Erklärung Epsteins vor, in der er sich anbietet, selbst nach Deutschland zu kommen, um alle Verbrecher von Treblinka *„zu agnoszieren"*. An einige Verbrecher erinnert er sich nur mit den Spitznamen. So nennt er einen deutschen Unterscharführer „Frankenstein". Andere Verantwortliche kennt er nur mit Vornamen. Ein Großteil der Angaben über Treblinka stammt von Rosenberg und Epstein. Nur erklärte Epstein in seiner zitierten eidesstattlichen Erklärung überhaupt nichts, was auf die Gaskammern hinweist. Er nennt *„tausende Juden“*, die in Treblinka *„mißhandelt und getötet“* worden seien: sie alle wären auf sadistische und individuelle Weise ermordet worden, durch Erschießung. (085)

Folgt man dieser eidesstattlichen Erklärung Epsteins aus viel früheren Jahren, drängt sich der Eindruck auf, daß es in Treblinka entweder überhaupt keine Gaskammer gegeben hat oder daß er davon nichts wußte, weil er als Häftling gar nicht im sogenannten „Totenlager“, sondern im unteren Lager war — von dem aus man die Ereignisse im „Totenlager“ nicht einsehen konnte. Da sich besagter grausamer Iwan aber im „Totenlager“ befunden haben soll, kann ihn Epstein überhaupt nicht gekannt haben, und schon gar kein Mädchen, das die Gaskammer lebend wieder verlassen haben soll.

Dem deutschen Gericht, das sich mit den Verbrechen in Treblinka befaßte, war Epstein als Zeuge so unheimlich, daß man darauf verzichtete, ihn zu vereidigen. Das Urteil in den deutschen Treblinka-Verfahren klammerte Epstein als Zeugen sogar aus. Dennoch ist er jetzt der zweitwichtigste Zeuge gegen Iwan Demjanjuk, den er nach über 40 Jahren an dessen Bewegungen wiedererkannt haben will. Auch „vergaß“ Epstein in allen früheren Zeugenaussagen, die er machte, völlig die Rolle, die in Treblinka „Iwan der Schreckliche“ gespielt haben soll: Dieser Iwan wurde von Epstein niemals zuvor auch nur am Rande erwähnt. Jetzt soll er die eigentliche Bestie von Treblinka gewesen — und mit Iwan Demjanjuk identisch sein.

Die Rolle jüdischer Zeugen wurde aus solchen Gründen nicht nur von deutschen Gerichten gering bewertet. Auch in den USA haben sich Richter der Praxis angeschlossen, Urteile lieber nicht zu fest auf solche jüdischen Aussagen zu bauen. Nicht nur der geschilderte Fall Wallus hat bewiesen, daß solche Zeugen „Irrtümer“ begehen und zu bühnenreifen Szenen fähig sind — obgleich sie sich an nichts mehr genau erinnern können, wenn sie überhaupt Zeuge der Ereignisse waren. Als 1978 ein anderer Ukrainer, Feodor Fedorenko, ähnlich wie später Demjanjuk, wegen angeblicher Anwesenheit in Trawniki und dann in Treblinka seiner amerikanischen Staatsbürgerschaft beraubt werden sollte, traten gegen ihn sechs Zeugen auf, die beschworen, daß sie Augenzeuge furchtbarer Grausam-

III

5.40

Ident Ca d.No.261809

Eidesstattliche Erklärung

Ich der Unterschriebene Pinchas EPSTEIN, erkläre hiemit, dass ich durch den Notar aufmerksam gemacht wurde, dass das Ablegen einer falschen eidesstattlichen Erklärung laut § 126 des isr.Strafgesetzbuches strafbar ist und lege folgende eidesstattliche Erklärung ab :

Zur Person : Ich heisse Pinchas EPSTEIN
geb.am 15.3.1925 in Tschenstochau, Polen
jetzt wohnhaft in Petach-Tikwa, Israel, Schik.Agduth 62.

Zur Sache : Am 23.September 1942 bin ich vom Ghetto ~~Warschau~~ Tschenstochau in das Lager Treblinki abgeführt worden, wo ich bis zum Aufstand in diesem Lager /1.und 2 August 1943/als Gefangener war und während des Aufstandes flüchtete.-

Das Lager TREBLINKI war ein Vernichtungslager für Juden. Es sind viele tausende Juden misshandelt und getötet worden. Die gefürchtesten und grausamsten zwischen den SS-Männern waren folgende SS-Leute, welche ich nur laut ihren Vornamen kenne und zwar Untersturmführer Franz, Scharführer Mathis, Unterscharführer Richard, SS Mann Erwin, Unterscharführer Karl und zwei dessen Familiennamen mir bekannt sind und zwar Unterscharführer Löffler und Unterscharführer Frankenstein.

Ich sah auf eigene Augen wie im Sommer 1943 Franz meinen bekannnten Juden Eliahu erschoss.-

SS-Mann Erwin erschoss in meinen Augen im Herbst 1943 die Juden, Ruben Słomnicki, Leibl Itzkowitz und Jehuda Szczerbata.

Ich sah im Winter 1942-1943 wie Scharführer Mathis ca 40 typhuskranke Juden aus Tschenstochau, aus der Baracke, wo sie untergebracht waren, /darunter Abraham Dziubas und Mordechai Friedmann beide aus Tschenstochau/ herausholte und sie alle vor der Baracke erschoss. - Ca 3 Monate später sah ich wie Unterscharführer Richard einen kranken Juden, dessen Vorname Löbl war, vor der Baracke erschoss.- Unterscharführer Löffler hat in meinen Augen hunderte Juden auf der Stelle erschossen.- MATTHES

Unterscharführer Frankenstein, hat alle schwachen Juden, die in neuem Transporten ankamen, in das sogenannte Lazarett, welches ein grosses Loch war, führen liess und dort sie persönlich, erschoss. Ich kann mich nur an eine Bekannte Frau Blaufuks erinnern, welche sich zwischen den durch Frankenstein erschossenen Personen befand.

Alle oben erwähnten SS-Leute haben viele Tausende Juden misshandelt und umgebracht.- Wenn ich auch die Familiennamen von Franz, Mathis, Gustaw, Richard, Karl und die Vornamen von Frankenstein und Löffler nicht nennen kann, so erkläre ich, dass mir die Sylveten der obigen SS Männern in Erinnerung blieben und dass ich sie **A L L E** agnoszieren könnte.-

Ich bin bereit nach Deutschland zu fahren, obige Verbrecher zu agnoszieren und vor deutschen Behörden und Gerichten als Zeuge auszusagen.-

Pinchas Epstein

Dok 14: Pinchas Epstein schildert viele Verbrecher von Treblinka, aber keinen „Iwan den Schrecklichen".

keiten gewesen seien, die Fedorenko begangen haben soll. Der Richter in Florida aber kam zur Überzeugung, daß die Aussagen der jüdischen Zeugen *„voller Konflikte und Ungewißheiten“* und deshalb *„nicht geeignet sind, daraus Schlüsse zu ziehen.“*

Die Zeugen wurden als unglaubwürdig entlassen. Es waren genau dieselben Zeugen, die jetzt gegen Iwan Demjanjuk antreten.

Die deutsche Justiz beurteilt jüdische Zeugen aus vielen Gründen schon seit den Treblinka-Prozessen „vorsichtig“ und versucht, ihr Urteil besser auf Aussagen deutscher Tatbeteiligter zu gründen. Doch heute, über 40 Jahre nach den Ereignissen, leben nur noch sehr wenige deutsche Tatbeteiligte, unter ihnen der deutsche KZ-Wächter August Wilhelm Miete, inzwischen fast 80 Jahre alt. Er wurde erst kürzlich aus der Haft entlassen, erinnert sich aber an „keinen Iwan“. Als die Treblinka-Prozesse stattfanden, gab es noch weitaus mehr deutsche Zeugen. Doch damals sprach kein einziger von einem „Iwan dem Schrecklichen“ — auf den man doch leicht einen Großteil der Schuld hätte abwälzen können.

Nur jüdische Zeugen erwähnten — am Rande — einen „Iwan“. Matthes, ein deutscher Angeklagter, erinnerte sich 1962, als man ihn befragte, an keinen Iwan, sondern an einen Nikolai.

Deutsche Zeugen

Aus der Aussage von Matthes:

„Im oberen Lager mögen etwa 14 Deutsche Dienst getan haben. Dann waren ständig zwei Ukrainer im oberen Lager. Von diesen hieß einer NICOLAI. Der aber war klein von Statur, an seinen Namen kann ich mich nicht erinnern. Wenn ich gefragt werde, ob dieser Iwan hieß, so erkläre ich: „Das weiß ich nicht!“ Diese beiden Ukrainer, die im oberen Lager wohnten, haben vor den Gaskammern Dienst getan. Sie waren es, welche die Türen der Gaskammern schlossen.

Sie haben sich auch um den Motorenraum gekümmert, wenn

der FRITZ SCHMIDT nicht da war. Dieser Schmidt war sonst für den Motorenraum verantwortlich. Die durch den Gang nach oben gebrachten Menschen mußten dann in die einzelnen Gaskammern hereingehen. Nachdem im Sommer 1942 die neuen Gaskammern gebaut worden waren, die, glaube ich, jedoch im Herbst erst in Betrieb genommen werden konnten, standen insgesamt sechs Gaskammern zur Verfügung. Ich schätze, daß in jede Kammer etwa 300 Menschen hereinpaßten.

Die Menschen sind ohne Widerstand in die Kammern gegangen. Zuletzt haben jedoch die ukrainischen Wachmannschaften nachgedrückt. Ich habe auch selbst gesehen, daß die Ukrainer die Menschen mit den Gewehrkolben gestoßen haben. Wenn ich gefragt werde, ob die Menschen auch mit Lederpeitschen geschlagen worden sind, so erkläre ich: „Nein, nicht beim Hineinschieben!"

Wenn die Gaskammern voll waren, wurden die Türen geschlossen. Wenn ich gefragt werde, wer den Befehl jeweils hierzu gab, so erkläre ich: „Das haben die Ukrainer von sich aus gemacht." Die Gaskammern blieben etwa 30 Minuten geschlossen. Dann hat Schmidt das Gas abgestellt und die beiden Ukrainer im Motorenraum haben die Gaskammern auf der anderen Seite geöffnet. Wenn ich gefragt werde, ob es nicht in den Gaskammern Fenster gegeben hat, so erkläre ich: „Bei den neuen Gaskammern hat es solche Fenster gegeben, durch die man in die Kammern hineinsehen konnte, wenn sie geschlossen waren." Wenn ich gefragt werde, wer sich jeweils vor dem Öffnen der Gaskammern durch einen Blick durch das Fenster davon überzeugt hat, daß die Insassen tot waren, so erkläre ich: „Die im Motorenraum haben sich durch einen Blick durch die Fenster überzeugt, daß die Gaskammern geöffnet werden konnten."

Wenn ich gefragt werde, wer „die im Motorenraum" waren, so erkläre ich: „Schmidt und die zwei Ukrainer."

Wenn ich gefragt werde, ob Schmidt immer zugegen gewesen ist, so erkläre ich: „Wenn Schmidt nicht da war, haben es nur die beiden Ukrainer gemacht." (086)

Folgt man dieser Aussage, war „der andere Ukrainer", an dessen Namen sich der Zeuge nicht mehr erinnern konnte, „klein von Statur", was sicher nicht auf Iwan Demjanjuk mit 1,80 m zutrifft.

Ein anderer Zeuge, der dem Gericht damals zur Verfügung

stand, war der Angeklagte Münzberger, der von Belastungszeugen bezichtigt wurde, selbst vor dem Eingang zur Gaskammer gestanden und dort die Todeskommandos gegeben zu haben. Münzberger wurde wegen „der Beihilfe zum gemeinschaftlichen Mord an mindestens 300 000 Personen" für schuldig befunden und verurteilt.

Münzberger

Richterliche Vernehmung vom 1. April 1960 (Auszug):
„In die Gaskammern wurden Motorengase eingeleitet. Als die großen Gaskammern in Betrieb waren, gab es einen besonderen Motorenraum. Von dem dort befindlichen Motor liefen Verbindungsrohre zu den einzelnen Gaskammern. Dieser Motorenraum ist von dem gestern von mir erwähnten SS-Angehörigen Schmidt, Fritz eingerichtet worden. Dieser hat auch zwei Ukrainer im Gebrauch des Motors unterwiesen. Diese beiden Ukrainer waren ständig dort. Einer von ihnen war sehr groß und stark. Er wurde Iwan genannt. Der andere ist mir weder dem Namen noch dem Spitznamen nach bekannt.

Die eben erwähnten zwei Ukrainer, welche die Motoren bedienten, die haben oben geschlafen, weil sie auch die Lichtmaschine beaufsichtigt haben, die sich im Bereich der kleinen Gaskammern befand."

Wie man sieht, weichen die Zeugenaussagen erheblich voneinander ab: für Münzberger war Iwan „sehr groß und stark", Matthes bezeichnet ihn als klein und spricht im übrigen nicht nur von zwei, sondern sogar von „sechs bis acht Ukrainern", die an der Gaskammer Dienst getan haben sollen. Doch besonders interessant ist, was Münzberger sagt: *„Einer von ihnen war sehr groß und stark. Er wurde Iwan genannt. Der andere ist mir weder dem Namen noch dem Spitznamen nach bekannt."* Offenbar wurden die Ukrainer — wenn es welche waren — oft anders genannt als sie wirklich hießen. Es gab „Spitznamen". Der „Iwan" wurde so „genannt". War Iwan gar nicht der wirkliche Vorname des Mannes, mit dem Iwan Demjanjuk identisch sein soll?

Auf diese wichtige Frage gab Münzberger bereits in einer Vernehmung durch das bayerische Landeskriminalamt vom 17. September 1960 genaue Antwort:

„Ich kann mich nunmehr auch an einen gewissen Schmidt, *Vorname Fritz, Uscha (Unterscharführer) und vermutlich Mechaniker, aus Pirna oder Umgebung erinnern, der bei uns in Treblinka das Lichtaggregat überwachte und die Verbrennungsmotoren für die Gaskammern reparierte. Soweit ich weiß, wurden die Motoren bei Vergasungen nur von einem Ukrainer mit dem Spitznamen „Iwan" bedient. Dieser lief später in Italien zu den Partisanen über."*

Das beantwortet vieles, etwa die Frage danach, weshalb die deutschen Justizbehörden niemals nach diesem „Iwan" gefahndet haben: Denn Iwan war — laut Münzberger — nur „ein Spitzname". Aber wenn es ein Spitzname war, kann „Iwan" nicht der Vorname des Mannes an der Gaskammer gewesen sein: und Demjanjuk hieß immer Iwan.

Dieser Spitzname „Iwan" tauchte schon viel früher, unmittelbar nach Kriegsende, auf. Damals legten die polnischen Behörden Kriegsverbrecherlisten vor. Gesucht wurde, auf Grund von Zeugenaussagen, jemand, der in Treblinka an den Massentötungen in den „Wasserdampfzellen", aus denen später die Gaskammern wurden, führend beteiligt war — und „Iwan" genannt wurde: in Wirklichkeit hieß er Beelitz und, mit Vornamen, vermutlich Wilhelm. Auch der Zeuge Münzberger erinnerte sich 1960 an diesen Beelitz:

„Mit Vornamen glaube ich Willi. Aus Berlin und Umgebung stammend, Ende 20 oder Anfang 30 Jahre alt. Ursprünglich SA-Angehöriger. Ich erinnere mich, daß er zeitweise Dienst außerhalb des Lagers gemacht hat: Kontrolle der Posten, Beaufsichtigung von Außenkommandos." Daraus geht hervor, daß dieser Beelitz engen Kontakt mit den „Ukrainern" hatte, die seinem Befehl unterstellt waren. Münzberger weiter: *„Hat auch innerhalb des Lagers Dienst getan, mal oben, mal unten. Er war groß und blond."* Der Hinweis, daß Beelitz „auch oben Dienst getan hat", bestätigt, daß er auch an den Gaskammern tätig war: und dieser Beelitz wurde „Iwan" genannt — aus welchen Gründen auch immer, möglicherweise wegen seines kurzen Haarschnitts.

Somit ist möglicherweise klar, wer der „Iwan" von der Gaskammer wirklich war. Leider kann man diesem Hinweis nicht weiter nachgehen, denn Beelitz ist verschwunden, wahrscheinlich tot, auch blocken die deutschen Behörden ab. Denn als

1987 der Verdacht auftauchte, Beelitz könne jener „Iwan“ sein, teilte die *Zentralstelle für die Verfolgung nationalsozialistischer Gewaltverbrechen* in Ludwigsburg fernmündlich mit, sie habe über Beelitz „gar nichts“, lediglich einen Hinweis darauf, daß er während des Krieges bei einer Polizeieinheit in Polen gedient habe. In Wirklichkeit fahndet die Volksrepublik Polen seit Kriegsende nach jenem Beelitz alias „Iwan“ wegen seiner Mordaktivitäten im KZ Treblinka, und seit fast 30 Jahren liegt die Aussage Münzbergers vor, derzufolge Beelitz nicht nur in Treblinka, sondern in diesem Lager „auch oben“ war — also im Bereich der Gaskammer.

Aber völlig klar ist, daß „Iwan“ von der Gaskammer gar nicht Iwan, sondern mit Vornamen ganz anders hieß: denn „Iwan“, das war, laut Münzberger, „ein Spitzname“.

Münzberger wurde zu 12 Jahren Freiheitsentzug verurteilt; vier Jahre wurden zur Bewährung ausgesetzt. Er ist inzwischen verstorben.

1973 trat Münzberger noch einmal als Zeuge im Strafverfahren gegen Streibel, den ehemaligen Lagerkommandanten von Trawniki, auf. Dabei erwähnte Münzberger, daß der Sold an „die Ukrainer“ im Lager Treblinka von einem gewissen „Mätzig“ ausgezahlt worden sei. Willi Mätzig wird von der Anklage in Jerusalem als Zeuge gegen Iwan Demjanjuk aufgeführt — aber er kann sich überhaupt nicht an einen Ukrainer erinnern, der Iwan oder gar Iwan Demjanjuk hieß. Mätzig wurde nach dem Kriege gleichfalls strafrechtlich verfolgt, aber nie verurteilt.

Hier drängt sich, nebenbei, ein Vergleich auf, der bei der Bewertung des Falles Demjanjuk sicher auch eine Rolle spielen sollte: Münzberger, der, zusammen mit Matthes, die Aufsicht an den Gaskammern gehabt haben soll, wurde zu 12 Jahren Gefängnis verurteilt und war nach acht Jahren wieder frei. Mätzig wurde nie verurteilt, weil ihm eine Beteiligung an Verbrechen in Treblinka nicht nachgewiesen werden konnte. Ein kleiner Ukrainer aber soll jetzt gehängt werden, weil er unfreiwillig in Treblinka gewesen sein soll, und obgleich es dafür weder jüdische noch deutsche Zeugen gibt. Freilich: die Aussagen aller deutschen Angeklagten zu dieser Problematik zeichnen sich dadurch aus, daß sie selbst „nicht vor den Gaskammern Dienst taten“ und natürlich mit der Vergasung auch nichts zu tun hatten. Viele Angeklagte erklärten sogar, ausschließlich im „unteren Lager“ gewesen zu sein, von wo aus man nicht einsehen konnte, was im „oberen Lager“ geschah. Bei vielen Angeklagten hatte man den Eindruck, daß sie die Möglichkeit von Massentötungen durch Gas erst unter Druck der langen, bereits verbüßten Untersuchungshaft und der Erwartungen des Gerichts, in dessen Händen ihr Schicksal lag, einräumten. Hätte sich die deutsche Justiz damals ausschließlich auf jüdische Zeugen verlassen, wären die Folgen unvorstellbar: denn wenn beispielsweise der für „glaubhaft“ befundene Zeuge Elias Rosenberg nicht die Wahrheit sagt und sich deshalb widerspricht oder wenn der Zeuge Goldfarb dementiert, was er, angeblich, vor einem deutschen Gericht gesagt haben soll und was ihm von deutschen Richtern geglaubt wurde, dann wäre, ohne Teilgeständnisse der Täter, kaum noch irgendein Beweis dafür vorhanden, was in Treblinka geschah!

Zur Taktik der Angeklagten gehörte es offenbar aber auch, sich gegenseitig möglichst nicht zu belasten. Als eigentliche Schuldige erschienen in ihren Aussagen angeblich Haupttäter, die nicht greifbar waren und nicht einmal genau identifiziert wurden — beispielsweise diese beiden mysteriösen Ukrainer, die von vielen deutschen Angeklagten gesehen wurden — die man dann aber nicht einmal annähernd beschreiben konnte, so daß sich auch aus diesen Aussagen nicht der geringste Hinweis auf John Demjanjuk entnehmen läßt.

Der „große Unbekannte“

„Iwan“ (der Beiname „der Schreckliche“ wurde ja erst viel später erfunden) blieb in den beiden deutschen Treblinka-Prozessen „der große Unbekannte“, wie er in vielen Strafverfahren von belasteten Angeklagten eingeführt wird. Doch wie in den meisten solchen Fällen scheint die deutsche Justiz von der möglichen Existenz eines „großen Unbekannten“ nicht sehr überzeugt gewesen zu sein, denn es wurde nicht einmal danach gefragt, wie er ausgesehen haben könnte — und die Frage, wer jener „Nikolai“ gewesen sein könnte, wurde bis heute von keiner Seite gestellt. Auf Anfragen teilte die deutsche Zentralstelle der deutschen Länderjustizverwaltungen in Ludwigsburg, die sich auf die Verfolgung noch nicht entdeckter NS-Gewaltverbrecher konzentriert hat, mehrfach noch Mitte der achtziger Jahre, als John Demjanjuk in den USA schon in Haft genommen worden war, mit, daß es dort überhaupt keinen Aktenvorgang gibt, der sich auf jenen Iwan von Treblinka bezieht. Schließlich war der Name ja auch während der deutschen Strafverfahren nur am Rande aufgetaucht — obgleich der Mann, der den Gasmotor bediente, eigentlich im Mittelpunkt hätte stehen müssen.

Der Zeuge Horn

Es gab freilich auch noch den deutschen Zeugen Otto Horn, der selbst wegen „Beihilfe zum Mord“ angeklagt war, aber während des deutschen Treblinka-Verfahrens weniger Rücksicht auf seine ehemaligen Kameraden nahm: Er wurde freigesprochen, obgleich er nach eigenem Geständnis im oberen Lager von Treblinka die Leichenträger beaufsichtigte, an der Leichengrube und später an den Verbrennungsrosten tätig war. Dieser Zeuge hatte nach Feststellungen des deutschen Gerichts also den Mord „gefördert“: *„Wären die Leichen nicht schnell von den Gaskammern zu den Gruben und später zu den Verbrennungsrosten gebracht und dort verbrannt worden, so wäre eine erneute Füllung der Kammern nicht in der vorgesehenen kurzen Zeit möglich gewesen, und die Massenvernichtung wäre ins Stocken geraten.“* Der Freispruch dieses Haupttäters erstaunt umso mehr, als ermittelt wurde, daß er, bevor er nach Treblinka kam, am deutschen Euthanasieprogramm beteiligt gewesen war.

Angeklagt — und Zeuge der Anklage

Obgleich Otto Horn „vorsätzlich“ handelte, auch *„das Bewußtsein der Rechtswidrigkeit seines Verhaltens“* hatte und überhaupt keinen „Rechtfertigungsgrund“ für seine aktive Beteiligung an der Entleerung der Gaskammern und Vernichtung der Leichen hatte, billigte ihm das Gericht eine „vermeintliche Zwangslage“ zu: Horn habe geglaubt, in Treblinka befehlsmäßig handeln zu müssen, weil er andernfalls um seine eigene Freiheit und sogar sein Leben hätte fürchten müssen. Aber sein Freispruch wegen „Mangels an Beweisen“ wurde möglicherweise auch dadurch gefördert, daß er als Augenzeuge der Ereignisse im „Totenlager“ Aussagen machte, die von seinen mitangeklagten Ex-Kameraden bestritten wurden.

Horn bestritt nicht, im „Totenlager“ tätig gewesen zu sein, und bestätigte dem Gericht alles, was die Staatsanwaltschaft hören wollte. Er belastete vor allem die mitangeklagten Matthes und Münzberger sehr schwer:

Richterliche Vernehmung vom 6.11.1961

„Vor den Gaskammern hielt sich Matthes auf, und zwar zusammen mit einigen SS-Angehörigen aus dem oberen Lager. Es waren dies meiner Erinnerung nach Schmidt, Münzberger und andere, an deren Namen ich mich jetzt nicht mehr erinnern kann. Ferner waren meist zwei Ukrainer zugegen, die ständig an den Gaskammern Dienst taten. Ich glaube, diese beiden Ukrainer haben mit Schmidt zusammen die Motoren in Ordnung gehalten.“

Doch wer diese beiden Ukrainer waren, von denen auch Horn berichtete, schien das deutsche Gericht nicht zu interessieren. Die Freudigkeit, mit der Otto Horn, um seinen Freispruch bangend, die Anklage bestätigte, machte ihn sehr viel später auch für die amerikanischen Behörden, die plötzlich John Demjanjuk für einen dieser Ukrainer hielten, interessant. Denn Horn, der noch heute als freier Mann in Westberlin lebt (freilich als alter Mann und aus verständlichen Gründen von seiner Zeit in Treblinka nichts mehr wissen wollend), wurde zwanzig Jahre später in seiner kleinen Wohnung an der Kreuzberger Yorckstraße von US-Fahndern aufgesucht. Sie zeigten ihm mehrere Fotos, an Hand derer Otto Horn einen der Ukrainer vor der Gaskammer mit John Demjanjuk identifizierte. Seitdem ist Otto Horn Zeuge gegen John Demjanjuk. Als Horn daraufhin freilich von den Verteidigern John Demjanjuks aufgesucht wurde, geriet sein scheinbar eindeutiges Urteil sofort ins Wanken: man habe ihm, so erklärte er, suggestiv ein Foto solange vor die Augen geschoben, bis er den darauf abgebildeten Mann „wiedererkannte“. Horn erklärte, in Wirklichkeit könne er sich gar nicht darauf besinnen, wie jener Ukrainer ausgesehen haben könnte. Er gab dies detailliert zu Protokoll. Er habe jenen „Iwan" von der Gaskammer nur immer aus weiter Entfernung gesehen und könne sich an keine Gesichtszüge erinnern. Im Dezember 1984 fiel ihm ein, jener „Iwan" möge *„achtundzwanzig* Jahre alt" gewesen sein — also fünf Jahre älter als Demjanjuk, aber etwa ebenso alt wie Beelitz, der „Iwan" genannt wurde.

Dieses Verhalten Otto Horns verstörte die Anklagebehörde in Jerusalem. Kaum war bekannt geworden, daß Horn als Belastungszeuge gegen Demjanjuk nicht mehr in Frage kam, erhielt auch Horn mehrere „Hausbesuche". Dort wurde er auf die Folgen seines Widerrufs der ersten Aussage hingewiesen und dann im Berliner Polizeipräsidium noch einmal vernommen: Jetzt war sich Horn wieder sicher, daß er Demjanjuk doch „genau" identifizieren könne. So wurde Otto Horn zum einzigen deutschen Kronzeugen der Anklage. Um ihn sympathisch zu zeigen, erscheint Horn seitdem in der amerikanischen und israelischen Presse als „male nurse", als „Krankenpfleger", der Demjanjuk identifizieren könne: denn Horn war „Krankenpfleger" im Rahmen des deutschen Euthanasieprogramms gewesen, bevor er nach Treblinka kam.

Israelisches Gericht im Juni 1987 in der Bundesrepublik Deutschland

Seit Beginn dieses Jahres steht in Jerusalem der gebürtige Ukrainer Iwan Demjanjuk unter dem schweren Vorwurf vor Gericht, im ehemaligen deutschen Konzentrationslager von Treblinka eigenhändig den Gasmotor bedient und hunderttausende Juden ermordet zu haben. Demjanjuk wird belastet durch jüdische Zeugen und einen sogenannten Dienstausweis, aus dem hervorgeht, daß er zunächst im Lager Trawniki ausgebildet wurde. Demjanjuk behauptet, weder in Trawniki noch in Treblinka gewesen zu sein. Auf der Suche nach weiteren Zeugen bereiste jetzt im Juni 1987 das israelische Gericht die Bundesrepublik Deutschland, doch die drei Richter und der israelische Staatsanwalt Horowetz dürften eher frustriert in ihre Heimat zurückgekehrt sein. Ohnehin schon bestehende und erhebliche Zweifel an der Identität des Angeklagten mit jenem „Iwan dem Schrecklichen" von Treblinka wurden durch die Ereignisse der Reise eher noch vertieft.

Vorbehandelte Zeugen

Dabei waren alle drei Zeugen, die das israelische Gericht vernehmen sollte, gut vorbereitet worden. Sie hatten schon während des Auslieferungsverfahrens gegen Demjanjuk in den USA „Hausbesuche" von Seiten des *Office of Special Investigations* (OSI) erhalten, einer Einrichtung des amerikanischen Justizministeriums, die sich ausschließlich mit der Verfolgung mutmaßlicher Naziverbrecher in den Vereinigten Staaten befaßt. Dabei waren die Zeugen auf Aussagen festgelegt worden, die Demjanjuk eindeutig belasteten: Ein Zeuge erinnerte sich daran, daß es den sogenannten Dienstausweis, den Demjanjuk in Treblinka bekommen haben soll, tatsächlich in dieser Form gegeben habe. Ein anderer Zeuge, Otto Horn in Berlin, der im Konzentrationslager Treblinka die Beseitigung der Leichen überwachte, erinnerte sich, an der Gaskammer auch Iwan Demjanjuk gesehen zu haben, den er anhand von Bildern identifizierte. Freilich: ein Zeuge beschwerte sich anschließend schriftlich darüber, daß man ihm, unter Vorspiegelung falscher Tatsachen, Suggestivfragen gestellt habe.

Widerruf eidesstattlicher Erklärungen

Als die Verteidigung Iwan Demjanjuks die Zeugen der Anklage kontaktierte, erklärten sie allesamt, ihre Aussagen seien völlig falsch wiedergegeben worden: Der Zeuge Heinrich Schäfer, der zum Verwaltungspersonal des Ausbildungslagers Trawniki gehört hatte, ging selbst zu seiner Gemeindebehörde und gab dort eine eidesstattliche Erklärung ab, der zu entnehmen ist, daß es solch einen „Dienstausweis" in Trawniki überhaupt nicht gegeben habe. Und der Westberliner Zeuge Otto Horn, der Iwan Demjanjuk zunächst an Hand von Photos identifiziert hatte, erklärte unter Eid vor dem amerikanischen Generalkonsulat in Westberlin, dies könne er niemals gesagt haben; denn er habe jenen „Iwan" vor der Gaskammer nur aus einer

Entfernung von vierzig Metern gesehen und könne sich an keinerlei Einzelheiten erinnern, schon gar nicht an dessen Gesichtszüge. Außerdem, so Otto Horn, hätten die Deutschen in Treblinka sehr viele dort tätige russische oder ukrainische Wachmänner mit dem Namen „Iwan“ angerufen — so daß fraglich sei, ob „Iwan der Schreckliche“ von Treblinka überhaupt Iwan hieß. Diese Vermutung deckt sich mit einer Aussage des verurteilten Münzberger, der als deutscher KZ-Wächter schon im Strafverfahren gegen ihn selbst erklärt hatte, „Iwan“ sei nur ein Spitzname gewesen, sodaß der geheimnisvolle Ukrainer vor der Gaskammer gar nicht Iwan hieß, also schon deshalb nicht mit Iwan Demjanjuk identisch sein kann.

Weitere „Vorgespräche“

Zu den vielen Merkwürdigkeiten im Strafverfahren gegen Iwan Demjanjuk gehört, daß die Zeugen auch weiter nicht in Ruhe gelassen wurden. Denn als den israelischen Strafverfolgungsbehörden bekannt wurde, daß die deutschen Zeugen der Anklage ihre zunächst unter dem Einfluß der OSI-Beamten abgegebenen Erklärungen allesamt widerrufen hatten, erhielten die deutschen Zeugen erneut „Hausbesuche“: diesmal von Beamten der israelischen Polizei und Staatsanwaltschaft. Im Laufe solcher „Vorgespräche“ wurden die Zeugen erneut auf ihre erste Aussage festgelegt. Sogar der israelische Staatsanwalt Horowetz persönlich nahm an solchen „Vorgesprächen“ teil: noch unmittelbar vor der Reise des israelischen Gerichts in die Bundesrepublik Deutschland wurde der Zeuge Schäfer von Horowetz heimgesucht und eindringlich darum gebeten, seinen eidesstattlichen Widerruf erneut zu widerrufen. Solche „Vorgespräche“ wurden auch in Köln mit dem Zeugen Leonhardt und in Westberlin mit dem Zeugen Otto Horn geführt. Der Besuch des israelischen Gerichts in der Bundesrepublik Deutschland sollte zu einer Objektivierung dieser mehrfach beeinflußten Zeugenaussagen beitragen. Doch schon der in Köln lebende ehemalige deutsche Polizeibeamte Leonhardt erwies sich als denkbar schlechte Stütze der israelischen Anklage. Leonhardt, der im Ausbildungslager von Trawniki in der Verwaltung tätig gewesen war, hatte zwar zunächst erklärt, er könne sich an den sogenannten „Dienstausweis“ genau erinnern. Hinzugefügt hatte er freilich, er habe solche Dienstausweise *„nur selten in Händen gehabt"*, was auf den widersprüchlichen Charakter dieser Aussage hinwies: denn wenn es in Trawniki überhaupt solche Dienstausweise gab, mußten sie von Leonhardt selbst und von niemand anderem ausgefüllt worden sein. Da es, nach Schätzungen des deutschen Sachverständigen Prof. Wolfgang Scheffler, in Trawniki rund 5 000 hilfswillige Angehörige von Ostvölkern gegeben hatte, mußte Leonhardt selbst rund 5 000 solcher „Dienstausweise" ausgestellt haben. Er konnte folglich nicht erklären, er kenne solche Dienstausweise zwar, sei mit ihnen persönlich aber nur selten in Kontakt gekommen. Während seiner Vernehmung vor einem deutschen Richter in Köln stellte sich heraus, daß Leonhardt das Dokument überhaupt nicht identifizieren konnte. Zum Schluß der Vernehmung erklärte dieser Zeuge, darauf hingewiesen, daß in dem sogenannten „Dienstausweis" sogar das Ausgabedatum und die Gültigkeitsdauer fehlen, mit Bestimmtheit: solch ein fehlerhaftes „Dokument" wäre weder von ihm noch von irgendeinem anderen in Trawniki an Ukrainer ausgegeben worden. Der Zusammenbruch dieses Belastungszeugen veranlaßte die israelische Staatsanwaltschaft, gleich auch auf den Zeugen Schäfer zu verzichten: denn auch hier bahnte sich der völlige Zusammenbruch des Zeugen an, nachdem dieser bereits eidesstattlich erklärt hatte, niemals ein solches „Dokument" gesehen zu haben.

Kein einziger deutscher Belastungszeuge

Auch die drei Tage währende Einvernahme des wichtigsten Belastungszeugen Otto Horn in Berlin verlief ähnlich. Horn, der einmal unter Eid erklärt hatte, Iwan Demjanjuk identifizieren zu können, erklärte vor dem Amtsgericht Tiergarten und in Anwesenheit von drei israelischen Richtern, ebenfalls unter Eid, er könne sich nicht einmal mehr an das Aussehen seines besten Lager- und Kriegskameraden, Eisold, erinnern — und schon gar nicht an jenen Iwan, der in Treblinka war.

Der Zeuge Kurt Franz

Überhaupt kein Interesse hatte die Anklage von Jerusalem freilich an dem einzigen Zeugen, der jenen Iwan gekannt haben muß: an Kurt Franz, dem ehemaligen Leiter des Lagers Treblinka. Denn Kurt Franz, der eine lebenslängliche Gefängnisstrafe verbüßt, beschrieb jenen Iwan von Anfang an sehr eindeutig, aber ganz anders, als Iwan Demjanjuk aussieht.

Im Februar 1984 erklärte Kurt Franz, als er im Gefängnis aufgesucht wurde, um über jenen Iwan von Treblinka befragt zu werden: *„Der Iwan von Treblinka war ein Stück größer als ich. Ich bin 1,81 m. Der Iwan war mindestens 1,90. Das war ein Riesenklotz. Iwan war viele Jahre älter als ich. Damals war er mindestens 40 Jahre alt und hatte schon etwas graue Haare."*

Am 5. Dezember 1984 wurde Kurt Franz befragt, wobei man ihm abermals ein Photo zeigte, das der Anklage gegen John Demjanjuk dient und das angeblich „Iwan den Schrecklichen" im Jahre 1942 zeigt. Er antwortete: *„Der Iwan von Treblinka hat ganz anders ausgesehen."* Franz betonte erneut, daß Iwan schon in Treblinka etwa doppelt so alt war wie er und unmöglich John Demjanjuk sein könne, der damals natürlich, als kaum 20jähriger, auch noch keine grauen Haare hatte.

Am 29.11.1986, als die ersten Fernsehbilder vom Strafverfahren gegen Iwan Demjanjuk um die Welt liefen, schrieb Kurt Franz an seinen Anwalt einen Brief:

„Heute sah ich im Fernsehen den Angeklagten Iwan Demjanjuk auf der Anklagebank im Jerusalemer Prozeß. Ich kann Ihnen versichern, daß der Mann niemals der Iwan ist, den ich in Treblinka sah und in Erinnerung habe.

Der Iwan in Treblinka war ein hochaufgeschossener Mann. Wegen seiner Größe war seine körperliche Haltung etwas nach vorn geneigt. Er durfte schon damals 40 Jahre alt gewesen sein. Er müßte demnach heute über 80 Jahre alt sein. Ich habe nichts dagegen einzuwenden, wenn man diesbezüglich hier in Lüttringhausen mit mir Rücksprache halten würde."

Bei einem Gefängnisbesuch erklärte Kurt Franz vor laufender Videokamera, der Iwan, an den er sich erinnert, habe trotz riesiger Gestalt eine nach vorn geneigte Körperhaltung gehabt, die Franz auf einen eingesunkenen Brustkorb zurückführt: eine Beschreibung, die noch weiter vom Aussehen Iwan Demjanjuks abweicht.

Obgleich Kurt Franz wichtigster Zeuge sein sollte, wurde er nicht geladen. Stattdessen durfte der Besuch, der das Video-Interview mit Kurt Franz gemacht hatte, danach mehrere Stunden darauf warten, wieder aus dem Gefängnis entlassen zu werden: denn irgend jemand „im Ministerium" in Düsseldorf war nervös geworden. Seitdem darf Franz angeblich keine Besuche mehr empfangen: fürchtet man die Zeugenaussage dieses Mannes im Fall Demjanjuk oder gar Schlimmeres? Denn man hört aus Düsseldorf auch, Franz könne den Holocaust, der in Treblinka begangen wurde, überhaupt bestreiten: obgleich Franz dort zumindest stellvertretender Lagerleiter war, will er von Vergasungen nichts bemerkt haben.

Je bedenkenloser man Iwan Demjanjuk mit Hilfe von falschen Dokumenten und Zeugen belastet, desto stärker wird der Eindruck, daß man die volle Wahrheit über Treblinka und den Holocaust erst viel später erfahren wird.

Je mehr sich die Verfolger Demjanjuks eigener „Irrtümer" schuldig machen, desto größer wird die Wahrscheinlichkeit, daß man eines Tages alle Behauptungen über den Holocaust wieder in Frage stellt. Dies ist einer der Gründe dafür, weshalb auch viele Menschen in Israel nicht sehr glücklich über dieses Verfahren sind.

Wie mit Namen manipuliert wird

1947 erschien aus der Feder der jüdischen Autorin Rachel Auerbach in der polnischen Stadt Lodz ein Buch, das den Titel *Auf den Feldern von Treblinka* trug. Die Autorin gehörte nach Kriegsende zum Stab des *Jüdischen Historischen Komitees* in Polen, und es war das *Jüdische Historische Komitee* von Lodz, das 1947 das Copyright für dieses Buch erwarb.

Frau Auerbach wird zu den besten Kennern der Verhältnisse im Lager Treblinka gerechnet. Schon während des Krieges stenographierte sie, was ihr ein gewisser Abraham Jakob Krzepicki anvertraute, der von sich behauptete, aus dem Lager Treblinka geflohen zu sein. Im November 1945 vertrat sie das *Jüdische Historische Komitee* bei einer Besichtigung des ehemaligen Lagergeländes durch Angehörige der *Zentralen Polnischen Staatskommission für deutsche Verbrechen in Polen.*

In dem 1947 veröffentlichten Buch wird auf Seite 63 auch jener „Iwan" beschrieben, der an der Gaskammer tätig gewesen sein soll. Hier heißt es — in hebräischer Sprache — unter anderem:

„Als in den ersten Wintermonaten des Jahres 1943 die Gefangenentransporte weniger wurden, nicht mehr als zwei oder drei in der Woche, drohte jenen jüdischen Arbeitern, die gewöhnlich die Mahlzeiten für neuankommende jüdische Gefangene bereiteten, der Hungertod, während die deutschen und ukrainischen SS-Männer, auf der anderen Seite, vor Langeweile umkamen. In jenen Tagen, als die Transporte immer seltener und auch keine neuen angekündigt wurden, organisierten die Deutsch-Ukrainischen Dienstmänner gemeinsam mit Iwan Brosh, der den Motor bediente, eine besondere Unterhaltung, eine Art von Zeitvertreib."

Wie daraus hervorgeht, hieß der Mann, der den Gasmotor bediente, also Iwan Brosh (oder zumindest ähnlich).

1976 verstarb Rachel Auerbach, die bis zu ihrem Tode eine Unzahl weiterer Bücher über den Holocaust veröffentlicht hatte. Nach ihrer Auswanderung nach Israel hatte sie dem ständigen Mitarbeiterstab des Holocaust-Erinnerungszentrums in Yad Vashem angehört.

Drei Jahre nach ihrem Tode, 1979, erschien das bereits 1947 gedruckte Buch auch in englischer „Übersetzung": doch *In the Fields of Treblinka* weicht auf Seite 50 in einem Punkt vom Original ab. Auch hier wird, wörtlich übersetzt, die Endphase des Lagers von Treblinka beschrieben: die geringer werdende Zahl der Transporte, der Hunger, der damit für die im Lager arbeitenden Juden verbunden ist, die Langeweile der Wächter. Nur an einer Stelle weicht die Übersetzung vom Original ab: Aus dem *„Iwan Brosh, der den Motor bediente"*, wird hier einfach *„Iwan"* — denn als die Übersetzung vorgelegt wurde, hatte die Hetzjagd gegen Iwan Demjanjuk schon begonnen. Da durfte der Ukrainer nicht mehr Brosh oder ähnlich heißen ...

Weiterhin ist der Zeuge Lambert zu nennen. Lambert nannte folgende „Ukrainer": *Busch, Andrejewski, Kostenko, Makoda und Lazarenko."*

Lambert wurde während der deutschen Treblinkaverfahren beschuldigt, selbst die Gaskammern gebaut zu haben. Aber er war nur zeitweise in Treblinka, wenn auch mehrere Male. Als Lambert seine Aufgabe verrichtet hatte, wurde er ins Reich zurückbeordert. Als Mitarbeiter des sogenannten T 4-Programmes, das sich mit der Euthanasie an Geisteskranken befaßte, wurde er in Hartheim und Steineck eingesetzt. Nach eigenen Angaben nahm Lambert zwei Ukrainer mit sich: Makoda und Lazarenko. Daraus ergibt sich, daß Busch in Treblinka zurückblieb. Zweifellos galt Busch (oder Bosch) als Fachmann für die Gaskammern und die dazu gehörigen Leitungen, denn er hatte beim Bau geholfen. Wer wäre besser geeignet, solche Vorrichtungen zu bedienen, deren Konstruktion er bestens kannte? Die Aussage der ersten jüdischen Zeugen im Treblinka-Komplex, „Iwan der Schreckliche von Treblinka" habe „Iwan Brosh" geheißen, weist ziemlich eindeutig darauf hin, daß sie jenen Herrn Busch oder Bosch meinten — und natürlich nicht Iwan Demjanjuk, von dem überhaupt keine Rede war.

Leider wissen wir nicht, wie Bosch oder Busch mit Vornamen hieß: doch als Deutscher, der aus der Ukraine oder aus Rußland stammte, kann er sehr wohl den Vornamen Iwan getragen haben — oder von seinen reichsdeutschen Kameraden als „Iwan" gerufen worden sein. Interessant ist in diesem Zusammenhang die Aussage des deutschen KZ-Wächters Münzberger, der ja gleich zweimal erklärte, jener „Iwan" an der Gaskammer habe nicht so geheißen, sondern dies sei lediglich sein „Spitzname" gewesen. Auch Münzberger erwähnt einen Dolmetscher, auf den er sich bei der Gaskammer stützte und der sowohl Deutsch als auch Russisch (oder Ukrainisch) sprach: aber dieser sei vor Ende des Krieges mit der deutschen Lagermannschaft nach Norditalien versetzt worden — und dort zu den Partisanen übergegangen, also desertiert. Über das weitere Schicksal dieses Herrn Bosch oder Busch weiß man nichts — und möchte man auch gar nichts wissen: denn an seiner Stelle sitzt jetzt Iwan Demjanjuk auf der Anklagebank. Und der Herr Bosch oder Busch könnte das Verfahren gegen Demjanjuk nur stören ...

Wer war „Iwan Brosh“ (oder Brosch)?

Daß 1947, als die Erinnerungen noch frisch waren, ein gewisser „Iwan Brosh“ (oder Brosch) als jener „Iwan von Treblinka“ bezeichnet wurde, der den Gasmotor bediente, verdient besondere Aufmerksamkeit — zumal 1979, als die Kampagne gegen Iwan Demjanjuk bereits begonnen hatte, der Nachname „Brosh“ (oder Brosch) plötzlich „verschwand“: Denn jetzt sollte Iwan Demjanjuk jener „Iwan von Treblinka“ gewesen sein. Obgleich natürlich der israelischen Staatsanwaltschaft die Existenz des Treblinkabuches aus dem Jahre 1947 bekannt ist, wird dieses Dokument völlig verschwiegen — möglicherweise in der Hoffnung, die Verteidiger Demjanjuks könnten kein Hebräisch lesen.

Hat es diesen „Iwan Brosh“ (oder Brosch) wirklich gegeben? Die Autorin des Buches, Rachel Auerbach, muß diesen Namen schon während des Krieges, als sie nach eigenen Angaben mit ersten jüdischen Flüchtlingen aus Treblinka zusammentraf, oder unmittelbar nach Kriegsende gehört haben. Natürlich hatte ein Häftling in Treblinka keinen Zugang zu den Personalakten. So können solche Zeugen diesen Namen nur gehört haben, aber in Treblinka gab es offenbar keinen „Brosh“ oder Brosch. Doch erstaunlicherweise gab es in Treblinka sehr wohl einen Mann namens Bosch: so wird er in einer nach Kriegsende veröffentlichten Kriegsverbrecherliste der polnischen Regierung aufgeführt. Er taucht auch während der deutschen Treblinka-Prozesse wieder in Aussagen deutscher Zeugen auf: diesmal in einer anderen Abweichung, nämlich als Busch. Solche Abweichungen von der richtigen Schreibweise waren während der Treblinka-Verfahren nicht unüblich: man konnte sich nur noch ungefähr an die Namen einstiger Lagerkameraden erinnern. Phonetisch liegt es ziemlich nahe, daß jener „Iwan Brosh“ oder Brosch, von dem die jüdischen Häftlinge erzählten, mit jenem Herrn Bosch oder Busch identisch ist.

Wer war dieser Bosch oder Busch? Bosch war Volksdeutscher, vermutlich aus der Ukraine. Er diente im Lager von Treblinka unter anderem als Dolmetscher zwischen den Deutschen und den ukrainischen Wachmännern. Als während der deutschen Treblinka-Verfahren der Zeuge Lambert nach jenen Ukrainern befragt wurde, die ihm in Treblinka unterstanden, nannte er als Ersten jenen „Busch“: woraus hervorgeht, daß er in den Augen der Reichsdeutschen eher als Ukrainer denn als Deutscher angesehen wurde.

Der Zeuge August Miete

Am 20. Juni 1987 befragten wir — zum zweitenmal — den heute in einem Dorf bei Osnabrück lebenden August Miete. August Miete gehörte zur deutschen Lagermannschaft von Treblinka. Während der deutschen Treblinkaverfahren wurde er schwer belastet. Der Mitangeklagte Münzberger beispielsweise hielt ihm vor: *„Er war mal beim Ausziehen der Häftlinge, dann mal beim Sortieren der Kleider. Als ich nach Treblinka kam, war er schon da.“* Miete wurde von deutschen Zeugen, allesamt Mitangeklagte, besonders zum Vorwurf gemacht, er habe die Mitverantwortung im sogenannten „Lazarettbereich“ von Treblinka gehabt, wo Juden unmittelbar nach ihrer Ankunft erschossen worden sein sollen. Zwar tat Miete überwiegend im sogenannten „unteren Lager“ Dienst, aber wie er zugibt, will er *„auch schon mal“* im *„oberen Lager“* gewesen sein.

Als Zeuge ist August Miete aus zwei Gründen unerläßlich:

Erstens ist Miete einer der vier deutschen Überlebenden aus den Reihen der Wachmannschaft von Treblinka. Er wurde seinerzeit verurteilt, verbüßte 24 Jahre in einer deutschen Justizvollzugsanstalt und wurde erst kürzlich entlassen. Er hat nichts mehr zu befürchten und ist durchaus bereit, die volle Wahrheit über Treblinka zu sagen. Zwar meint Miete, die Zahl der in Treblinka getöteten Juden sei übertrieben worden. Doch er gibt *„etwa die Hälfte“* der ihm und den anderen Angeklagten zur Last gelegten Tötungen, an denen sie mitgewirkt haben, zu. Für Treblinka würde dies, seiner Meinung nach, immerhin 300.000 bis 400.000 Tote bedeuten. Er bestreitet den Holocaust also nicht und würde auch Iwan Demjanjuk, dessen Bild er kennt, belasten, wenn er diesen jemals in Treblinka gesehen hätte.

Zweitens war Miete, wie er zugibt, auch schon mal im „oberen Lager“. Außerdem genoß jener Iwan von Treblinka, nach Darstellungen von Zeugen, große Freiheiten, er bewegte sich als privilegierte Person in allen Bereichen des Lagers. Er hätte also, wäre er Iwan Demjanjuk gewesen, Miete auffallen und oft begegnet sein müssen.

Dennoch verzichteten die Israelis bislang darauf, Miete als Zeugen überhaupt anzuhören. Denn Miete bestätigt, was auch der stellvertretende Lagerkommandant von Treblinka, Kurt Franz, sagt: den Mann, der jetzt in Jerusalem auf der Anklagebank sitzt, kann er nicht identifizieren. Er erinnert sich nicht, ihm jemals begegnet zu sein.

Polnische Zeugen

Neben jüdischen und deutschen Zeugen stehen auch polnische Zeugen zur Verfügung. Dabei soll gleich gesagt werden, daß sich die polnische Justiz schon zur Zeit des Nürnberger Verfahrens gegen die Hauptkriegsverbrecher mit Treblinka befaßte. Dokument Nr. 3311-PS bezichtigt Hans Frank, im Kriege Generalgouverneur von Polen, *„im März 1942 das Vernichtungslager Treblinka zum Massenmord an Juden"* errichtet zu haben: die Juden seien dort durch „Wasserdampf", den man in Kammern strömen ließ, ermordet worden. Diesem Bericht zufolge gab es in Treblinka zehn Gaskammern — eine Behauptung, die von Zeugen auch noch in den deutschen Treblinka-Verfahren aufgestellt, vom deutschen Gericht aber aus objektiven Gründen so nicht akzeptiert wurde. Auch in diesem ersten polnischen Bericht ist von „Ukrainern" unter dem Kommando eines SS-Mannes namens Sauer die Rede: dieser „Lagerschutz" habe auch an Exekutionen teilgenommen. Aber kein Ukrainer wird besonders erwähnt, und bis heute erklären polnische Dienststellen, niemals etwas von „Iwan dem Schrecklichen" erfahren zu haben. Es gibt deshalb auch keine polnischen Fahndungsmaßnahmen — weder gegen „Iwan den Schrecklichen" noch gar gegen John Demjanjuk, von dem man zuerst aus amerikanischen Presseveröffentlichungen erfuhr.

Das Ende von Treblinka

Unter dem Anklagepunkt Nr. 6 der polnischen Regierung gegen Hans Frank, wo es ausschließlich um Treblinka geht, heißt es: „*Es ist nicht einmal möglich, eine nur einigermaßen korrekte Zahl* (der Opfer) *festzustellen, denn im Frühjahr 1943 begannen die Deutschen, die Leichen zu exhumieren und sie zu verbrennen, um jeden Beweis für ihre Verbrechen zu vernichten. Diese Exhumierungen dauerten bis zum Sommer 1943, als die Opfer einen Aufstand machten und in der Lage waren, einige der Wärter zu töten, was einigen hundert Juden die Flucht aus dem Lager ermöglichte.*" (087)

Folgt man dieser Schilderung, müssen vom Frühjahr bis zum Sommer 1943 Hunderttausende exhumierte und frische Leichen aus den Gaskammern in Treblinka verbrannt worden sein, und zwar spurenlos. Wie das technisch möglich gewesen sein soll, ist bis heute ungeklärt. Jedenfalls müßte Treblinka im Sommer 1943 ständig von riesigen Rauch- und Geruchswolken verhüllt gewesen sein. Rauchwolken sah auch der in Polen befragte Zeuge Stanislaw Swistek, aber erst am Tage des Aufstandes, als rebellierende Opfer im Lager Baracken anzündeten:

„*Aussage*

Ich, Stanislaw Swistek, geboren am 28. Oktober 1902, z. Zt. wohnhaft in Poniatowa, 3 Praga Straße, und ausgewiesen durch das Dokument, ausgestellt von MO in Wegrow am 29. Juni 1964, sage wie folgt aus:

Während der deutschen Besetzung Polens 1939-44 wurden meine beiden Brüder Wladyslaw und Waclaw Swistek von den Deutschen in das Konzentrationslager Auschwitz deportiert, wo sie umgekommen sind. Ich blieb allein auf unserem Bauernhof, der ein paar Morgen Land umfaßte. Wiederholt wurde ich gezwungen, mit meinen Pferden verschiedene Arbeiten in beiden Treblinka-Lagern zu verrichten. Während meiner Fahrten bemerkte ich einen ukrainischen Wachmann namens Iwan, einen großen, kräftigen Menschen, dessen schreckliches Temperament sogar andere ukrainische Wachmänner erschreckte. Manches Mal kam er nach Poniatowa für Bimber (schwarz hergestellter Wodka) und für Frauen. Ich wagte mich nie, ihn persönlich anzusprechen, aber ich wußte, daß er etwas ukrainisch, aber meistens deutsch sprach. Am 2. August 1943, während des Aufstandes der jüdischen Gefangenen, welcher am Nachmittag vorgefallen ist, haben wir Rauchsäulen und Feuer über Treblinka 2 aufsteigen se-

hen. Kurz danach sind einige jüdische Gefangene durch unser Dorf gelaufen, und es wurde ihnen von unseren Bauern geholfen. Sie wurden von den deutschen und ukrainischen Wachmännern verfolgt, unter denen ich Iwan nicht gesehen habe. Ich habe gehört, daß er während des Aufstandes von den Gefangenen umgebracht wurde. Ich wurde einige Male gezwungen, mit meinem Wagen und Pferden bei der Auflösung des Lagers, welche kurz darauf folgte, zu arbeiten".

Uns interessiert in diesem Zusammenhangg lediglich, was Swistek damals hörte: Iwan sei „*während des Aufstandes von den Gefangenen umgebracht worden*". Da „Iwan der Schreckliche", wie auch jüdische Zeugen berichten, das KZ beliebig verlassen durfte, um im Dorf Lebensmittel und Schnaps zu kaufen, muß es unter Polen noch Zeugen geben, die ihn beschreiben könnten.

„Aussage

Ich, der Unterzeichnete, Jozef Wujek, geboren am 4. Juli 1915 in der Ortschaft Wolka-Okraglak, z. Zt. wohnhaft in Bagno 3, Warschau, Polen, und ausgewiesen durch das Dokument Nr. S J 5431020, ausgestellt von der Staatspolizei der Stadt Warschau, erkläre wie folgt:

Während ich noch in Wolka-Okraglak wohnhaft war, wurde ich von den Deutschen verhaftet und in das Lager Treblinka I gebracht und war dort vom 20. Dez. 1941 bis April 1942.

Am 3. September 1942 wurde der Besitz meiner Eltern von den Deutschen während ihrer Abwesenheit überfallen, und es wurde versucht, von mir und meinem jüngeren Bruder Informationen über „Juden und Ukrainer", die angeblich im Hause meiner Eltern versteckt waren, zu erpressen. Meine Eltern waren damals in Kosow-Lacki, einem Nachbardorf. Die Deutschen suchten besonders die Juden, und weil sie die nicht finden konnten, haben sie mich und meinen Bruder so geschlagen, daß wir beide ohnmächtig wurden und erst wieder erwachten, als die Deutschen Wasser auf uns schütteten. Als Folge der schweren Hiebe wurden die Knochen meines Vorderarmes zerquetscht, und die Rippen meines Bruders wurden gebrochen, während sie mit ihren Stiefeln auf uns herumgetreten sind. Unsere Hände wurden mit Draht gebunden, und wir waren bei halbem Bewußtsein, als wir auf einen Lastwagen geworfen wurden und zum Vernichtungs-

lager Treblinka II gebracht wurden. Gleich beim Eingangstor habe ich ukrainische Wachmänner gesehen, die ich später besser kennenlernte. Der auffallendste darunter war einer mit dem Namen Iwan, dessen Aussehen und Benehmen einfach schrecklich waren. Er wurde sogar von den Ukrainern gefürchtet. Er nahm, zum Beispiel, eine Fotokamera von den Wachmännern, die von seinem grausamen Benehmen Bilder machen wollten, und hat sie mit seinen Stiefeln zertreten. Er war von mittlerem Alter und war bekannt für seine Besuche bei benachbarten Dörfern. Seine charakteristische Erscheinung ist tief in mein Bewußtsein gedrungen, und ich würde ihn zu jeder Zeit und überall wiedererkennen".

Sowohl der deutsche Lagerkommandant Franz als auch die polnischen Zeugen sind sich einig, daß jener Iwan von Treblinka ein Körperriese gewesen sein muß, während Iwan Demjanjuk nur 1,80 m groß ist und im sogenannten „Dienstausweis", der seine Identität beweisen soll, sogar mit nur 1,75 m beschrieben wird. Ähnlichkeiten mit dem Bild auf dem sogenannten Dienstausweis konnte kein befragter polnischer Zeuge feststellen.

„Aussage

Ich, Eugenia Samuel, geborene Podles (Mädchenname), geboren am 28.1.1927 in Wolka, Sokolow, Kreis Podlaski, ausgewiesen durch das Dokument Nr. BP 8642499, ausgestellt von KPMO (Komenda Powiatowa Milicji Obywatelskiej) in Sokolow Podlaski am 12. Mai 1967, sage hiermit aus, daß ich als Jüdin im Sommer 1943 verhaftet wurde und in das Todeslager Treblinka gebracht wurde, da viele jüdische Entkommene vom Lager von den polnischen Bauern versteckt wurden, was als ein Verbrechen, mit dem Tode bestrafbar, galt, wie zum Beispiel die ganze Familie Samsel, welche von den Deutschen ausgerottet wurde, weil sie die Juden versteckten. Glücklicherweise war die Familie, zu welcher ich von Warschau kam, mutig genug, um auszusagen, daß ich nicht jüdisch bin und dadurch meine Befreiung von den Torturen veranlaßten, die Spuren an meinem Körper hinterließen wie zerrissene Ohrläppchen und Stücke meines Fleisches, herausgerissen von Spezialschuhen mit herausstehenden Nägeln. Während meines Aufenthalts in dem Todeslager Treblinka kannte ich einen ukrainischen Wachmann mit einem schrecklichen Tempera-

ment, bekannt als „Iwan der Brutale", ein kräftiger Mann mit buschigem Haar und hervorstehenden Augen. Ich habe ihn im Gerichtsfall in Krasnodar, USSR, wo ich und Jozef Wujek in 1960 (6. bis 19. Apr.) als Zeugen gerufen wurden, nicht gesehen, und ich sehe keine Ähnlichkeit zwischen ihm und dem Bild, welches auf einer Karte, ausgestellt auf den Namen Demjanjuk, die mir vorgelegt wird, angebracht ist.

Warschau, den 23. Januar 1984 — *Samuel, Eugenia*

An den letzten beiden Aussagen fällt auf, daß der Zeuge Swistek meint, jener Iwan habe „meistens deutsch" gesprochen: war er gar kein Ukrainer, sondern der volksdeutsche Vorgesetzte ukrainischer Wachmänner? Die Zeugin Samuel hatte, wie Wujek, schon 1960 im sowjetischen Krasnojarsk als Zeugin gedient: dort war weder ein „Iwan" noch Demjanjuk überhaupt erwähnt worden.

Die polnischen Zeugen ließen nach ihren Angaben sogar ein Phantombild jenes Iwan anfertigen, an den sie sich erinnern können; doch das Bild ähnelt Demjanjuk überhaupt nicht.

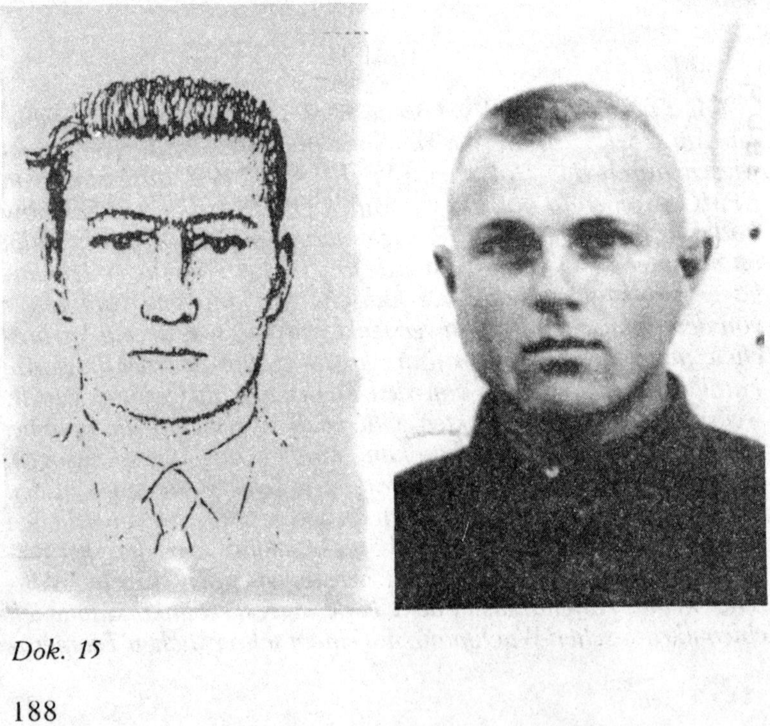

Dok. 15

In Sachen Treblinka stehen die polnischen Behörden vor einem Vakuum; soweit das Lager Treblinka nicht von den aufständischen Gefangenen schon am 2. August 1943 zerstört worden war, wurde es anschließend von den Deutschen völlig beseitigt. Die meisten der wenigen Juden, die sich noch im Lager befanden, wurden nach Sobibor verlegt und mußten sich dann dort am Abbruch des Lagers beteiligen. Sie sollen anschließend erschossen worden sein. In Treblinka verblieben nur ganz wenige Juden als Restkommando. Auch sie sollen im November 1943 erschossen worden sein. Nur ein Ukrainer blieb in Treblinka zurück, wo man das Lagergelände mit Lupinen besäte und einen Bauernhof errichtete. Aufgabe dieses Ukrainers war es, das spurenfreie Gelände zu bewachen.

Mitwisser wurden „liquidiert“

Nach Abschluß der „Aktion Reinhardt“ sollen auch anderswo alle einschlägigen Akten — unter ihnen die Personallisten der deutschen Lagermannschaften von Belzec, Sobibor und Treblinka — spurenlos vernichtet worden sein, ein Grund dafür, daß es in Polen, dem Schauplatz, überhaupt kein Treblinka-Verfahren gegeben hat. Sorgfältig wurden alle Spuren beseitigt. Doch wenn dies so war und die verantwortlichen Verbrecher alle jüdischen Mitwisser und Mittäter so sorgfältig liquidierten, stellt sich die Frage, wieso sie nicht auch jenen Ukrainer als lästigen Zeugen beseitigten, der selbst den Gasmotor betätigt haben soll — wenn er den Aufstand überhaupt überlebte?

Ukrainer waren rechtlos

Die in Treblinka eingesetzten Ukrainer wurden in Treblinka zeitweise von derselben Küche versorgt, aus der auch die jüdischen Häftlinge versorgt wurden. Schon dies weist darauf hin, daß sie in den Augen der deutschen SS kaum besser als die „Arbeitsjuden“ behandelt wurden. Ukrainer bewachten jüdische Arbeitskommandos, die in den Wäldern außerhalb des Lagers Reisig und Holz sammelten. Aber dabei wurden die Ukrainer, wie bei allen Arbeiten, wieder von Deutschen beaufsichtigt. Zwar wurden ukrainische Wachmänner in solchen Lagern mit Peitschen ausgerüstet — natürlich nicht mit „Schwertern“.

Aber auch jüdische Kapos erhielten solche Peitschen. Ukrainer hatten „die Befehle eines jeden deutschen Aufsehers durchzuführen", standen also niedriger als jeder Deutsche im Lager. Sie galten, wie auch von Kogon beschrieben, als höchst unzuverlässig: einige Ukrainer ließen sich von Juden bestechen und verkauften ihnen nicht nur Waffen, sie schmuggelten auch Informationen aus dem „Todeslager" heraus — so daß Informationen aus der Nähe der Gaskammern, die heute von jüdischen Zeugen als Eigenerlebnisse ausgegeben werden, möglicherweise auf solchen Informationen beruhen. Ukrainer planten sogar, die deutsche Lagermannschaft zu vergiften. Mehrfach ließen sich Ukrainer entwaffnen: so auch in Sobibor während eines Aufstandes.

Auch Ukrainer wurden erschossen

Während die deutsche Justiz davon ausgeht, *„daß Deutsche, die sich weigerten, an den Verbrechen teilzunehmen, für sich keine schweren Folgen befürchten mußten", „ist allerdings nach den unwiderlegten Angaben der Angeklagten davon auszugehen, daß Wirth* (der als „der Schreckliche" bezeichnet wurde) *Angehörige der ukrainischen Wachmannschaft hat erschießen lassen"* (090) — weil sie Tauschgeschäfte mit Juden machten oder versucht hatten zu desertieren. Die Ukrainer unterstanden im Lager der Sondergerichtsbarkeit der deutschen Lagerbehörden, die Ukrainer erschießen ließ, wenn sie sich auch nur das geringste zu schulden kommen ließen.

Notstandshandlungen

Dies wirft eine theoretische Frage auf: Da die Ukrainer, bevor sie in die KZ transportiert wurden, nicht informiert wurden, welche Aufgaben sie dort zu versehen hätten, und im KZ keinen Befehl verweigern durften, und da sie auch, anders als Deutsche, keine Möglichkeit hatten, sich vor dem Dienst in einem Lager zu „drücken", handelten sie zweifellos im „putativen Notstand" — sie gingen davon aus, daß sie selbst ihr Leben verwirkten, wenn sie sich nicht beteiligten. Nach Artikel 52 des deutschen Strafgesetzbuches kann jedoch nicht bestraft werden, wer unter unwiderstehlichem Zwang steht. Sogar, wenn man ein Mitglied der eigenen Familie bedroht sieht, kann man den Not- oder Nötigungsstand für sich beanspruchen, bleibt also straffrei. Nach § 34 des deutschen Strafgesetzbuches — für den es auch im Strafrecht der USA und Israels entsprechende Vorschriften gibt — kann niemand bestraft werden, wer unter unwiderstehlichem Zwang handelt. Solch ein Zwang lag jedoch gegen die Ukrainer vor: es handelte sich um junge Soldaten der Sowjetarmee, die in Gefangenschaft geraten waren und befürchten mußten, in deutscher Kriegsgefangenschaft elend zu verhungern. Sie entzogen sich diesem Schicksal, indem sie sich als Hilfswillige den Deutschen zur Verfügung stellten. Sie wurden nur oberflächlich ausgebildet und dann, meist zur Bewachung von Objekten, abkommandiert, ohne zu wissen, worum es sich handelte: nur sehr wenige von ihnen gelangten auf diese Weise in deutsche KZ.

Demjanjuk: Ich war nie dort

Selbst dann, wenn Demjanjuk wirklich „Iwan von Treblinka“ gewesen wäre, muß man die Frage stellen, ob der heute 66jährige für Straftaten verantwortlich gemacht werden kann, die er als 20jähriger, um sein eigenes Leben oder seinen Leib zu retten, begangen haben könnte. John Demjanjuk freilich nimmt diese Möglichkeit der Verteidigung nicht in Anspruch, denn er bleibt dabei, niemals in Treblinka oder in einem anderen KZ Wachmann gewesen zu sein.

Im Frühjahr 1987 ging, was die polnischen Zeugen anbelangt, eine eigenartige Meldung durch die internationale Presse: die Zeugen, die sich sehr wohl an einen „Iwan“ erinnern können, aber bereit sind, zu beschwören, daß dieser mit Iwan Demjanjuk keine Ähnlichkeit hatte, seien in Polen wegen unerlaubter Beziehungen zu Ausländern allesamt in Haft genommen worden (091). So verschwinden auch heute noch Zeugen, wie schon zuvor der sowjetische Zeuge Daniltschenko verschwunden ist.

Dies wirft noch einmal die Frage nach jenem toten, vermutlich hingerichteten Zeugen Daniltschenko auf. Denn wenn dieser tatsächlich den Namen „Iwan Demjanjuk" schon in den fünfziger Jahren zu Protokoll gegeben hätte — wieso erhielt die in der Sowjetunion lebende Mutter Demjanjuks dann noch lange eine Rente? Doch deswegen, weil der Staat davon ausging, Demjanjuk sei gefallen oder in deutscher Kriegsgefangenschaft gestorben? Denn für Angehörige von Überläufern und Kriegsverbrechern würde der sowjetische Staat wohl keine Rente zahlen. Wie schon erwähnt, wurde während des Kriegsverbrecherprozesses in Krasnojarsk, bei dem auch polnische Zeugen aus der Umgebung von Treblinka vernommen wurden, weder ein „Iwan der Schreckliche" noch gar Iwan Demjanjuk auch nur erwähnt. Offenbar hörten die Sowjetbehörden von Iwan Demjanjuk erst, als ihnen ihr Mittelsmann in den USA von John Demjanjuk in Cleveland erzählte, der bei seiner Einwanderung in die USA nicht die volle Wahrheit gesagt hatte und im übrigen zu den „mehr als achtzig" ukrainischen Nationalisten in Cleveland gehöre, denen man am liebsten mit Hilfe der amerikanischen Behörden und der Propaganda jüdischer Organisationen — das Wasser abgrabe.

Die Rente wurde der Mutter Demjanjuks erst gestrichen, als die sowjetischen Behörden von der Existenz Demjanjuks in den Vereinigten Staaten erfuhren. Damals erschien im Haus der Mutter die sowjetische Geheimpolizei und beschlagnahmte unter anderem alle Bilder, die sie als persönliche Erinnerung an ihren Sohn aufbewahrte: auch ein Bild, das Demjanjuk als jungen sowjetischen Soldaten zeigt. Und es ist offensichtlich dieses Foto, das dann in den sogenannten „Dienstausweis" von Trawniki geklebt wurde — wogegen bei der deutschen Behörde alle Paßfotos geklammert wurden.

Dies taten auch die Sowjets: auf dem Foto, das auf dem Trawniki-Ausweispapier lediglich klebt, sind bei genauer Betrachtung noch deutlich Klammerspuren zu entdecken, die darauf hinweisen, daß dieses Foto vorher schon einmal benutzt worden war.

Einige Presseorgane wissen noch mehr

Bis hin zur Erklärung des polnischen Historikers Prof. Waclaw Zajaczkowski, derzufolge *„ein sogenannter Iwan der Schreckliche im Aufstand am 2.8.1943 in Treblinka ermordet wurde"*, spricht alles gegen eine Schuld Iwan Demjanjuks, von dem inzwischen sensationsgierige Journalisten zu berichten wissen, er sei sogar noch an weiteren schweren Verbrechen beteiligt gewesen. Wie vor allem italienische und jugoslawische Zeitungen (insbesondere die kommunistische *Unita* in Rom und das jugoslawische Nachrichtenmagazin *NIN* in Belgrad, Ausgabe vom 16.3.1986) meldeten, wurde 1943 im Auftrage des Reichsführers SS, Heinrich Himmler, auch in einer Reismühle bei Triest ein Lager errichtet. Lagerleiter Globocnik sollte dort für das adriatische Küstenland die *Aktion Reinhard* durchführen, befand sich *„in Begleitung von 50 seiner treuesten SS-Männer"*, die zuvor schon an den Menschenvernichtungen im Generalgouvernement teilgenommen hätten. Unter dem Tarnnamen „T4" sollten dort *„siebzigtausend geistig behinderte Jugendliche"* ermordet werden — die Zeitungen in Rom und Belgrad erklärten allerdings nicht, woher diese alle gekommen sein sollten. Außerdem sollten dort, im Lager San Sabo bei Triest, unter dem schon aus Polen bekannten Decknamen *Reinhard „Juden und Antifaschisten"* in Massen umgebracht werden. In Globocniks Begleitung habe sich, so versicherte die Presse, damals auch Iwan Demjanjuk befunden, der also auch in Italien an der Ermordung *„tausender Antifaschisten"*, unter ihnen *„eine unbestimmte Zahl Partisanen aus Italien, Slowenien und Kroatien"*, führend beteiligt gewesen sein soll.

Der Phantasie sind keine Grenzen mehr gesetzt

Dieses Lager San Sabo existierte wirklich, aber nach Feststellungen der deutschen Justiz war es gar kein Vernichtungslager: es war ein Sammellager, von wo aus die Insassen *„nach Auschwitz gebracht werden sollten bzw. wurden."* (094) Außerdem *„führte die Zunahme der Partisanentätigkeit in diesem Gebiet dazu, daß es nicht mehr zu größeren Aktionen gegen die Juden kam."* Als man 1975/76 in einem Strafverfahren gegen die für dieses Lager Verantwortlichen ermittelte, ging das italienische Gericht davon aus, daß in San Sabo möglicherweise 3000 Menschen ums Leben gekommen waren. Doch während des gesamten Verfahrens vor mehr als zehn Jahren wurde der Name Iwan Demjanjuk kein einziges Mal erwähnt. Warum sollte er auch? Nach Aussagen des mysteriösen sowjetischen Zeugen soll Demjanjuk angeblich von Sobibor nach Flossenbürg und später nach Regensburg verlegt worden sein, was gegen seinen Einsatz im Raum Triest spricht. Nach Aussagen vieler anderer Zeugen hätte Demjanjuk — wenn er mit „Iwan dem Schrecklichen" identisch war — schon seit 1943 tot sein müssen, er hätte dann also nicht in Triest oder San Sabo gewesen sein können.

Demjanjuk „bis 1952 verborgen in Triest"

Leider, so räumt die kommunistische Presse Italiens und Jugoslawiens ein, gibt es für die *„Folterungen, die man an den Gefangenen vor ihrer Tötung vornahm"* und die im Lager San Sabo stattgefunden haben sollen, heute nur noch *„wenige Zeugen."* (095) Um die Verbrechen von San Sabo sei eine künstliche *„Mauer des Schweigens"* errichtet worden. Dafür seien vermutlich *„einheimische Kollaborateure"* verantwortlich, die kein Interesse an der Aufklärung der Verbrechen in der ehemaligen Reismühle hätten. (096) Auch der Umstand, daß Iwan Demjanjuk noch nach Kriegsende *„sieben Jahre lang unangefochten in Triest lebte, bis er 1952 nach Amerika floh"*, soll mit solchen Hintergründen etwas zu tun haben. (097) Es habe, so wird ein Triester Untersuchungsrichter zitiert, *„viele solcher SS-Männer gegeben, die auch noch nach 1945 in Triest geblieben sind."* (098)

Demjanjuks Stationen in Westdeutschland

Alles weist darauf hin, daß der „Fall Demjanjuk" zu einer innenpolitischen Affäre auch noch in Italien aufgeblasen werden soll: man will den Fall nutzen, um politische Gegner als Helfershelfer „faschistischer Verbrecher gegen die Menschlichkeit" zu desavouieren. Aber alles weist auch darauf hin, daß man die Anwesenheit Demjanjuks in San Sabo und sogar noch *„sieben Jahre nach Kriegsende"* frei erfunden hat — als man die ersten

Presseberichte über die Auslieferung Demjanjuks an Israel auch in Italien las.

Denn Demjanjuk, dies wird nicht einmal in den USA bezweifelt, befand sich nach Kriegsende gar nicht in Triest, sondern in Landshut, wo er zwei Jahre in einem Lager lebte, dann in Regensburg, wo er für die US-Truppen Kohle und Brennholz transportierte (099). Er heiratete dort am 1.9.1947. Im April 1950, immer noch in Westdeutschland, wurde ihm eine Tochter, Lydia, geboren. Danach, immer noch in Westdeutschland, beantragte er beim amerikanischen Konsulat in Stuttgart ein Visum und verließ am 1. Februar 1952 Bremerhaven, um nach den USA auszuwandern.

Waldheim ersetzte Iwan Demjanjuk

Die jugoslawische Presse, die über die *„Verbrechen Demjanjuks auch in Triest"* auf den Titelseiten berichtet hatte, ließ das Thema aber plötzlich fallen, als immer klarer wurde, daß es sich dabei um freie Erfindung handelte — und daß diese These alle anderen Vorwürfe gegen Demjanjuk zusammenbrechen ließ. Noch am selben Tag, an dem sich die jugoslawische Presse von Demjanjuk verabschiedete, erschien ein neues Opfer der Kampagne: der ehemalige Generalsekretär der *Vereinten Nationen,* Waldheim.

Gleichwohl ließen sich Israels Nazijäger Akten aus Triest in Bündeln zustellen, um zu prüfen, ob man gegen den Ukrainer auch Anklage erheben sollte wegen Verbrechen, die er in Italien begangen haben soll: aus Iwan Demjanjuk wäre dann eine Art reisender Reichshenker geworden, der überall erschien, wo Krematorien rauchten. Übrigens gab es auch für den „Triest-Komplex" einen „Zeugen", der sich sogar an die Schuhgröße von Demjanjuk erinnerte — leider war es die falsche.

Man ließ also den „Komplex Triest" zunächst einmal fallen, denn man hätte der Menschheit etwas zuviel zugemutet, hätte man Demjanjuk auch noch mit diesen Verbrechen belastet:

schließlich konnte Demjanjuk nicht gleichzeitig tot und an zwei völlig verschiedenen Orten gewesen sein.

Auf dem Höhepunkt des Prozesses gegen Demjanjuk in Jerusalem veröffentlichte eine deutsche Illustrierte ein Greuelbild aus dem KZ Treblinka als Illustration zu den Verbrechen Iwan Demjanjuks. Es sollte, laut Unterschrift, aus dem Erinnerungsalbum des ehemaligen Lagerkommandanten Kurt Franz stammen, das man bei dessen Verhaftung gefunden hatte. Das Bild zeigte zerstümmelte Leichen, davor „KZ-Wächter": möglicherweise Ukrainer. Doch einem Leser, Egon Stellmach, fiel auf, daß die KZ-Wächter sowjetische Uniformen trugen. Er wandte sich daraufhin an die Redaktion, die völlig unkritisch das Foto veröffentlicht hatte. Die Redaktion veröffentlichte eine Richtigstellung. Darin hieß es, man habe das Foto von der israelischen Gedenkstätte Yad Vashem in Jerusalem erhalten und von dort inzwischen eine Entschuldigung zugeschickt bekommen: Yad Vashem habe sich „geirrt". Das Bild sei *„irrtümlich dem Album von Kurt Franz zugeordnet worden"* — in dem übrigens überhaupt keine Abbildungen von Leichen zu finden sind. Das Bild, so die deutsche Redaktion jetzt, zeige natürlich keine KZ-Wächter, sondern *„sowjetische Soldaten nach der Einnahme von Treblinka"* — laut neuer Auskunft von Yad Vashem (100).

Doch damit wurde die deutsche Illustrierte, wurden hunderttausende deutsche Leser erneut getäuscht — und niemand scheint es zu merken. Denn als die Sowjets die Ortschaft Malkinia mit Treblinka besetzten, gab es das KZ Treblinka schon fast ein ganzes Jahr nicht mehr. Sie fanden nur ein Getreidefeld, kein einziges Lagergebäude und keine einzige Leiche.

Läßt sich angesichts solcher Vorgänge noch guten Gewissens die Frage unterdrücken, wie häufig die Öffentlichkeit schon derart plump getäuscht worden sein mag? Die Beweise gegen Demjanjuk sind jedenfalls noch erbärmlicher.

Der Schauprozeß

Wenn Iwan Demjanjuk verurteilt wird — vielleicht sogar nach einem Geständnis, das man dann als Folge seiner Lage in israelischer Haft erklären könnte —, wird es zweifellos Menschen geben, die die Frage nach der Rechtmäßigkeit anderer Urteile stellen werden. In der Bundesrepublik diskutiert man immer heftiger, warum es plötzlich einen „neuen Antisemitismus" gibt. Sind es solche Prozesse wie der gegen Iwan Demjanjuk, die diesen Antisemitismus erst schaffen?

In den Vereinigten Staaten, wo Demjanjuk als amerikanischer Bürger gelebt hat, spricht man gleichfalls von einem „neuen Antisemitismus", seitdem es die Auslieferungen an sowjetische, jugoslawische und israelische Henker gibt. Denn betroffen fühlen sich nicht nur die Familienangehörigen, sondern starke ethnische Gruppen, zu denen die Verfolgten und Ausgelieferten gehören: Letten, Litauer, Esten, Ukrainer, Kroaten und andere. Sie neigen dazu, in jenen Verfolgern, die an diesen Auslieferungen, Prozessen und Hinrichtungen wesentlich beteiligt sind, lediglich Vertreter einer anderen ethnischen Gruppe zu sehen, die sich das Recht anmaßt, alle anderen Nationen, die sich unter dem Dach der Vereinigten Staaten zu friedlichem Zusammenleben versammelt haben, kollektiv anzuklagen.

Im Fall Demjanjuk fühlen sich alle Ukrainer betroffen, auch jene Mehrheit, die nie antisemitisch war. Denn viele zionistische Organisationen lassen keinen Zweifel daran aufkommen, daß man gar nicht Demjanjuk, sondern alle Ukrainer meint. Der stellvertretende israelische Parlamentspräsident, Dov B. Ben-Meir, richtete sogar an ein amerikanisches Komitee *für Menschenrechte in der Ukraine* einen Brief, in dem er dem ukrainischen Volk das Recht abspricht, sich für Freiheits- und Menschenrechte in der Sowjetunion einzusetzen: *„Zahlreiche Ihrer Landsleute haben während der Jahre der Naziherrschaft mit dem Naziregime kollaboriert, vor allem bei der Ausrottung hunderttausender Juden. Ich schlage Ihnen und Ihren Freunden vor, nicht nur am Sonntag in die Kirche zu gehen, sondern auch an jedem Werktag. Sie sollten dort niederknien, bis die Knie bluten, und um*

Vergebung flehen für das, was Ihr Volk dem unseren angetan hat." (D17)

Vor dem Gerichtsgebäude in Jerusalem wird nicht gegen Demjanjuk, sondern gegen die Ukrainer demonstriert; eine Verquickung, die Demjanjuk nur noch als Figur in einem Zusammenspiel zwischen zionistischen und sowjetischen Verfolgern des seit vielen Jahrhunderten verfolgten ukrainischen Volkes erscheinen läßt. Der Strafprozeß gegen Demjanjuk schürt neuen Haß — der wiederum neuen Haß gebiert.

Vor einer solchen fatalen Entwicklung, die letztlich das ganze jüdische Volk belastet, wird auch in Israel gewarnt. So veröffentlichte die *Jerusalem Post* einen Beitrag von Eric Lee, dem Herausgeber der *New International Review*, in dem es zum Demjanjuk-Prozeß unter anderem heißt:

„*Daß der KGB Beweise fälscht, ist notorisch. Wie kann man sich, wenn man es ehrlich meint, auf ein Dokument stützen, das von der sowjetischen Staatsanwaltschaft stammt? Fragen Sie Schtscharanski. Kurz gesagt: Der Demjanjuk-Prozeß ist eng verbunden mit der Geschichte der Ukrainer, der Juden und Russen. Wenn man dies aber weiß, sollten die israelischen Staatsanwälte nur nach der Wahrheit suchen — und nicht ihre Vorurteile über John Demjanjuk und die Rolle der Ukrainer beweisen wollen.*"

Ukrainer und Juden

Von Helmut Wild

Am 18. September 1986 schrieb Bozhena Olshaniwsky, die Präsidentin der Vereinigung *Americans for Human Rights in Ukraine* einen freundlichen Brief an die Parlamentarier der Knesset in Jerusalem.

Der Antwortbrief des Sprechers der Knesset, des israelischen Parlaments, einer der höchsten Repräsentanten des Staates Israel, ist dermaßen schockierend, daß wir es für notwendig erachten, beide auf den folgenden Seiten abgelichteten Briefe auch in der Übersetzung wiederzugeben.

Hier der Brief von Bozhena Olshaniwsky an die Knesset-Parlamentarier:

Sehr geehrte (Damen und Herren),

wir sind für die Gelegenheit dankbar, daß wir Ihr außerordentlich interessantes Land letzten Juli besuchen konnten und daß uns die Ehre zuteil wurde, von Mitgliedern Ihrer Regierung empfangen zu werden. Wir beglückwünschen Sie zu der demokratischen Verfassung Israels und zu dem Geist, in dem Ihr Land aufgebaut und verteidigt wird.

Das vorrangige Anliegen während unseres Besuches war es, mehr über den Fall von John Demjanjuk zu erfahren — der beschuldigt wird, Nazi-Kriegsverbrechen und Verbrechen gegen die Menschlichkeit begangen zu haben. Er wird jetzt im Ayalom-Gefängnis in Ramle gefangengehalten und erwartet die Anklage der Staatsanwaltschaft für die Verbrechen, derer er beschuldigt wird. Sein Prozeß ist um die letzten sechs Monate verschoben worden, weil die Ankläger und die Polizei sagen, sie suchten nach weiteren Materialien und Zeugen.

In der Zwischenzeit haben wir, angesichts der ausgeweiteten, dem Prozeß vorangehenden Publizität, die John Demjanjuk in der israelischen Presse findet, unsere Besorgnisse gegenüber Vertretern Ihrer Regierung zum Ausdruck gebracht und dabei auf diese Berichte und deren vorverurteilende Wirkung im Falle Demjanjuk hingewiesen. Wir erhielten die Versicherung, daß

AMERICANS FOR HUMAN RIGHTS IN UKRAINE
43 MIDLAND PLACE NEWARK, N.J. 07106
(201) 373-9729

September 18, 1986

The Honorable 02 03
Knesset
Jerusalem, Israel

Dear Mr. 03:

We are grateful to have had the opportunity to visit your most interesting country in July and for having been granted an audience with members of your government. We commend you on the democratic nature of Israel and the spirit upon which it was built and defended.

The primary concern during our visit was to learn more about the case of John Demjanjuk -- accused of Nazi war crimes and crimes against humanity. He is now being detained in Ayalon prison in Ramle awaiting charges by the prosecution for his alleged crimes. His trial has been postponed for the past six months because the prosecutors and the police say they are looking for further evidence and witnesses.

Meanwhile, in light of the extensive pre-trial publicity about John Demjanjuk in the Israeli press we voiced our concerns to representatives of your government regarding these reports and how they could prejudice Demjanjuk's case. They assured us that Demjanjuk's trial will be just and fair, and that the judges will not be influenced by the statements quoted from government sources in the Israeli news media.

We have been monitoring Israeli newspapers and have noted an intensification of accusatory statements made by representatives of your government regarding John Demjanjuk's guilt. We find this condition disquieting and conducive to highly volatile situations. We are also concerned about the Israeli Justice Department continuing to detain Demjanjuk since February without any formal criminal charges being brought against him. We believe this situation to be contrary to your laws and in violation of John Demjanjuk's human rights.

Enclosed is an article written by Hans Rullman, a correspondent from "Ost-Dienst," about the case of John Demjanjuk. This article is being translated into several different languages. We thought the information in it might be useful to you.

Looking forward to your comments, cooperation, and friendship I remain

Sincerely yours,

Bozhena Olshaniwsky
President

BO:md
Enclosure

Dok. 16: Die Exil-Ukrainerin Olshaniwsky schreibt nach Israel ...

knesset

Dov B. Ben-Meir
Deputy Speaker

October 1986

To the President,
Americans for Human Rights in Ukraine,

I have received your letter of 18 September 1986 concerning John Demjanjuk.

At first, I did not want at all to reply, because since the days of Bogdan Chelmenitzky, the Jewish people has a long score to settle with the Ukrainian people.

Now too we can point to focuses of antisemitism in the USSR, most of them being concentrated in the Ukraine.

However on second thought, I reached the conclusion that an application such as yours, coming from an American citizen (even though of Ukrainian origin) must not remain without a response.

All along the years of the Nazi occupation of the Ukraine, uncounted numbers of your compatriots collaborated with the Nazi regime, especially in the annihilation of hundreds of thousands of Jews.

After the German defeat, part of these collaborators fled to the West and also escaped to the U.S.A.

During more than four decades, not a single word was heard from your organization in favor of the human rights of Ukrainians of the Jewish faith who were shot, burned, gassed by your fellow countrymen. And it is only the "worry" whether the Israeli press will by its publicity prejudice the objectivity of Israeli justice, that keeps you awake at nights!

I can reassure you: Israeli justice will hold fair judgement!

To you and your friends, I suggest that you go to church not only on Sunday but also every day of the week, and that you kneel there until bleeding at the knees in asking forgiveness for what your people has done to ours.

Dov Ben-Meir, M.K.
DEPUTY SPEAKER OF THE KNESSET

Jerusalem 91 999 Tel. 02-554266, 554219

Dok. 17: ... und der Parlamentspräsident antwortet: „Mit blutenden Knien um Vergebung beten – täglich, nicht nur sonntags“.

Demjanjuks Prozeß gerecht und fair sein würde und daß die Richter nicht von den aus Regierungsquellen stammenden Feststellungen, die in den israelischen Nachrichten auftauchten, beeinflußt werden würden.

Wir haben die israelische Presse verfolgt und haben eine Verstärkung von Beschuldigungen festgestellt, die Repräsentanten Ihrer Regierung im Hinblick auf Demjanjuk erhoben haben.

Diesen Umstand finden wir beunruhigend, er kann zu völlig unvorhersehbaren Situationen führen. Wir sind auch über die israelische Justiz besorgt, die fortfährt, Demjanjuk seit Februar festzuhalten, ohne daß bisher formell Beschuldigungen krimineller Art gegen ihn erhoben worden wären. Wir glauben, daß diese Situation im Gegensatz zu den Gesetzen Ihres Landes steht und die Menschenrechte von John Demjanjuk verletzt.

Wir legen einen Artikel von Hans Rullmann bei, der Korrespondent des „Ost-Dienstes" ist und über den Fall John Demjanjuk schreibt. Dieser Artikel wird in verschiedene Sprachen übersetzt. Wir denken, die darin enthaltenen Informationen könnten Ihnen dienlich sein.

Ich hoffe auf Ihre Antwort, Zusammenarbeit und Freundschaft und verbleibe mit freundlichen Grüßen

Ihre Bozhena Olshaniwsky, Präsidentin

Und hier der Brief, mit dem Dov B. Ben-Meir, Sprecher der Knesset, der kürzlich den Präsidenten des Staates Israel bei seinem Besuch in die Bundesrepublik Deutschland begleitet hat, das Schreiben von Bozhena Olshaniwsky beantwortet hat:

Dov B. Ben-Meir
Abgeordnetensprecher der Knesset — *Oktober 1986*

An die Präsidentin
Americans for Human Rights in the Ukraine,

ich habe Ihren Brief vom 18. September betreffs John Demjanjuk erhalten.

Zuerst wollte ich Ihren Brief überhaupt nicht beantworten, denn seit den Tagen von Bogdan Chelmenitzky hat das jüdische

Volk eine lange offene Rechnung mit dem ukrainischen Volk zu begleichen.

Auch jetzt können wir auf Brennpunkte des Antisemitismus in der UdSSR verweisen, von denen die meisten in der Ukraine konzentriert sind.

Aber beim nochmaligen Überdenken kam ich zu dem Entschluß, daß ein Gesuch wie das Ihre, das von einem amerikanischen Bürger kommt (selbst wenn dieser ukrainischer Abstammung ist) nicht ohne Antwort bleiben sollte.

Während der ganzen Zeit der Besetzung der Ukraine durch die Nazis haben unzählige Ihrer Landsleute mit dem Nazi-Regime kollaboriert, besonders bei der Vernichtung hunderttausender von Juden.

Nach der deutschen Niederlage flohen Teile dieser Kollaborateure nach Westen und entkamen auch in die USA.

Während mehr als vier Jahrzehnten wurde von Ihrer Organisation nicht ein einziges Wort vernommen zu Gunsten der Menschenrechte von Ukrainern jüdischen Glaubens, die durch Ihre Landsleute erschossen, verbrannt oder vergast wurden. Und es ist nur die „Sorge", ob die israelische Presse durch ihre veröffentlichte Vorverurteilung die Objektivität der israelischen Justiz beeinträchtigen kann, was Sie nachts nicht schlafen läßt.

Ich darf Ihnen versichern: die israelische Justiz wird ein faires Gericht abhalten!

Ihnen und Ihren Freunden empfehle ich, nicht nur an Sonntagen sondern an jedem Wochentag in die Kirche zu gehen und dort auf Ihren Knien, bis sie bluten, um Vergebung zu bitten für das was Ihr Volk dem unseren angetan hat.

Dov Ben-Meir, M. K.
Abgeordnetensprecher der Knesset

Geschichtliche und gegenwärtige Belastungen zwischen Ukrainern und Juden kommen in diesem Briefwechsel zur Sprache.

„*... since the days of Bogdan Chelmenitzky ...*", diese Bezugnahme auf den Führer der Kosakenaufstände im 17. Jahrhundert zeigt, in welchem geschichtlichen Zusammenhang der geschichtsbewußte Ben-Meir den heute in Jerusalem stattfindenden Schauprozeß gegen Iwan Demjanjuk zu sehen wünscht.

Was ist damals, im 17. Jahrhundert, in der Ukraine geschehen?

Wesentliche Teile des von den Bolschewisten aus der Zarenzeit übernommenen großrussisch-chauvinistischen Geschichtsbildes, das die Existenz eines der größten Völker Europas, die Existenz des ukrainischen Volkes leugnet, haben sich weltweit durchgesetzt. Daher ist in Europa die Geschichte der Ukraine aus dem 17. Jahrhundert zu wenig bekannt, als daß von vielen Lesern die Anspielung Ben-Meirs verstanden werden könnte oder gar seine besondere Sicht jener Ereignisse.

Wir nehmen also die Anknüpfung an die Ereignisse des 17. Jahrhunderts, die Dov Ben-Meir in die Diskussion bringt, wenn es in Wirklichkeit um das Schicksal eines zu Unrecht beschuldigten Ukrainers geht, gern zum Anlaß, einen Blick in die ukrainische Geschichte zu werfen.

Zu Beginn des 17. Jahrhunderts stand die Westhälfte der Ukraine unter polnischer Vorherrschaft. Mit dieser Vorherrschaft war auch die durch polnische Gesetze aus dem Jahre 1264 geregelte privilegierte Stellung der Juden innerhalb Polens auf die Ukraine übertragen worden.

Zur gesetzlichen Regelung der Stellung der Juden innerhalb des polnischen Hoheitsbereiches sagt Dr. Joseph L. Lichten in seinem Vorwort zu dem Buch *He Who Saves One Life* (006) auf S. 2:

„Die erste gesetzliche Verordnung, die die legale Existenz von Juden in Polen regelte, war ein Freibrief von Privilegien, die 1264 durch Prinz Boleslaw „the Pious of Kalisz (1243 — 1279)“ gewährt wurde. Die Privilegien waren in 36 Artikeln festgelegt. Sie regelten die legale Position der Juden, die von der Gerichtsbarkeit der kommunalen Gerichtshöfe ausgenommen waren. Diese Gesetze erweiterten auch den Schutz der Juden durch den König oder durch die Voivoden (die Regenten der Provinzen), umrissen die einzelnen Maßnahmen für den Schutz der Juden und legten die Höhe der Geldstrafen fest für ihre Verletzung. Andere Abschnitte regelten Angelegenheiten des Handels. Paragraph 31 verbot, die Juden zu beschuldigen, sie würden das Blut von Christen für rituelle Zwecke verwenden . . . Dieser Privilegienfreibrief wurde bekannt als Statua Judeorum . . .“.

Die *Statua Judeorum* behielt in Polen bis über das Jahr 1765 hinaus seine Gültigkeit.

Vom 14. Jahrhundert an stand die westliche Hälfte der Ukraine unter polnischer Vorherrschaft. Das bedeutete, daß die *Statua Judeorum* auch für den Westteil der Ukraine Gültigkeit hatte. Begünstigt durch diese privilegierte Rechtsstellung erlangten die Juden unter der polnisch-katholischen Aristokratie eine herausragende Sonderstellung gegenüber dem ukrainischen Volk. Ihre soziale und rechtliche Stellung entsprach in vielen Punkten der Sonderstellung der Aristokratie.

Mit der Union von Litauen und Polen im Jahre 1569 (Union von Lublin) wurde die privilegierte Sonderstellung der Juden eher noch aufgewertet. *„Litauische Gesetze stellten Juden auf die gleiche Ebene mit der Aristokratie.“* (Zitat aus *Jewish Ukrainian Relations,* S. 23 (005). Unter der polnisch-katholischen Aristokratie erhielten die Juden neben vielen anderen Vorrechten auch das Privileg der Steuereintreibung in der Ukraine.

Sie handhabten dieses Privileg dermaßen hart, daß die Situation für die Ukrainer, insbesondere für die ukrainischen Bauern, völlig unerträglich wurde. Es kam zu verschiedenen Kosaken- und Bauernaufständen, die im Jahre 1648 unter der Führung von Bohdan Khmelnytsky (andere Schreibweise: Bogdan Chmelnitzky; Dov Ben-Meir verändert den Namen in: Chelmenitzky) zu einem erfolgreichen *Volksbefreiungskrieg* anwuchsen, in dessen Verlauf und Ergebnis die polnische Aristokratie verjagt und die Juden ihrer privilegierten Stellung enthoben wurden. In den zehn Jahren nach 1648 genoß die Ukraine staatliche Unabhängigkeit.

Diesen Befreiungskrieg gegen unerträgliche Unterdrückung dem ukrainischen Volk als Ausdruck von Antisemitismus vorzuwerfen, ist recht aufschlußreich und zeigt einen bedenklichen Mangel an dem Vermögen, den Freiheitwillen eines Volkes zu respektieren.

Soviel zur Bezugnahme des Sprechers der Knesset, Dov Ben-Meir, zu den Ereignissen im 17. Jahrhundert, auf die er ja ausdrücklich mit dem Hinweis *„... seit den Tagen von Bogdan Chelmenitzky ...“* zu sprechen kommt.

Dov Ben-Meir scheint also den Prozeß gegen Demjanjuk als einen Teil der Vergeltung für das zu sehen, was angeblich die Ukrainer den Juden im Verlauf der Geschichte alles angetan haben. Jedenfalls ist offensichtlich, daß Ben-Meir aus dem kollektiven Vorwurf des Antisemitismus, den er gegen das ukrainische Volk erhebt, seinerseits die Berechtigung zu einer anti-ukrainischen Haltung ableitet.

Zwar steht Dov Ben-Meir mit seiner anti-ukrainischen Haltung in Israel und unter den führenden zionistischen Organisationen keineswegs allein da. Aber erfreulicherweise gibt es auch Gegenstimmen in Israel, die wahrscheinlich sogar die Meinung der Mehrheit der Israelis ausdrücken — wenn auch der Medienspiegel den gegenteiligen Eindruck erweckt.

Wir zitieren hier aus dem offenen Brief von Avraham Shifrin, den dieser als Antwort auf oben zitierten Brief von Dov Ben-Meir geschrieben hat (025). Avraham Shifrin war selbst viele Jahre Gefangener in einem Konzentrationslager der UdSSR:

Herr Ben-Meir!

Unser israelischer Staat hat Ihnen die ehrenvolle Rolle übertragen, die Meinungen in diesem Land zu vertreten, und darin liegen viele Verpflichtungen. Aber hier erhalte ich aus den USA von der Organisation „Americans for Human Rights in Ukraine" einen Brief, dem eine Kopie Ihrer offiziellen Antwort beigefügt ist, die Sie an die Präsidentin dieser Organisation im Oktober 1986 geschrieben haben. Diese Antwort enthält in jeder Zeile Rohheiten und unbegründete Angriffe; in dieser Antwort diskriminieren Sie demonstrativ und offen ein ganzes Volk. Der Brief, den Sie von der Präsidentin dieser Organisation, Frau Bozhena Olshaniwsky erhalten haben, berührt den Fall Demjanjuk, und es war darin die Sorge ausgedrückt, daß eine leidenschaftslose und objektive Untersuchung durch den Gerichtshof gewährt sein möge.

In Ihrer Antwort haben Sie die Diskussion auf eine Ebene gebracht, auf der die Beziehungen zwischen dem ukrainischen und jüdischen Volk betroffen sind und Sie tun das im allerscheußlichsten Ton.

Zuerst stellen Sie fest, daß Sie diesen Brief überhaupt nicht beantworten wollten, weil „seit den Tagen von Bogdan Chelmenitzky das jüdische Volk eine lange und offene Rechnung mit dem ukrainischen Volk" zu begleichen hat. Sie stellen offen fest, daß Sie nur deshalb sich entschieden haben, diesen Brief zu beantworten, weil dieser Brief von einem amerikanischen Bürger unterschrieben war, „trotz der ukrainischen Herkunft"!

Das klingt besonders bemerkenswert, da gerade jetzt die Knes-

set ein Gesetz verabschiedet hat, das Rassismus verbietet: ein schmeichlerischer Kniefall vor Amerika und ein erklärter Rassismus gegenüber seinen Bürgern.

In diesem Zusammenhang wäre es interessant herauszufinden, ob Sie auf die gleiche Weise auch gegenüber Repräsentanten aus Polen geantwortet hätten, auf deren Territorium, unter aktiver Mitwirkung von Polen, drei Millionen Juden getötet wurden ... und auch fast tausend durch die Polen selbst nach der Niederlage der Nazis während Pogromen gegen Juden, die gerade aus Konzentrationslagern zurückkehrten.

Antworten Sie in einem solch rohen und rassistischen Ton den Deutschen ... von denen massenweise Hitler und seinen anti-jüdischen Gesetzen ihre Unterstützung gaben ... und die Massenmorde an Juden ausgeführt haben?...

Und schließlich, wie antworten Sie mit Ihrer Kenntnis der Geschichte des Mittelalters auf Vertreter Spaniens, auf deren Territorium die Inquisition durchgeführt wurde und wo unmittelbare Vorfahren der heute lebenden Spanier einer ungezählten Zahl von Juden Verfolgung, Folter und grausamen Tod gebracht haben?

Natürlich werden Sie all denen höflich antworten, denn Deutschland, Spanien und Polen sind Staaten, die auf offizielle Unverschämtheit mit Sanktionen antworten. Im Vergleich dazu erlauben Sie sich Ukrainern gegenüber Unverschämtheiten und rein rassistische Beschuldigungen gegen das ganze Volk wegen krimineller Handlungen einzelner, nur weil Ukrainer keinen eigenen Staat haben und keine eigene Regierung, weil sie durch die UdSSR als Nation vernichtet wurden. Die Regierung (der UdSSR) gibt sogar Geld aus, um den gegenseitigen Haß zwischen Ukrainern und Juden anzuheizen.

Wenn Ihre Kenntnisse der Geschichte nicht durch die Zeit von Chelmenitzky blockiert wäre, könnten Sie sich daran erinnern, daß unmittelbar vor dem zweiten Weltkrieg 9 Millionen Ukrainer durch die künstlich erzeugte Hungersnot vernichtet wurden, die von dem kommunistischen Regime der UdSSR organisiert wurde. Es ist bekannt, daß der Prozentsatz von Juden unter denen, die diese Politik verwirklicht haben, ungeheuer hoch ist.

Wenn man bereit wäre, Ihrer Logik zu folgen, dann müßten wir heutigen Juden insgesamt die Verantwortung für die Verbrechen gegen das ukrainische Volk tragen, die von diesen jüdischen

Kommunisten ausgeführt wurden. Aber das verleugnen Sie ganz einfach — jene 9 Millionen kümmern Sie nicht, und Sie fühlen nicht das geringste Bedürfnis „um Vergebung wegen ihres Todes zu beten, bis die Knie bluten", wie Sie das von den Ukrainern verlangen, ja Sie verdammen nicht einmal mit einem Wort diese Verbrechen ...

Ich habe Ihre Antwort, die voll Haß und Verantwortungslosigkeit steckt, mit Abscheu und Abneigung gelesen. Sie verdammen die Ukrainer und auch die Amerika-Ukrainer dafür, daß sowjetischer Antisemitismus sich gerade in der Ukraine häuft. Aber wir, die wir durch sowjetische Konzentrationslager gegangen sind, wir kennen andere Tatsachen ... Ukrainer haben uns oft in den Todeslagern ihre helfende Hand gereicht ... und ich bin selbst dafür ein lebender Zeuge. Ukrainische Nationalisten haben stets in ihrer Presse volle Solidarität mit jüdischen Nationalisten ausgedrückt und auch mit Israel, das in der sowjetischen Presse heftigen Angriffen ausgesetzt ist ... Wir wissen auch von Fällen, in denen ukrainische Nationalisten antisemitische Provokationen des kommunistischen Regimes in der Ukraine aufgedeckt und die Provokateure angegriffen haben.

Alles, was ich bisher festgestellt habe, ist kein Freispruch von Schuld jener Ukrainer, die mit den Nazis bei der Liquidierung von Juden zusammengearbeitet haben. Aber wissen Sie, daß die Nazis auch ukrainische Nationalisten liquidiert haben, die gegen Hitler von 1939 bis 1946 (? — Anmerkung: gemeint ist die Zeit 1941 bis 1945) *in der ukrainischen Untergrundarmee (UPA) gekämpft haben; und Tausende dieser Kämpfer sind gefallen oder fanden sich zusammen mit Juden in Konzentrationslagern ...*

Und Sie haben in Ihrem Brief Ihre eigene Schuld nicht erwähnt und jetzt Israels Schuld, als 1986 auf verbrecherische Weise ein Denkmal zerstört wurde, das von einem ehrlichen ukrainischen Freund Israels errichtet wurde und das den jüdischen und ukrainischen Opfern des kommunistischen Regimes geweiht war.

Solch unverantwortliche Sprecher und Politiker wie Sie vergessen bei ihrer Sichtweise die Hauptsache: Sie können nicht ewig mit Gefühlen von Rache und gegenseitigem Haß leben ... Ihre haßerfüllte Antwort dient am meisten dem KGB ...

Das ukrainische Volk von heute, das von den Kommunisten vernichtet und in sowjetischen Konzentrationslagern liquidiert wurde und das Opfer von zwei Hungersnöten mit Millionen von

Toten ist, wäre bereit, die Hand gegenüber den ukrainischen Juden auszustrecken, wenn Millionen von Ukrainern in der Ukraine erfahren würden, daß wir hier, in der freien Welt, Freunde sind . . .

Daran sollten ein Staatsmann in Israel und alle Juden in der freien Welt denken, denn eine solche Einstellung wird den Juden in der UdSSR weiterhelfen.

Aber Ihre Einstellung, Ihr feiger Brief, kann ein Meer jüdischer Tränen bewirken.

Israel — Februar 1987 *Avraham Shifrin*

Diese jüdische Stellungnahme wurde hier so ausführlich zitiert, um klarzustellen, wie verfehlt es wäre, den Juden insgesamt zum Vorwurf zu machen, was von jüdischen Führern im Zusammenhang mit dem Demjanjuk-Prozeß an Haß gegen die Ukrainer verbreitet wird. Genauso verfehlt wäre es, den Juden insgesamt einen Vorwurf daraus zu machen, was in den Medien mit Hilfe des Demjanjuk-Prozesses an anti-ukrainischen Vorurteilen vermittelt wird. Wir werden darauf noch zu sprechen kommen.

Für seinen mutigen Brief gebührt Avraham Shifrin Dank. Er wirkt mit seinem Brief dem traditionellen anti-ukrainischen Völkerhaß entgegen, den derzeit einflußreiche jüdische Kreise mittels des Prozesses in Jerusalem anzuheizen versuchen. Und er wirkt auch der zerstörerischen Allianz entgegen, die viele führende Vertreter jüdischer Organisationen und einige Repräsentanten des jüdischen Volkes mit der sowjetischen Gewaltherrschaft einzugehen bereit sind, wenn es um die Diskriminierung und Verfolgung des ukrainischen Volkes geht.

Eine andere mutige Stimme aus Israel

Die Historikerin Dr. Ruth Okuneva, Autorin des Buches *Sowjetischer Antisemitismus*, ist ein Beispiel für eine andere mutige Stimme in Israel, die sich im Zusammenhang mit dem Prozeß gegen Demjanjuk zu Wort gemeldet hat. In einem offenen Brief an den Präsidenten von Israel Chaim Herzog und an Israels vormaligen Premierminister Shamir greift sie sowohl die juristischen Fragwürdigkeiten dieses Prozesses schärfstens an, als auch die rassistische Hetze gegen das ukrainische Volk, die aus Anlaß dieses Prozesses von den israelischen Medien geführt wird. (031).

Sie kritisiert die völlig ungenügende Beweislage im Auslieferungsverfahren. Zu dem einzigen Beweisstück sagt sie wörtlich:

„*a)Es wurde aus einer sehr fragwürdigen Quelle, dem KGB, geliefert, der mit Demjanjuk eine Rechnung zu begleichen hat, weil er in der Wlassow-Armee gedient hat,*

b)das Dokument wurde an Israel wahrscheinlich über die Beziehungen eines zionistischen Millionärs geliefert, der mit dem KGB zusammenarbeitet,

c)das Dokument wurde lange Zeit nach der Bitte um seine Aushändigung in Empfang genommen, so daß die Möglichkeit für Manipulationen gegeben waren,

d)die Verläßlichkeit eines Dokuments, das auf eine solche Art übermittelt wurde, ist höchst fragwürdig, und es wurde bis jetzt von niemandem als Original bestätigt,

e)es ist nicht bewiesen, daß der Angeklagte der Eigentümer dieses Dokumentes war,

f) und schließlich, dieses Dokument enthält keinen Hinweis, daß sein Eigentümer in Treblinka gearbeitet hat".

Ruth Okuneva sagt weiter, daß die dürftige Beweislage der Grund sei für einen Bruch mit der üblichen Prozedur in einem Gerichtsverfahren, wonach die Klärung der Identität des Angeklagten und seine Teilnahme an dem Verhandlungsgegenstand der eigentlichen Verhandlung vorangehen müsse. „*Die umgekehrte Reihenfolge dieses Ablaufs beweist, daß der israelische Gerichtshof nicht daran interessiert ist, den Angeklagten zu identifizieren*".

Sie spricht von einem Schauprozeß und weist darauf hin, daß schon bei der Eröffnung des Prozesses von einem Korrespondenten der Zeitung *Maariv* der Haß in der Öffentlichkeit gegen das ganze ukrainische Volk aufgedeckt wurde. Sie sagt, es wäre nicht verwunderlich, wenn in einer solchen Stimmung des entflammten Hasses sich Zeugen finden, die falsche Anschuldigungen machen. Wörtlich sagt sie:

„*Ich möchte Ihre Aufmerksamkeit auf den Umstand lenken, daß dieses Gerichtsverfahren, das unter solchen Umständen und Gesetzesbrüchen stattfindet, von der Weltöffentlichkeit als*

Schauprozeß gegen das ganze ukrainische Volk gesehen werden kann, gegen das in Israel ein besonderer Haß entfesselt wird; etwa, weil Israel einen Ausgleich für diplomatische und politische Niederlagen sucht, die es in anderen Ländern der Welt erlitten hat (z.B. in Österreich)".

Zum Schluß gibt Ruth Okuneva ihrer Sorge Ausdruck, daß dieser Prozeß neuen Antisemitismus in der Welt entfachen könnte.

Um dem vorzubeugen, gehen wir hier mit dieser Ausführlichkeit auf die Stellungnahmen dieser beiden kulturellen Vertreter ihres Volkes ein, Avram Shifrin und Ruth Okuneva. Denn nichts wäre verhängnisvoller, als einem blinden Antisemitismus Vorschub zu leisten, hinter dem sich die wenigen bequem verstecken könnten, die die Verantwortung tragen für die Strategie des Hasses, in die dieser Prozeß gegen Demjanjuk eingebettet ist.

Dieser Prozeß hat mit „den Juden schlechthin" genausowenig zu tun, wie etwa die übergroße Mehrheit der Juden in der Sowjetunion etwas mit der Errichtung des bolschewistischen Systems in der SU zu tun hatte — obwohl etwa 90 % der Mitglieder des ersten Zentralkomitees und sämtliche Chefs der berüchtigten Geheimpolizei — von Uritzky bis Andropow — der jüdischen Minderheit in der Sowjetunion zuzurechnen sind. Die übergroße Mehrheit der Juden hat unter den Machenschaften dieser wenigen genauso gelitten wie alle anderen Völker auch.

Die geschichtliche Last

Nach Possony (017) gibt es vier Perioden in der Geschichte der ukrainisch-jüdischen Beziehungen, in denen es aus jüdischer Sicht zu antijüdischen Ausschreitungen und Pogromen von Ukrainern gegen Juden kam. Diese Perioden sind:

1648-1654: Der von Khmelinytsky angeführte Befreiungskrieg, in dessen Verlauf die Ukrainer die polnisch-jüdische Fremdherrschaft abschüttelten, wurde bereits genannt.

1760-1778: Während dieser Periode kam es zu fortgesetzten Aufständen der Ukrainer gegen die polnische Vorherrschaft im Westteil der Ukraine

und gegen die russische Vorherrschaft im Ostteil des Landes. Diese Erhebungen gipfelten im Jahre 1768 im Haidamak-Aufstand.
Während dieser ganzen Periode versuchten die Ukrainer ihre Unabhängigkeit zu erkämpfen. Die Unterdrückung der Ukrainer wurde dadurch verschärft, daß die Russen versuchten, die katholischen Teile des ukrainischen Volkes in die orthodoxe Kirche zu zwingen, während die Polen versuchten, den orthodoxen Teilen den Katholizismus aufzuzwingen.
Während dieser ukrainischen Unabhängigkeitskriege kämpften die Juden gegen die Ukrainer auf der Seite der Polen. (018)
Diese Befreiungskriege waren aber auch das Ergebnis des Vertrages von Andrusovo im Jahre 1667, der die Ukraine zwischen Polen und Rußland aufteilte. (029)

1918-1921: Während dieser Periode vorübergehender und kurzzeitiger ukrainischer Unabhängigkeit, die dauernd von Abwehrkriegen gegen das bolschewistische Moskau geprägt war, wurde vom Zentralrat des ukrainischen Volkes (Rada) die Rechte der nationalen Minderheiten sehr großzügig geregelt. Den Juden der Ukraine wurde weitgehende Selbstverwaltung innerhalb eines selbstgewählten jüdischen Nationalrates zugestanden. Innerhalb der Regierung wurde die Vertretung der Interessen der jüdischen Minderheit durch die Gründung eines Ministeriums für jüdische Angelegenheiten geregelt. (019)

1941-1945: Während dieser Zeit sollen etwa drei Millionen Ukrainer in den Kriegsgefangenen- und Todeslagern des nationalsozialistischen Regimes gestorben sein. Als die deutschen Soldaten 1941 die Ukraine besetzten, wurden sie in den Dörfern mit Brot und Salz als Befreier begrüßt. Das ukrainische Volk, das unter Stalin unsagbar gelitten hatte, sah im deutschen Einmarsch eine Chance zur Erlangung der nationalen Unabhängigkeit und zur Befreiung vom bolschewistischen Terror. Hunderttausende Sowjetsoldaten ergaben sich den deutschen Truppen kampflos.

Verblendet vom Rassismus der nationalsozialistischen Ideologie, erkannte die deutsche Führung die einmalige Chance nicht, die Ukrainer als Bündnispartner gegen das bolschewistische Moskau zu gewinnen, und begann alsbald, die Unabhängigkeitsbestrebungen der Ukrainer brutal zu unterdrücken.

Aus der ursprünglich deutschfreundlichen Haltung der Ukrainer wird ihnen heute noch, nicht nur von sowjetischer Seite, sondern auch von jüdischer Seite, der Vorwurf der Kollaboration mit den Nationalsozialisten gemacht.

Diese vier geschichtlichen Perioden, die von jüdischer Seite angeführt werden, um die antijüdische Politik und Einstellung der Ukrainer zu belegen, werden auf ukrainischer Seite ganz anders beurteilt als auf jüdischer Seite.

Was aus ukrainischer Sicht Befreiungskämpfe gegen Fremdherrschaft waren, das wird jüdischerseits meist als antisemitische Politik bis hin zum Pogromvorwurf dargestellt.

Und wo die Ukrainer vor allem die Herrschaft des Bolschewismus und des Nationalsozialismus sehen, sieht die jüdische Seite hauptsächlich die Kollaboration mit dem nationalsozialistischen Regime.

Die Tatsache jedoch, daß sehr starke politische Kräfte in der Ukraine unmittelbar nach dem Angriff Hitlers auf die Sowjetunion die Situation nutzen wollten, um die Unabhängigkeit der Ukraine von der Sowjetunion zu erreichen, kann nicht als „Kollaboration mit Nazi-Regime" umgedeutet werden. Am 30. Juni 1941 verkündete die OUN, die Organisation Ukrainischer Nationalisten, in Lemberg die Wiederherstellung eines unabhängigen ukrainischen Staates. Diese Proklamation der Unabhängigkeit erfolgte, nachdem das bolschewistische System vor den anrückenden deutschen Truppen kapituliert hatte. Die Nationalsozialisten beantworteten diese Unabhängigkeitserklärung unmittelbar mit Massenverhaftungen und Terror. Stephan Bandera und Jaroslwaw Stetsko wurden am 12. Juli 1941 verhaftet, und, nachdem sie sich weigerten, die Proklamation der Unabhängigkeit der Ukraine zu widerrufen, in das Konzentrationslager Sachsenhausen eingeliefert. Zur gleichen Zeit wurden mehr als 2000 ukrainische Nationalisten verhaftet, die an der Unabhängigkeitserklärung am 30. Juni 1941 teilgenommen hatten. Die nationale Untergrundarmee UPA wuchs bis 1944 trotz der Verfolgungen durch die Gestapo auf mehr als 200.000 Mann an und führte einen erbitterten Zweifrontenkrieg gegen die Bolschewisten und gegen die deutschen Besatzer. Wegen dieser geschichtlichen Erfahrungen herrscht auf Seiten der Ukrainer heute völliges Unverständnis für den Vorwurf von jüdischer Seite, die Ukrainer hätten mit den Nationalsozialisten kollaboriert.

Diese beiden Sichtweisen der Geschichte — die ukrainische und die jüdische — schließen einander weitgehend aus. Zu einer gemeinsamen oder objektiven Sicht kann es eigentlich nur auf der Grundlage der Respektierung der Unabhängigkeit und des Selbstbestimmungsrechtes beider Völker kommen.

Anti-ukrainische Allianz zwischen Moskau und führenden Zionisten?

Der Vernichtungswille Moskaus gegenüber dem ukrainischen Volk wird heute in anderen Maßnahmen wirksam als unter Stalin. Um das Ziel der völligen Austilgung ukrainischer Identität zu erreichen, wird nach wie vor die ukrainische Sprache im offiziellen Gebrauch unterdrückt und propagandistisch diskriminiert.

Eine Bekannte des Autors dieses Kapitels wurde während eines Besuches in der Ukraine zusammen mit einer amerikanisch-ukrainischen Studentengruppe selbst Zeugin dieser Diskriminierung. Da sie es gewagt hat, in Kiew zusammen mit anderen in der Öffentlichkeit in ihrer ukrainischen Muttersprache zu sprechen, wurden die jungen Leute von Funktionären als *„dreckige Bauern" („Chachol")* angegeifert (030). Doch gehören diese Formen der Diskriminierung, die von einer im großrussischen Chauvinismus erzogenen Funktionärsschicht getragen werden, noch zu den mildesten Formen der Unterdrückung. Die Tatsache, daß 60 Prozent der Insassen in den sibirischen Zwangsarbeitslagern Ukrainer sind, sagt mehr aus über das Ausmaß der Unterdrückung.

Eine andere Form der Unterdrückung, unter der alle Völker der Sowjetunion zu leiden haben, ist das Prinzip der Arbeitsplatzzuteilung in fremden Gebieten. So werden als Lehrer ausgebildete Letten in Weißrußland oder der Ukraine eingesetzt, Ukrainer in Alma-Ata oder im Estland, Kirgisen in Litauen usw. Mit diesen planvollen Versetzungsmaßnahmen sollen die mehr als 40 Völker und Volksgruppen in dem Völkergefängnis der Bolschewisten zum „wahren Internationalismus" erzogen werden. Diese und noch viele andere Maßnahmen der Zwangsrussifizierung, die den Völkern der Sowjetunion unter der ideologisch propagierten „Internationalisierung" aufgezwungen werden, sind im Grunde nichts anderes als Rassismus, und sie treffen jeweils die Ukrainer besonders hart. Denn die Ukrainer bilden das größte der eigenständigen Völker unter der Knute Moskaus, ihre Unterdrückung hat also Vorrang, und daher werden alle Unterdrückungsmaßnahmen des Regimes an den Ukrainern beispielhaft erprobt.

Im Rahmen dieser rassistischen Politik gegenüber dem ukrainischen Volk sieht Moskau auch in den Millionen Exilukrainern, die vor Stalins Terror und den Segnungen des „Arbeiter- und Bauernparadieses" in den Westen geflohen sind, einen zu eliminierenden Feind. Moskau ist interessiert an der Ausschaltung und Zerstörung aller ukrainischen Organisationen im Westen, weil es in ihnen feindliche Bollwerke sieht und weil es befürchtet, daß von diesen eine ständige Ermutigung der in der Ukraine lebenden Ukrainer ausgeht.

Und hier ist genau der Punkt, wo sich der Wille Moskaus zur Unterdrückung und Auslöschung des ukrainischen Volkes mit der traditionell anti-ukrainischen Haltung vieler führender Vertreter des jüdischen Volkes und jüdischer Organisationen trifft. Zumindest von seiner Vorbereitung und propagandistischen Wirkung her gesehen ist der Demjanjuk-Prozeß Ausdruck einer Allianz zwischen Moskau und führenden zionistischen Kreisen. Er soll als Aufhänger dienen, um weltweit alle Ukrainer, die Stalins Terror entflohen sind, als Nazikollaborateure und Judenmörder diskriminieren zu können.

Unser Gedächtnis, Teil unseres Bewußtseins, arbeitet u.a. assoziativ, d. h. Bilder, Ereignisse und Begriffe, die an und für sich nichts miteinander zu tun haben, werden von unseren Bewußtseinsfunktionen in Zusammenhang gebracht, wenn diese zusammen aufgenommen werden. Unsere Medienmacher wissen darüber recht gut Bescheid. Sie machen daraus eine Technik der Beeinflussung, gegen die sich die Menschen noch nicht hinreichend zu wehren gelernt haben.

Nehmen wir ein aktuelles Beispiel aus der Berichterstattung über den Demjanjuk-Prozeß. *„Wenn Zeugen davon berichten, wie sie Leichen aus den Gaskammern gezerrt haben oder Schädel von Kleinkindern auf bestialische Weise von SS-Leuten oder ihren ukrainischen Helfern zerborsten wurden, kann man im Saal eine Stecknadel fallen hören“* (026).

Ulrich W. Sahm, der Verfasser dieses willkürlich herausgegriffenen Artikels, der am 7. Juni 1987 in *Sonntag Aktuell* erschienen ist, ist sich wahrscheinlich klar bewußt, was er tut, wenn er die *„auf bestialische Weise zerborstenen Schädel von Kleinkindern“* mit *„SS-Leuten und ihren ukrainischen Helfern“* zusammenbringt. Weil über die Ukraine und die Ukrainer bei uns im Westen normalerweise nicht berichtet wird, vielmehr die Existenz des ukrainischen Volkes meist verschwiegen wird und weil, entsprechend den Absichten der großrussischen Chauvinisten, die „Ukrainer“ als „Russen“ bezeichnet werden, wird durch eine solche, Berichterstattung unterschwellig die Assoziierung erzeugt, „Ukrainer sind bestialische Kindermörder“.

Derselbe Autor schrieb am 4. April 1987 in der *Stuttgarter Zeitung:*

„Trawniki war ein Ausbildungslager für SS-Leute und Ukrainer. Diese wurden von dort als Wächter oder eben als Massenmörder in die Arbeits- und Todeslager im Generalgouvernement Polen überstellt“.

Auch hier wieder „Ukrainer“ und „Massenmörder“. Tatsächlich wurden in Trawniki unter insgesamt 4000 Leuten 350 Ukrainer ausgebildet — als Wachpersonal, nicht als Massenmörder. Wegen diesen 350 Leuten soll jetzt dem ganzen ukrainischen Volk der assoziative Stempel „Massenmörder" aufgedrückt werden (027).

Nicht viel besser berichtet Bernhard Heimrich am 4. März 1987 in der *FAZ.* Er beschreibt den Gerichtssaal, in dem der Prozeß gegen Demjanjuk stattfindet, und fährt fort: *„Die Fernsehkameras auf der Empore schließlich stehen da für den Rest der Welt. Sie stehen nicht zuletzt für die ukrainischen Bindestrich-Amerikaner weit weg. An der „Ucrainian Power" in Amerika findet nicht nur Demjanjuk seinen Rückhalt, sondern auch O'Connor, vor allem den finanziellen. Das ist nicht etwa nur eine Lobby für Trachtengruppen nach Kiewer Schnitt . . ." „. . . Mehr noch sind die Ukrainer eingeführt als zuverlässigste Formation des amerikanischen Antikommunismus; auch gelten sie, unter Juden, als traditionelle Antisemiten" (028).*

Wie würde Bernhard Heimrich wohl reagieren, wenn jemand von den „jüdischen Bindestrich-Amerikanern" reden würde?

Einen Gipfel an Geschmacklosigkeit erreicht dieser Bericht von Bernhard Heimrich, als er über den Sohn Demjanjuks schreibt, der im Gerichtssaal hinter seinem Vater das Prozeßgeschehen an einem Beistelltisch verfolgt: *„Er ist ein ernstblickender junger Mann, wenn auch mit einem kecken Bärtchen, John Junior, eines von drei Geschwistern aus der amerikanischen Ehe Demjanjuks. Wann immer er draußen begierig gefragt wird, sagt er: nein, er halte seinen Vater für unschuldig. Doch was mag da wirklich vorgehen am Katzentisch, wenn der Zeuge Epstein, einst einer der Leicherträger, berichtet: ‚Einmal kam ein 12-jähriges Mädchen lebend aus der Gaskammer. Wir zogen sie schnell zur Seite, aber sie schrie nach ihrer Mama. Iwan kam gelaufen, griff sich einen jungen Häftling und befahl ihm, das Kind zu vergewaltigen . . ."*

Bernhard Heimrich stellt hier nicht die Frage, was wohl in einem Sohn vorgeht, wenn sein Vater solch sadistischer Ungeheuerlichkeiten zu Unrecht beschuldigt wird. Er macht sich auch nicht die Mühe, selbst ein Gespräch mit dem Sohn zu führen. Stattdessen fragt er: *„Doch was mag da wirklich vorgehen am Katzentisch?"*

Dieser „Katzentisch", diese Wortwahl in diesem Zusammenhang! Bezweifelt Heimrich, ob es sich beim Sohn von Demjanjuk um ein menschliches Wesen handelt?

Bei einer solchen Wortwahl ist der Weg nicht mehr weit zur Wortwahl jener Haßpropaganda, mit der 1932/33 die Ausrottung von sieben Millionen Ukrainern begleitet wurde.

„Um sie zu ermorden, war es notwendig zu verkünden, daß die Kulaken keine menschlichen Wesen sind“. (011)

Die Logik des Hasses erlaubt kein Zurück

Ein Prozeß kann nur dann fair sein, wenn sein Ausgang offen ist und wenn keine der beiden Alternativen eines möglichen Urteils — *Schuldig* oder *Unschuldig* — von Anfang an einer größeren politischen Belastung unterworfen ist als die andere.

Regie und Ablauf eines Schauprozesses schwören jedoch die Öffentlichkeit während des Prozesses auf die „Schuld“ des Angeklagten ein. Ein möglicher Freispruch würde rückwirkend die gesamte Propaganda, die über diesen Schauprozeß der Öffentlichkeit vermittelt wurde, entwerten. Der Schuldspruch am Ende eines Schauprozesses drückt auch der Propaganda, die durch ihn vermittelt wurde, das Siegel der Objektivität auf.

Der Belastung, daß ein möglicher Freispruch am Ende als Skandal in der Öffentlichkeit empfunden würde, unterliegt jeder Schauprozeß. Im Falle des Jerusalemer Prozesses gegen Demjanjuk aber drängt nicht nur diese Art der Belastung auf eine Verurteilung des Angeklagten von Anfang an, sondern auch die einmalige politische Konstellation, die diesen Prozeß erst ermöglicht hat.

Diesem Prozeß in Jerusalem ging voraus die Verurteilung Demjanjuks in den USA. Amerikanische Gerichte haben Demjanjuk die amerikanische Staatsbürgerschaft aberkannt, und amerikanische Gerichte haben in einer unter völkerrechtlichem Gesichtspunkt höchst fragwürdigen Entscheidung Demjanjuks Auslieferung an Israel verfügt. Grundlage für diese Entscheidungen der amerikanischen Gerichtshöfe war der von Moskau vorgelegte „Dienstausweis“ aus der Fälscherwerkstatt des KGB.

Damit haben sich beide Supermächte im Vorfeld des Demjanjuk-Prozesses bereits so weit nach vorne gelehnt, daß sie nicht mehr zurück können, ohne das Gesicht zu verlieren.

Mit anderen Worten: ein Freispruch Demjanjuks würde einen internationalen Skandal bedeuten.

Ein Freispruch würde Moskau der Desinformation mit gefälschten Dokumenten anklagen, würde die amerikanische Justiz vor der Weltöffentlichkeit bloßstellen und die Gefahr heraufbeschwören, daß die herrschende Meinung über den Holocaust und damit einen Teil der ideologischen Grundlagen der Nachkriegspolitik der „Siegermächte" ins Wanken gerät.

Wo gibt es auf der ganzen Welt einen Richter, der sich angesichts solcher politischer Konsequenzen, mit der die eine Alternative des Urteils, der Freispruch, belastet wäre, noch unbefangen an die Wahrheits- und Rechtsfindung machen könnte? Auch würde sein Freispruch, angesichts der politischen Katastrophe, die damit verursacht würde, als die private Marotte eines weltfremden Gerechtigkeitsfanatikers erscheinen. Ihm bleibt also gar nichts anderes übrig, als aus *Staatsraison* den *Schuldspruch* zu fällen.

Nur Narren können also angesichts solcher politischer Zwänge und Belastungen, denen dieser Prozeß von Anbeginn an unterworfen war, noch auf Gerechtigkeit hoffen.

Demjanjuk selbst ist solch ein Narr. Das beweisen seine Briefe, die er aus der Zelle an seine Familie schreibt. Möge sein gutgläubiges Herz seinen Richtern zu der Erkenntnis verhelfen, daß Gerechtigkeitssinn, Wahrheitsliebe und Menschlichkeit bei Narren noch eher zu finden sind als bei kalten Rechnern der Macht.

Nach Redaktionsschluß angefügt

Die Verteidigung Demjanjuks hat 105 „Treblinka-Überlebende“ namentlich festgestellt. Sie tauchten in Strafprozessen gegen Stangl, den ersten Kommandanten von Treblinka, oder Adolf Eichmann auf, oder stellten sich selbst — teilweise in Büchern und sogar in Filmen — als „Treblinka-Überlebende“ vor. Von einem Teil muß es als sicher gelten, daß sie nicht in Treblinka waren — was mit absoluter Gewißheit nicht einmal bei den Zeugen, die Demjanjuk belasten, feststeht. Von vier von ihnen weiß man nicht einmal, in welchem Land sie sich niedergelassen haben.

Die Zahl der wirklichen Treblinka-Überlebenden wurde durch Tod, auf Grund des hohen Alters, erheblich reduziert. Immerhin lebten im September 1976 mit Sicherheit 34 allein in Israel. Von ihnen konnten 13 Zeugen Demjanjuk nicht als „Iwan den Schrecklichen“ identifizieren. Aus verständlichen Gründen verzichtete die Anklage darauf, sie überhaupt vor das Gericht in Jerusalem zu rufen — denn diesen 13 Zeugen stehen nur 12 gegenüber, die Demjanjuk identifiziert haben wollen: Nicht bei einer persönlichen Gegenüberstellung, sondern an Hand von Fotos, die erst Jahre nach Kriegsende von Demjanjuk gemacht worden waren. Von diesen sind vier inzwischen verstorben, so daß die Anklage nur 9 Zeugen gegen Demjanjuk anbieten kann, unter ihnen Rosenberg, der 1947 erklärte, er habe 1943 persönlich an der Tötung „Iwan des Schrecklichen“ teilgenommen. Inzwischen steht auch von einem der toten Zeugen fest, daß er sich geirrt hatte: Er hinterließ, daß „Iwan der Schreckliche“ schon 1943 ums Leben gekommen ist. Die Frage bleibt, was die anderen Überlebenden von Treblinka wissen, die gar nicht gefragt werden.

Von 25 Zeugen, die die Anklage in Europa vernehmen lassen wollte, sind nur zwei herangezogen worden: sie erklärten vor westdeutschen Gerichten, weder die sogenannte Identitätskarte noch Iwan Demjanjuk identifizieren zu können. Auf die Vernehmung der anderen Zeugen der Anklage hat diese deshalb auch verzichtet.

Inzwischen erfuhren wir, was das OSI, die amerikanische Justizbehörde, schon lange wußte — die meisten KZ-Überlebenden, die befragt wurden, waren nicht in der Lage, John Demjanjuk von Cleveland als „Iwan den Schrecklichen“ zu identifizieren. Da Demjanjuk, laut „Dienstausweis“, auch in Sobibor gewesen sein soll, fragte das OSI folgende Zeugen, die an Hand von Photos erklärten, sie könnten Demjanjuk nicht identifizieren:

Philip Bialovitz, Thomas Blatt, Herszel Cukierman, Dow Freiberg, Ester Raab, Mejer Zeiss. Somit konnte kein einziger Überlebender von Sobibor die Identität Demjanjuks mit „Iwan dem Schrecklichen“ bestätigen.

Folgende Zeugen, die erklärten, Überlebende von Treblinka zu sein, konnten Demjanjuk nicht als „Iwan den Schrecklichen“ identifizieren:

Abrahm Bomba, Max Boraks, Henry Brenner, Harry Feldgraber, Samuel Goldberg, Abram Kolski, Sol Lackman, Samuel Lerer, Abe Rosenberg, Moses Rappaport, William Schneiderman, Samuel Schoenberg, Joseph Siedlecki, Samuel Silberstein, Joe Tekulesky, Charles Unger, Joe Weissmann, Mayor Zigelmann und Helman Shlomo. Der Zeuge Schalom Kohn vermochte Demjanjuk als angeblichen „Iwan den Schrecklichen“ nur „unbestimmt“ zu identifizieren.

Neben 6 Zeugen aus Sobibor und 19 Zeugen aus Treblinka, die Demjanjuk an Hand von Photos nicht identifizieren konnten, fand das OSI lediglich sechs Zeugen, die meinten, eine solche Identifizierung vornehmen zu können, doch einer von diesen Zeugen war weder in Treblinka noch Sobibor, und ein weiterer dieser Zeugen nur im „Arbeitslager Treblinka“ gewesen — wo Demjanjuk, laut Anklage, gar nicht gewesen sein soll, so daß 27 „negativen“ Zeugen ganze 5 „positiven Zeugen“ gegenüberstehen. Zwei von ihnen waren nicht in der Lage, Demjanjuk unter 17 vorgelegten Bildern herauszufinden: Sie „identifizierten“ ihn erst, als die Bilderauswahl auf acht verengt worden war.

Das OSI verschwieg die Befragung dieser Zeugen und präsentierte dem Gericht in Jerusalem nur die „positiven“ Zeugen.

Zeitweise behauptete das OSI, nur „positive Zeugen“ gefunden zu haben, dann wurde die Behauptung aufgestellt, die Vernehmungsprotokolle mit den „negativen Zeugen“ seien der

Behörde „gestohlen“ worden. Bis heute wurden sie nicht gefunden.

Anmerkung des Verlegers: Wenn der Gesetzestext, auf dem die Verfolgungstätigkeit des OSI beruht, korrekt wiedergegeben ist (108), dann macht das sehr bedeutsame kritische Schlußfolgerungen notwendig. Eine eingehendere Überprüfung des Gesetzestextes ist uns momentan, unter Zeitdruck, nicht mehr möglich. Da wir aber keinen Anlaß haben, an der korrekten Wiedergabe dieses Gesetzestextes zu zweifeln, möchten wir uns einer Interpretation dieses Gesetzes nicht enthalten:

1. Das OSI, die neugegründete Abteilung im amerikanischen Justizministerium, kann aufgrund dieses Gesetzes keine Verfolgungsaktivitäten gegenüber bolschewistischen Massenmördern entfalten.
2. Das OSI kann jeden verfolgen, der in der Zeit vom 23. März 1933 bis 8. Mai 1945 im Gesamtraum des damaligen Deutschen Reiches oder in irgendwelchen Gebieten, die von Truppen deutscher Militärstreitkräfte besetzt waren, bolschewistische Massenmörder bekämpft hat.
3. Auf Grund dieser eindeutig definierten Verfolgungsrichtung, die dem OSI kraft Gesetz auferlegt ist, hat die in amerikanischen Einwandererkreisen kursierende Meinung, das OSI wäre „ein verlängerter Arm des KGB im amerikanischen Justizministterium“, seine Berechtigung.
4. Das OSI müßte auf Grund dieses Gesetzes ungezählte Millionen Deutscher, Österreicher, Balten, Weißrussen, Ukrainer usw. usw. — alle, die in irgendeiner Form Stalins Massenmörder bekämpft haben, auf die sog. „watch-list“ setzen.

Genau besehen könnte man aus diesem Gesetz noch viel weiter reichende Schlußfolgerungen ziehen.

Anmerkungen und Literaturhinweise

001 Robert Conquest: *The Harvest of Sorrow*, Untertitel: „Soviet Collectivization and the Terror-Famine". Erschien 1986 im Verlag *Oxford University Press,* 200 Madison Avenue, New York 10016.

Die Verlagsrechte für den deutschen Sprachraum hat *Ullstein* erworben. Eine deutsche Übersetzung des Buches liegt z. Zt. noch nicht vor. Alle zitierten Stellen sind übersetzt von Helmut Wild.

Das Buch erreichte in Westdeutschland einen hohen Bekanntheitsgrad durch einen Bericht von Sabina Lietzmann in der *FAZ* vom 7.1.1987, S. 7. Dieser Artikel erschien unter der Überschrift „Die Ernte der Verzweiflung" mit dem Untertitel „Zweierlei Maß oder: die Greueltaten Stalins".

Der in Kalifornien, USA, lebende Historiker Prof. Robert Conquest gibt in seinem Buch einen Überblick über die Entwicklung der bolschewistischen Herrschaft in der UdSSR von 1917 an und betrachtet die Ereignisse aus der besonderen Perspektive der Unterdrückung der ukrainischen Nation. Die gegen das ukrainische Volk gerichteten Ausrottungsmaßnahmen darzustellen, derer sich das bolschewistische System schuldig machte, ist sein besonderes Anliegen. Im Zentrum seines Buches steht der von Stalin 1932/33 gegen das ukrainische Volk vollstreckte Völkermord durch Hunger. Allein in diesem Hungerwinter 1932/33 starben 7 Millionen Ukrainer, davon über 3 Millionen Kinder, unter grausamsten Bedingungen.

002 *Die russische Revolution 1917*, Untertitel: „Von der Abrechnung des Zaren bis zum Staatsstreich der Bolschewiki", herausgegeben von Manfred Hellmann, *Deutscher Taschenbuch Verlag,* München 1964.

003 Lew Kopelew: *Und schuf mir einen Götzen,* Untertitel: „Lehrjahre eines Kommunisten", aus dem Russischen

von Heddy Pross-Weerth und Heinz-Dieter Mendel, *Deutscher Taschenbuch Verlag,* München.

Über dieses Buch schreibt der Verlag unter einer vorausgestellten Einführung „Das Buch“:

„... *Gläubig folgt er* (Kopelew) *der kommunistischen Partei in den brutalen Kampf um die Kollektivierung, in die Hungersnöte und Säuberungen der dreißiger Jahre ...*“

„... *Kopelew weiß aus bitterer Erfahrung, daß die Sowjetunion die finsteren Jahre des Stalinismus bewältigen muß, um die Ideale des Kommunismus in die Tat umzusetzen*“.

Auf der gleichen Seite schreibt der Verlag unter dem Titel „Der Autor“:

„*Lew Kopelew wurde 1980 mit dem Friedrich-Gundolf-Preis der Deutschen Akademie für Sprache und Dichtung, Darmstadt, ausgezeichnet. 1981 erhielt er den Friedenspreis des Deutschen Buchhandels und 1983 den Kulturpreis der deutschen Freimaurer.*“

004 David J. Dallin: *Das wirkliche Sowjet-Rußland,* Titel der Originalausgabe *The Real Soviet Russia,* aus dem Englischen von Hermann W. Michaelsen, *Verlag Friedrich Oetinger,* Hamburg, 1948

005 Howard Aster & Peter J. Potichnyj: *Jewish Ukrainian Relations — Two Solitudes,* ed. *Mosaic Press,* P.O.Box 1032, Oakville, Ontario, 26 J 5 E 9, Canada

006 Kazimierz Iranek-Osmecki: *He Who Saves One Life,* ed. *Crown Publishers,* New York, 2. Auflage, 1979. Das verwendete Zitat von S. 2 wurde ins Deutsche übersetzt von Helmut Wild. Es stammt aus dem Vorwort, das Dr. Joseph Lichten, New York, im Sept. 1970 verfaßt hat.

007 Alexander Solschenizyn: *Der Archipel Gulag,* Bern, 1974

008 Hugo Manfred Beer: *Moskaus As im Kampf der Geheimdienste,* Untertitel: „Die Rolle Martin Bormanns

in der deutschen Führungsspitze", *Verlag Hohe Warte,* Pähl, 1987, 3. Aufl.

009 Avraham Shifrin: *The First Guidebook to Prisons and Concentration Camps of the Soviet Union, Stephanus Edition Verlags AG,* CH-Seewis, 1980 (siehe auch Anmerkung 025)

010 *Das Dritte Reich und die ukrainische Frage,* „Dokumente 1934-1944", herausgegeben, eingeleitet und dargestellt von Wolodymyr Kosyk

011 S. 129, siehe 001

012 S. 3, 001

013 S. 369, 003

014 S. 367, 003

015 S. 360, 003

016 S. 129, 001

017 Stefan T. Possony, *The Ukrainian-Jewish Problem: Historical Retrospective,* Ukrainian Quarterly, Nr. 2, 1975, pp. 141ff.

018 Petro Mirchuk, *My Meetings and Discussions in Israel,* New York — London — Toronto, 1982; Prof. Mirchuk ist selbst ein Überlebender des Konzentrationslagers Auschwitz.

019 S. 68, 005

020 Die *Stuttgarter Zeitung* vom 9.4.1987 schrieb unter der Überschrift: „Ein hoffnungsloser Idealist — Lew Kopelew zum fünfundsiebzigsten Geburtstag":

„*Obwohl Stalins Schergen diesen Kerl* (gemeint ist Kopelew) *ins Gefängnis geworfen haben und sein Leben nicht nur einmal gefährdet ist, bleibt er unerschüttlich und unbeugbar, ein Trotzdem-noch-Kommunist, ein unbeirrt Glaubender, der auf die Wiederherstellung des alten, inzwischen gründlich korrumpierten Geistes der Revolution hofft.*"

Andreas Braun, der Verfasser dieses Lobgesanges auf Kopelew, fährt weiter unten fort:
„Auch ein Utopist ist er geblieben. Unbeirrt hofft er auf ein dereinst friedliches Menschengeschlecht. Alle Bücher, die der 1912 in Kiew geborene Philologe geschrieben hat - Gedichte, Essays, autobiographische Berichte, germanistische Analysen, Pamphlete, Übersetzungen, literarische Biographien, Reden — sind Menschen gewidmet, in denen Kopelew trotz aller Deformationen stets das Gute zu erkennen vermag."

Ob der Verfasser dieses Lobgesanges wohl auch Kopelews *Pamphlete* gelesen hat, die dieser als bolschewistischer Agitator des Völkermordes während des Hungerwinters 1932/33 verfaßt hat?

Daß Kopelew tatsächlich in seinen bolschewistischen Mordkumpanen *stets das Gute zu erkennen vermag*, davon kann man sich durch die Lektüre von *Und schuf mir einen Götzen* überzeugen, doch sah er dies immer auch bei den Opfern? (siehe auch Anm. 003).

021 Unter der Überschrift „Lew Kopelew wurde 75" brachte die *Deutsche Wochen-Zeitung* am 22. Mai 1987 auf S. 3 nachträglich eine positive Würdigung des Jubilars. Seine aktive Mitwirkung als Täter beim größten Völkermord unseres Jahrhunderts bleibt dabei unerwähnt.

022 *Frankfurter Allgemeine Zeitung*, 4.3.1987, S. 7, Bericht von Bernhard Heimrich: „Unberührt, ungerührt".

023 *Sonntag Aktuell*, 7. Juni 1987, S. 4, unter der Schlagzeile: „Der Kriegsverbrecher-Prozeß gegen John Demjanjuk ist an Absurdität kaum zu überbieten" und „Die Schuldfrage ist Nebensache"; Korrespondent Ulrich W. Sahm, Jerusalem

024 *Herald Tribune*, 16.3.1987: „In Cleveland, Demjanjuk Trial Stirs Antagonism ..." von Michael Dobbs

025 Offener Brief von Avraham Shifrin, veröffentlicht in *Schlach Peremohy* am 17.5.1987, S. 2, übersetzt von

L. Wild. *Schlach Peremohy* ist eine ukrainische Wochenzeitung (Zeppelinstraße 67, 8000 München 80). Avraham Shifrin leitet das *Research Center for Prisons, Psychoprisons and Forcelabor Concentration Camps of the USSR.*

026 *Sonntag Aktuell*, 7. Juni 1987, siehe 023

027 *Stuttgarter Zeitung*, 4. April 1987, S. 5, Überschrift: „Demjanjuks Verteidigung erschüttert — Zeichen für Identität mit »Iwan dem Schrecklichen« mehren sich", von Ulrich Sahm, Jerusalem.

028 *Frankfurter Allgemeine Zeitung*, 4. März 1987, S. 7 und S. 8, Überschrift: „Unberührt, ungerührt — Bericht von den Prozeßtagen gegen Iwan Demjanjuk in Jerusalem/Das ganze Land ist angeschlossen/Von Bernhard Heimrich".

029 Roman Szporluk: *Ukraine: A Brief History*, S. 25

030 Das Wort „Chachol" wird von den Russen als diskriminierendes Schimpfwort für Ukrainer gebraucht. Es geht zurück auf die Haartracht der Kosaken, die sich diese in Kriegszeiten zulegten.

031 Offener Brief von Dr. Ruth Okuneva, veröffentlicht am 15.3.1987 in *Ukrainske Slovo* (Das ukrainische Wort), Paris.

032 *Cleveland Jewish News*, Cleveland/Ohio, 6.3.1987

033 *The Times*, 14.2.1987: „Displaced Person in the World's Dock"

034 *Die Welt*, Bonn, 2.4.1986

035 *Die Zeit*, Hamburg 13.3.1987: „Die Wunden der Erinnerung"

036 *Allgemeine Jüdische Wochenzeitung*, 7.3.1986: „Parallele zum Eichmann-Prozeß?"

037 *New York Post*, 23.8.1986, Artikel von Uri Dan: „New Blow to Israeli Case Against »Iwan«

038 *Rhein-Neckar-Zeitung*, Heidelberg, Bericht aus Jerusalem: „Streit um Identität", 2.4.1986

039 *The Jerusalem Post*, Jerusalem 30.7.1986

040 *The Jerusalem Post*, International Edition Jerusalem, 30.8.1986

041 *Die Welt*, Bonn, Laufende Berichterstattung durch Ephraim Lahav/Jerusalem, insbesondere vom 2.4.1986

042 *Haaretz*, zitiert in *Die Welt*, Bonn, 2.4.1986

043 *Deutsche Wochen-Zeitung*, München, „Der Schauprozeß von Jerusalem", 27.2.1987

044 *Los Angeles Times*, Los Angeles, 18.1.1987: „Demjanjuk — Is he Ivan the Terrible?"

045 *Canadian Jewish News* 13.3.1986, Montreal: „Greatest Mistake", says Nazi Hunter Tuviah Friedman

046 *The Plain Dealer*, Cleveland/Ohio, März 1987

047 *The Plain Dealer*, a.a.O.

048 *Haaretz*, Israel, zitiert in *Die Welt*, Bonn 2.4.1986: „Demjanjuk — Kein Fall Eichmann"

049 *Washington Post*, zitiert in voller Länge in *The Plain Dealer*, Cleveland/Ohio, 1.10.1986

050 Aussagen ehemaliger „Hilfswilliger" gegenüber dem Autor

051 *Cleveland Jewish News*, Cleveland/Ohio, 13.2.1987: „Demjanjuk on Trial in Israel"

052 *Edward Dziadosz / Jozef Marszalek: Obozy Hitlerowskie na Ziemiach Polskich 1939-1945*, Warszawa, 1979

053 Bezüglich des Denaturalisierungs- und Auslieferungsverfahrens gegen John (Iwan) Demjanjuk wurden u. a. folgende Akten verwendet:
— Judgment and Opinion of the US Court of Appeals for the Sixth Circuit (31.10.1985)

— Memorandum Opinion and Order of the US District Court (17.5.1985)
— Judgment Entry of the US District Court (17.5.1985)
— Memorandum Opinion and Order of the US District Court (15.4.1985)
— Opinion and Order of the US District Court (21.2.1985)
— Order of the US District Court (6. u. 11.12. 1984)
— Complaint of the United States (18.11.1983)
— Declaration of Jeffrey H. Smith (17.11.1984)
— Israel's Diplomatic Note Requesting Petitioner's Extradition (9.11.1983)
— Request to Issue Warrant and Warrant of Arrest (18.10.1983)
— Petition for a Writ of Certioraro to the US Court of Appeals, 1985

054 H. W. Neulen: *Internationale Freiwillige von Wehrmacht und Waffen-SS, Universitas-Verlag,* München 1985

055 H. W. Neulen, a.a.O.

056 Akten des Denaturalisierungs- und Auslieferungsverfahrens gegen J. Demjanjuk, a.a.O., siehe 053

057 Gerichtsakten des „Trawniki"-Verfahrens, Hamburg, 161 Bände, 31433 Seiten

058 Gerichtsakten des „Treblinka-Verfahrens", 12.10. 1964 bis 3.9.1965, Düsseldorf

059 Persönliche Aussage des ehemaligen stellvertretenden Lagerkommandanten von Treblinka, Kurt Franz

606 Persönliche Aussage des Zeugen Otto Horn, Berlin-Kreuzberg

061 Akten des Denaturalisierungs- und Auslieferungsverfahrens gegen J. Demjanjuk, a.a.O., siehe 053

062 Michael Hanusiak: *Ukrainian News,* New York, 1975

063 „Innere Sicherheit“, Informationen des Bundesmin. d. Inneren, Nr. 1 vom 20.3.1985

064 Schreiben von Premierminister Shimon Peres, an „My Dear Armand“, August 1986

065 Persönliche Angaben von Frank Wallus, Chicago, gemacht in Cleveland/Ohio

066 *Chicago Tribune*, 18.3.1979, Chicago

067 „American Bar Association“, Flora Johnson, im Mai 1981 u. a. in *Washington Post*, Washington

068 *The Plain Dealer*, Cleveland/Ohio, 19.3.1987

069 Zur Person des Demjanjuk-Verteidigers Jerome Brentar siehe *The Plain Dealer*, Cleveland/Ohio, 1.5.1985

070 Erklärung des Leitenden Staatsanwalts Rückerl gegenüber dem Anwalt Demjanjuks, Mark O'Connor, dem Autor und einem dritten Zeugen

071 Siehe *United States District Court*: Memorandum Decision and Order, C 77-923, zu den Akten genommen am 23.6.1981, Seite 8

072 Schriftliche Auskunft vom 7.11.1985; eine ähnliche Antwort erfolgte vom *Militärarchiv* in Koblenz am 26.4.1983

073 Der Leitende Oberstaatsanwalt Streim 1987 in einem Schreiben an Jerome Brentar, Cleveland/Ohio; er wiederholt damit eine Feststellung, die bereits in einem Brief seines Amtsvorgängers Rückerl an den Demjanjuk-Anwalt O'Connor vom 17.10.1983 enthalten ist.

074 Auskunft der Staatsanwaltschaft Düsseldorf vom 11.11.1983 unter der Geschäftsnummer 810/8 Ks 4/70

075 Mit Schreiben vom 7.3.1984 verwies die deutsche Dienststelle in Berlin wegen ergebnisloser Suche an die Zentralnachweisstelle des *Bundesarchivs*, die wiederum — mit Schreiben vom 18.9.1985 — an die

Hauptstelle des *Bundesarchivs* in Koblenz verwies, das am 7.11.85 bestätigte, was das *Militärarchiv* in Koblenz schon am 26.4.1983 mitgeteilt hatte: Es gibt kein vergleichbares „Dokument".

076 Eidesstattliche Erklärung vom 3.5.1984, Hamburg, Urkundennr. 72 6/84 A; die Erklärung bestätigt, was Dr. Scheffler gegenüber dem US District Court in Cleveland gesagt hatte (075).

077 „Tatsachenbericht über Treblinka" von Elias Rosenberg, abgegeben am 24.12.1947 in Wien vor der *Historical Documentation* (Friedmann), am 20.12.1959 im Strafverfahren gegen Kurt Franz von Tuviah Friedmann der deutschen *Zentrale der Landesjustizverwaltungen* in Ludwigsburg zugestellt, danach bei den Akten der Staatsanwaltschaft Düsseldorf (Aktenzeichen 8 Js 10904/59), zitiert auch von der *Jerusalem Post* am 29.3.1986 im Strafverfahren gegen Demjanjuk.

078 Dr. Adalbert Rückerl: *NS-Vernichtungslager, München 1977, Deutscher Taschenbuch Verlag,* Seite 13

079 *NS-Vernichtungslager,* a.a.O., Seite 14

080 *NS-Vernichtungslager,* a.a.O., Seiten 87ff. und 253ff.

081 Zum „Fall Druschke" siehe *The Eichmanns and the Witnesses,* erschienen in der Serie *That's Yugoslavia,* Nr. 3/4-1986, Hamburg, in englischer Sprache, ISSN 01 79-3063

082 H. Langbein: *Menschen in Auschwitz*

083 A. Rückerl, E. Kogon, H. Langbein, *Nationalsozialistische Massentötungen durch Giftgas,* Seite 180, dazu auch *Jerusalem Post* vom 29.3.1986

084 Erklärung des Verteidigers von Kurt Franz, Rudolf Stratmann, Düsseldorf, vor dem Autor

085 Eidesstattliche Erklärung von Pinchas Epstein, ausgewiesen durch die Identitätskarte 261 809

086 Aussage des Zeugen Matthes gegen Kurt Franz vom

29.3.1962 gegenüber dem Untersuchungsrichter beim Landgericht Düsseldorf

087 Charge No. 6, versehen mit dem Siegel der Hauptkommission für die Erforschung deutscher Verbrechen in Polen, in englischer Übersetzung als Dokument Nr. 3311-Ps bei den *National Archives*, Washington, verwahrt, im Original am 6.12.1945 von der polnischen Regierung dem Internationalen Militärtribunal in Nürnberg übergeben.

090 Über illegale Zusammenarbeit zwischen Ukrainern und Häftlingen siehe *Dèlo*, Ljubljana, 31.12.87; Vojko Cimperman: „Odpor v imperiju SS“

091 Meldung von *Reuters* aus Tel Aviv aufgrund einer Angabe von Jacek Wilczur, „Ein polnischer Regierungsvertreter beim Jerusalem-Prozeß gegen John Demjanjuk“

092 Auskunft der *Zentralen Stelle der Landesjustizverwaltungen*, Leitender Staatsanwalt Dr. Rückerl

093 Auskunft der *Zentralen Stelle der Landesjustizverwaltungen vom 14.8.1985 (301 AR 263/85), Staatsanwalt Dressen*

094 Ljubica Markovic in: *NIN*, Belgrad, 16.3.1986, in serbischer Sprache

095 Tone Forenc: *Satan, njegovo delo in smrt*, in slowenischer Sprache im Verlag *Zalozb Borec*, Ljubljana, 1979 („Satan, sein Werk und sein Tod“)

096 *Unita*, Organ der KP Italiens, zitiert in *NIN*, Belgrad, 16.3.1986

097 *Vjesnik*, Zagreb, in kroatischer Sprache, 4.3.1986

098 *Corriere della Serra* und *Unita*, Rom, zitiert von jugoslawischen KP-Zeitungen

099 Führerschein für Demjanjuk, ausgestellt in der US-Zone Deutschlands, Heiratsurkunde, Antrag bei US-Immigrationsbüro, Visum des US-Konsulats in Stuttgart

100 *Bunte Illustrierte,* München, *Burda-Verlag,* Nr. 14/1987 und Richtigstellung in Nr. 18/87; die Richtigstellung enthält einen neuen Fehler

101 Dmytro Doroshenko: *Geschichte der Ukraine,* Dniprowa Chwyla, München 1966

102 Roman Szporluk: *Ukraine: A Brief History;* Detroit, Michigan, *Ukrainian Festival Committee;*

103 Korniychuk Hrihoriy: *Dialohi,* 11-12 1986, Jerusalem, Herausgeber: Jakiv Suslensky

104 Iwan Owechko: *Ukraine and Ukrainians;* Roman Kuchar; Editors *Ukapress;* USA 1984

105 Volodymyr Kubijovich (Hrsg.): *Encyclopedia of Ukraine;* Paris-New York 1955

106 Petro Mirchuk: *My Meetings and Discussions in Israel;* New York - London - Toronto 1982

107 Ivan Kripjakevich: *Istoriya Ukraini,* New York 1961, Shkilna Rada

108 OSI *(Office of Special Investigation),* neugegründete Abteilung im amerikanischen Justizministerium, die auf der Basis eines 1978 verabschiedeten Gesetzes zur Verfolgung von sog. „Nazi-Kollaborateuren" geschaffen wurde. Dieses Gesetz definiert den zu verfolgenden Personenkreis so: „Jeder Verbündete, der während der Zeit zwischen dem 23. März 1933 und dem 8. Mai 1945, unter den Anordnungen von oder im Bündnis mit

a) der Nazi-Regierung in Deutschland,
b) irgendeiner Regierung oder einem von den Militärkräften der Nazi-Regierung von Deutschland besetzten Gebiet,
c) irgendeiner Regierung, die mit Unterstützung oder in Zusammenarbeit mit der Nazi-Regierung in Deutschland oder
d) irgendeiner Regierung, die Verbündeter der Nazi-Regierung in Deutschland war,

durch Anordnung, Anstiftung, Unterstützung oder

auf andere Art an der Verfolgung irgendeiner Person aufgrund von Rasse, Religion, nationaler Herkunft oder politischer Meinung teilnahm ..."

108 zitiert nach *Washington Word;* Herausgegeben von *Independent Research,* Po Box 6402, Ithaca, NY 14851 USA

109 V. I. Lenin, *Polnoe sobranie sochineniy,* 5. Ausgabe, Moskau 1958-1965, Bd. 36, S. 255, 265

110 *The Restoration of the Ukrainian State in World War II, Ukrainian Publishers Limited,* United Kingdom, 1987

Dokumentenverzeichnis

Hier die Übersetzung des im Original auf Seite 95 abgedruckten Begleitschreibens:

Moskau, 3. Dezember 1986

Ehrenwerter Herr Spiritus,
wegen der Anfrage von Herrn Armand Hammer erhielten wir vom Generalstaatsanwalt der UdSSR das Originalbeweisstück des Ausweisdokuments des Nazi-Kriegsverbrechers Demjanjuk I. N. Nr. 1393, ausgestellt durch das SS-Ausbildungslager „Trawniki". (Beigefügt).

Wir ersuchen, das Dokument an Herrn Hammer weiterzuleiten und zu übermitteln, daß andere Dokumente, die ihn in der Affaire Demjanjuk interessieren, nicht vorhanden sind.

Der Generalstaatsanwalt der UdSSR bittet, Herrn Hammer über die Notwendigkeit zu informieren, dieses sicher zu verwahren und am Schluß das beigefügte Dokument wieder zur Verfügbarkeit der Sowjetunion zurückzugeben.

Angefügt: das oben erwähnte Dokument
Mit Hochachtung
S. Chetverikov
Stellvertr. Verwaltungsdirektor der Abteilung USA und Canada UdSSR

An
Herrn Allen Spiritus
Verantwortlicher Direktor der
„Occidental Petroleum" in Moskau
Nr. 755 Abteilung USA und Canada *(S. 95)*

D 6: Das „Hauptbeweisstück", bei dem die Fälscher sogar das Ausstellungsdatum und die Gültigkeitsdauer vergessen haben. (S. 101)

D 7: Vordruck eines typischen Dienstausweises, mit Ausstellungsdatum und Gültigkeitsdauer, wie er damals Verwendung fand. (S. 106)

Über den Autor Hans Peter Rullmann

Hans Peter Rullmann, geboren 1933, arbeitete nach seinem Studium der Volkswirtschaftslehre als Journalist. Zwölf Jahre arbeitete er in dieser Eigenschaft in Jugoslawien, unter anderem als Korrespondent für den *Spiegel*, deutsche Tageszeitungen und Rundfunksender. Seit 1971 gibt er in der Bundesrepublik Deutschland den *Ost-Dienst* als unabhängigen deutschen Pressedienst heraus, der sich überwiegend mit Fragen Ostasiens (Koreadienst), Osteuropas und Jugoslawiens (Jugoslawien-Sonderdienst) befaßt. Außerdem ist er tätig als Herausgeber zweier Monatszeitschriften (*That's Yugoslavia* in englischer und *Hrvatska Domovina* in kroatischer Sprache) sowie zahlreiche Publikationen, die sich überwiegend mit Fragen des Kommunismus befassen. Besonderes Interesse: das Leben und Schicksal unterdrückter Nationen. Der Autor ist Mitglied der *Deutschen Gesellschaft für Osteuropakunde* und Vorsitzender der *Deutsch-Kroatischen Gesellschaft*.

Von Hans Peter Rullmann erschienen im *Goldmann-Verlag*, München, unter anderem folgende Bücher:

Ist der Kommunismus reformierbar?
Lech Walesa
Josip Broz Tito: Vom Partisan zum Staatsmann.

Letzte Publikationen im Verlag *Ost-Dienst* u.a.:

Wer sind das — die Kroaten?
Die Verschwörung
40 Jahre Jugoslawien: Menschenrechte
Die Petition
Mordauftrag aus Belgrad (auch in Englisch und Kroatisch)
Islam in Yugoslavia (Englisch)
The Catholic Church and a War Criminal
War Crimies and Yugoslavia

Zum Thema „Iwan Demjanjuk“ in Englisch:
Victim of the Holocaust

Der Autor (zweiter von links) protestiert vor dem Generalkonsulat der USA in Toronto gegen die Auslieferungsmethoden des O.S.I.

Die Familie Demjanjuk wurde durch die jahrelangen Prozesse finanziell völlig ruiniert. Sogar die Verteidigung Demjanjuks ist durch Geldmangel beeinträchtigt.

Spenden für Demjanjuks Familie,
die ohne Abzüge weitergeleitet werden,
erbitten wir an
Kreissparkasse Reutlingen
Konto Nr. 608880
BLZ 640 500 00
Kennwort: „Demjanjuk“

Letzte Meldung

2.9.1987

Das angesehene Institut McCrone in den USA hat das Foto auf dem Hauptbeweisstück der Anklage, dem „Dienstausweis", einer chemischen Analyse unterzogen.

Dabei wurde als Bestandteil des Fotopapiers des Demjanjuk-Fotos *Titaniumoxid* nachgewiesen.

Diese Chemikalie wird in der Schwarz-Weiß-Fotografie erst seit Ende der sechziger Jahre verwendet und war insbesondere während des Krieges als Fotochemikalie unbekannt.

Somit gelang hier der Nachweis, daß dieser Paßbild-Abzug nicht von deutschen Behörden hergestellt sein kann, sondern vom sowjetischen Geheimdienst stammen muß, der das „Dokument" in der fraglichen Zeit im Besitz hatte.

Berichtigung

Auf Seite 29 muß es in der vorletzten Zeile heißen:
der **Ukrainer** Skrypnyk